定年後の仕事図鑑

月10万円稼いで豊かに暮らす

リクルートワークス研究所
坂本貴志

ダイヤモンド社

はじめに

本書は、**「定年後」に特化した仕事図鑑**です。データに基づき職種を整理し、タイトルに図鑑と銘打ったものとしては、はじめての本となります。

子ども時代に「将来の仕事」について考えるとき。あるいは学生時代に「就職活動」をするとき。私たちは学校の教職員や家族、知り合いなどに話を聞きながら、自分に合った仕事を探したり、なりたい職業について調べたりしてきました。

しかし、会社員が「定年後」に仕事を探すときの網羅的な情報は、今のところ存在しません。60歳以降の仕事人生にも、ガイドが必要ではないか。そう考えたことが、本書を執筆したきっかけです。

なぜ、これまで「定年後の仕事図鑑」がほとんど存在しなかったのか。その理由は明確で、会社員の職業人生が、とてもシンプルで、今より短かったからです。

20代に新卒採用で会社に入社し、30代はプレイヤーとしてバリバリ働き、同期と切磋琢磨しながら出世を目指す。40代くらいで中間管理職になり、50代はベテラン社員として、人によっては上位役職者として過ごす。60歳で定年退職を迎え、引退する。そして、老後は豊富な年金のもとで悠々自適な生活を送る……こうした典型的なモデルが、多くの人に当てはまっていました。そして、典型的なモデルに従っていれば安心、会社が人生を守ってくれるという時代が、長く続きました。


しかし、時代は変わっています。シニア世代の就業率はこの10年で大きく上昇しており、総務省の国勢調査によると、２０２０年時点で65歳男性の就業率は62・9％、70歳男性の就業率は45・7％、75歳男性の就業率は28・7％となっています。

女性の就業率は男性よりは低いものの、上昇率は男性より大きく、65歳女性の就業率はここ10年で31・8％から44・9％まで増えています。10年後には70歳で働いていない人は少数派という時代になっていくことが予想されます。

こうした環境変化に伴い、これまでは多くの人にとっては存在しなかった「定年後の仕事」について、自分自身で考え、自分自身で計画し、そして自分自身で選ばなければならなくなりました。

定年後の仕事は「現役時代の延長線上」にはない

私は普段、経済全体や労働市場の動向などの分析を専門としており、特に、高齢期の経済状況やキャリア、働き方という観点からシニアを取り巻く現状について、調査・分析を行っています。そして、データ分析に加えて、これまで100人超のシニアの就労者にヒアリングを行い、その結果をまとめてきました。

この仕事図鑑を読もうとしているあなたに、「定年後の仕事探し」の前提として知っておいてほしいことが2つあります。

ひとつめが、**「定年後の仕事は、必ずしも現役時代の延長線上にはない」**ということです。

拙著『ほんとうの定年後』にも書いたことですが、働いているシニアの多くは、長く勤めてきた会社での現役時代の仕事を辞め、これまでと異なる仕事に就いている現実があります。仕事に対する意識も、50代以降は緩やかに変化し、これまでの「仕事一辺倒」「出世を目指す」という価値観が薄れてくることがわかります。

「定年後の仕事は、現役時代の延長線上にはない」――この事実をマイナスととるか、プラスととるかは人それぞれでしょう。「高位の役職や高度な専門性を活かせる仕事に就けなくなった」と悲観的に受け取る人もいるかもしれません。しかし、日々の調査でシニアの生の声を多く聞いている私からすると、多くの人にとって、そこまで悲観しすぎることはないと考えています。**延長線上にないからこそ、過去にとらわれることなく、定年後の仕事を自由に選ぶことが可能**だからです。

本書の第2部を見てもらうと気づくと思いますが、世の中には本当にたくさんの、「定年後の就業者が活躍する仕事」があります。これだけたくさんの仕事が世の中にあるわけですから、そのうちの少なくともどれかひとつは、自分のやりたい仕事、好きな仕事を見つけることができると思います。

定年後は、家計の状況と照らし合わせて働き方を決める

知っておいてほしい前提の2つめが、**「家計の状況と照らし合わせて、その時々で働き方を決める」**ということです。

仕事というのは世の中に対する貢献の対価としての報酬を伴うものであることから、当然に、定年後の仕事も「家計のため」という側面があります。ご自身の年齢やそのステージごとに**「どれくらいの収入を（年金以外に）仕事から得るのか」を設定し、そのうえで「どれくらいの時間を仕事に割くのか」を考える**よう意識して

ほしいと思います。

現役時代は、よくも悪くも会社の人事・報酬制度が、この役割を担ってくれていました。会社が定めたキャリアのレールに乗って、がむしゃらに働いていれば、ルールに沿った報酬が得られた側面があったと思います。逆に言えば、多額の報酬を稼がなくてはならない現役時代については、仕事に割く時間や労力を「自分で選択する」余地はなかったと言えるのです。

しかし、定年後に関しては、現役時代ほどの支出が見込まれる人は少ないはずです。また、歳をとっても現役時代と同じ強度で仕事に向き合えるという方もいるとは思いますが、多くの人にとっては高齢期の時間も体力も限りあるものです。就業形態も、これまでのような「正社員」にとらわれる必要はありません。年齢に応じて、どんな勤務時間、どんな働き方で、どんな仕事内容を選択していくのか、自分で組み立てていく必要があります。

本書の構成は次の通りです。

第1部では、「仕事探し『以前』の基礎知識」として、定年後の「お金」と「キャリア」についてデータを分析しています。

第2部では、19のカテゴリに分類して、100種類の仕事を紹介しています。

・シニアが多く従事している仕事
・特別な資格や経験が不要で、定年後に始めやすい仕事
・体力やストレスの面での負担が少ない仕事

をピックアップしました。

定年退職や継続雇用の契約期間満了は、会社員なら誰にでも訪れる「ゴール」であり、新しい仕事人生の「スタート」でもあります。この仕事図鑑が、あなたがこれから歩む道のガイドになれば、これほどうれしいことはありません。

第2部 月10万円稼ぐ「定年後の仕事」厳選100

第6章 女性が活躍する仕事
——販売員・調理・接客・給仕

第 1 部

定年後、仕事探し「以前」の基礎知識

第1章

「定年後のお金」について知る

——なぜ月10万円が必要なのか？

定年後は「ストック（貯蓄）」より「フロー（収入）」が重要

「定年後の仕事」について考えるうえで欠かせないのが、何よりも経済的な側面だ。会社員人生が終わる定年後には、自分がいくら稼ぐべきかを考えたうえで、働き方を選択する必要がある。

この章では、定年後のお金についての様々なデータから、60代以降、どれくらいのお金が必要かを確認する。

老後資金のことを語るとき、多くの人が貯蓄（ストック）に注目する。「老後2000万円問題」などはその典型である。

総務省の「家計調査」によると、60代・70代の純貯蓄額（貯蓄から負債を引いた額）

の平均値は約２０００万円。平均値は極端に高い層に引っ張られるため、より多くの人に当てはまる中央値をみると約１５００万円となっている。

しかし、様々なデータを分析すると、実は60代と70代で純貯蓄額はあまり変わらない様子も見て取れる。このことから、**多くの世帯は貯金をあまり取り崩すことなしに生活を送っている**と思われる。

人生１００年時代と言われて久しい中、日本人男性の平均寿命は81・41歳、日本人女性の平均寿命は87・09歳まで延伸している。60歳まで生きた人に限れば寿命の期待値はさらに高まり、男性は83・68歳まで、女性は88・91歳まで生きることが予想される。※ 自分が何歳まで生きるかは不確実性が高く、老後に備えお金を貯め込んではきたものの、怖くて使えないという人も多いと考えられる。

残された寿命が長く、しかもいつまでかわからない……この状況で、お金のリスクを最小化するためにはどうすべきか。その観点で言えば、「ストック＝貯蓄」もさることながら**「フロー＝定期的に入ってくる収入」を増やす**ことが最も重要だ。

※厚生労働省令和５年簡易生命表

図1-1 純貯蓄額の平均値と内訳

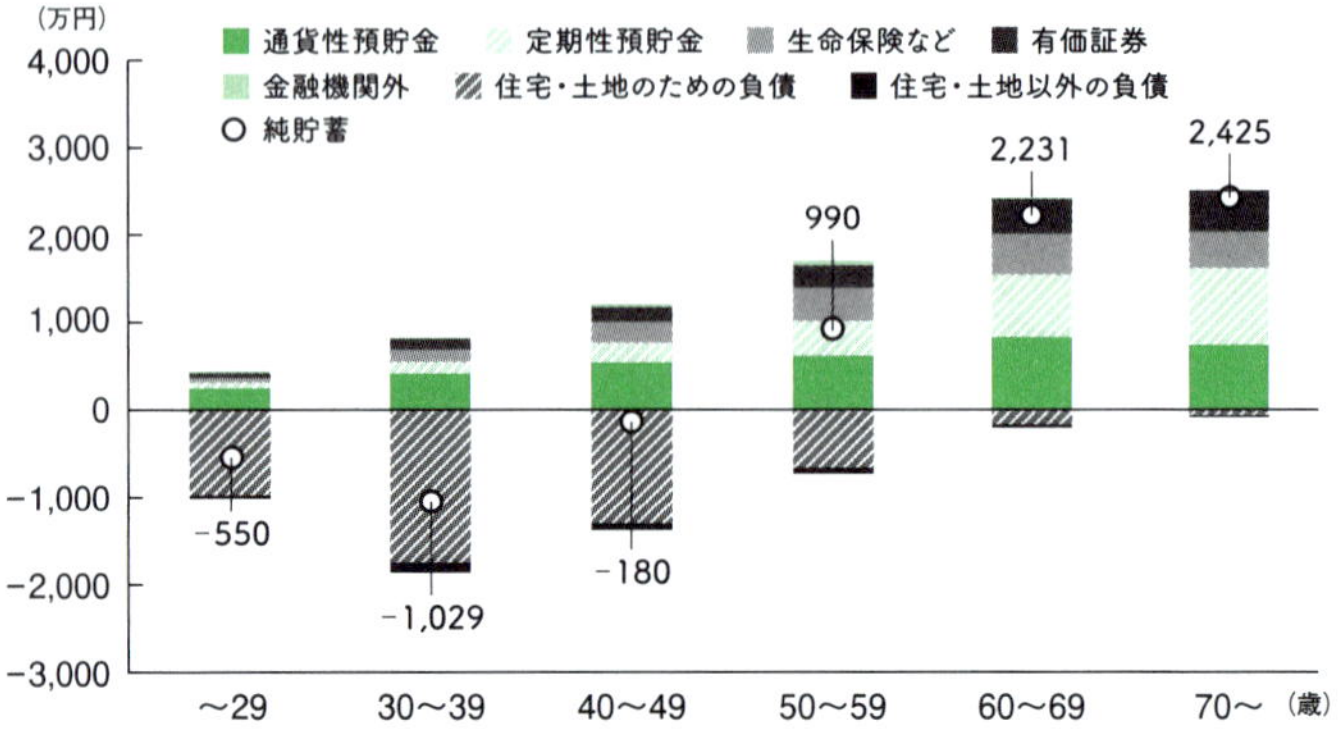

（出所）総務省「家計調査」2023年

毎月定期的に入ってくる収入さえしっかりあれば、日々の生活には困らないし、多額の貯金は必ずしも必要ない。

後述するが、高齢期は現役世代と比べて大きく支出が減る。フローである程度の収入が見込まれるのであれば、貯金がそれほど多くない水準であっても、現在の高齢世帯が送っている平均的な暮らしを送れると考えられる。もちろん目指す生活水準によっても異なるが、もし貯金が数百万円ほどであっても、健康状態が悪化するまでの期間、毎月小さく稼ぎ続けることができれば問題ないだろう。

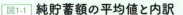

年金支給額は平均的な世帯で「月20万円超」

老後に漠然と不安を抱いている人は多いが、意外と毎月のフロー、つまり「収入」と「支出」がいくらになるのかを把握している人は少ない。

本書では**1人あたり「月10万円を無理なく稼ぐ」**ことを定年後の仕事のベンチマークとして用いている。夫婦ともに働く場合であれば、世帯で月20万円程度稼ぐというところをひとつの目標としたい。

65歳以降のフロー=定期収入の中心は「公的年金」である。

年金の支給額については、厚生労働省がモデル世帯の厚生年金保険新規裁定者の支給月額を毎年公表している。新規裁定者というのは新しく年金をもらい始める人

図1-2 厚生年金保険新規裁定者の支給月額（モデル世帯）

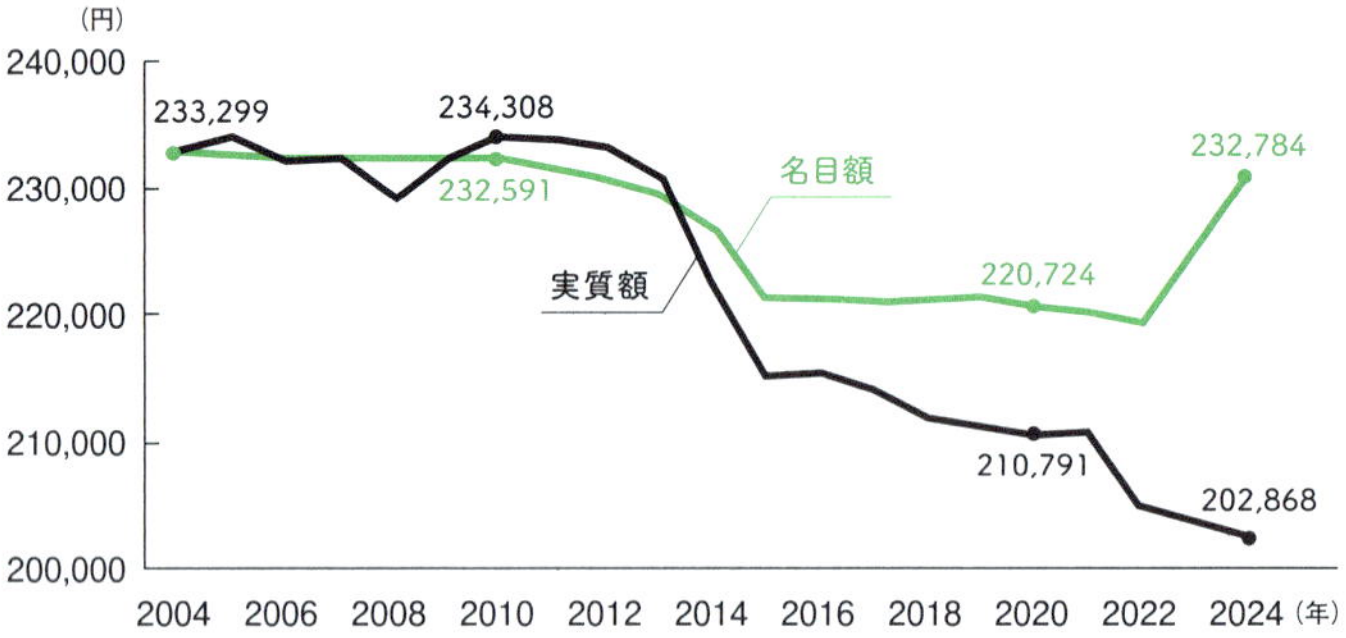

（出所）厚生労働省公表資料、総務省「消費者物価指数」

のことで、モデル世帯とは妻が専業主婦、夫は会社員で継続的に厚生年金保険を支払っている家庭を指す。

このモデル世帯をみると、**２０２４年の年金支給額は約23万円**。年金は物価に応じて変動するので、足元の物価上昇に伴って名目額は増えているが、実質年金支給額は過去から抑制されている。最近の女性の労働参加の拡大や資産価格の高騰などで年金財政の健全性自体は保たれているものの、２０１０年代から年金支給の実質額は減少傾向にあり、今後も長期的には減っていくと見られる。

定年後の「フローを増やす」2つの戦略

公的年金の支給額は、

・自身が現役時代にどのような働き方をしていたか（厚生年金保険の対象となる会社員か、国民年金のみの自営業か）

・自身の現役時代の収入がいくらだったか（厚生年金の平均報酬月額がいくらか）

・配偶者が雇用されて働いていたか。またその収入はどの程度だったか

によって支給額の水準が大きく変わる。

図1－3は正社員中心で働いていた場合と自営業中心で働いていた場合の年金受給額の分布を示したもの。

正社員中心で働いていた男性では1人あたり月20万円ほどもらえる割合が最も高くなっている。一方、**自営業中心で働いている場合は、約半数の人の年金受給額が月4〜8万円程度**という水準だ。

自営業は元々の制度の建て付けとして、農業等を典型として長く働けることが前提となっている。そのため、定年制のあるサラリーマンと違い、現役時代の年金保険料が少ない代わりに、定年後のフローが保証されるような仕組みになっていないのが現状である。

男女別に見ると、女性も雇用されて働いていた方が年金の受け取り額が多くなるが、**正社員中心で働いていた場合でも月10万円程度**で、男性より年金額が低くなっている。女性の場合は標準報酬月額がもともと少なかったり、キャリアの途中で退職した時期や雇用形態が変わった時期があることなどが年金額が少ない原因となっている。もっとも、この図表は現在高齢の人のデータを取っているため、女性の社会進出が進んでいる現役世代においては、女性のグラフがより男性のグラフに近づくと考えられる。

図1-3 老齢年金受給者の年金額(経歴形態別)

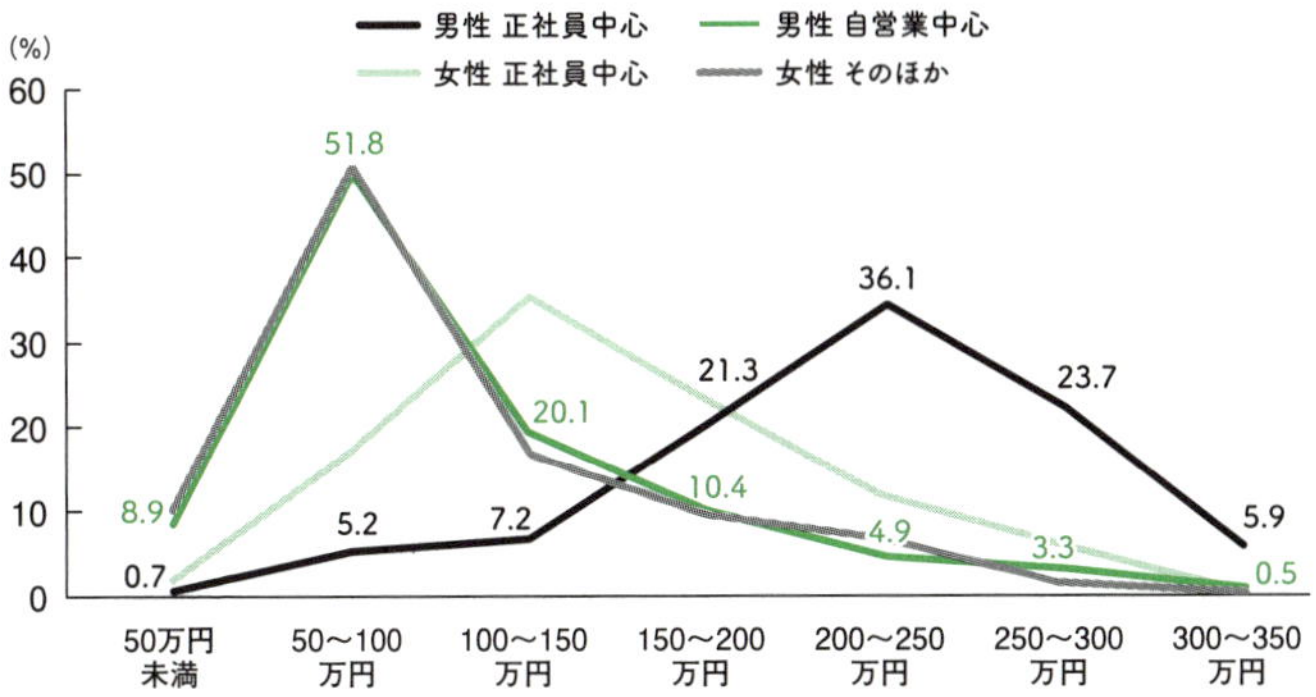

(出所)厚生労働省「老齢年金受給者実態調査」

図1-4 老齢年金受給者の年金額(男女別、65〜69歳)

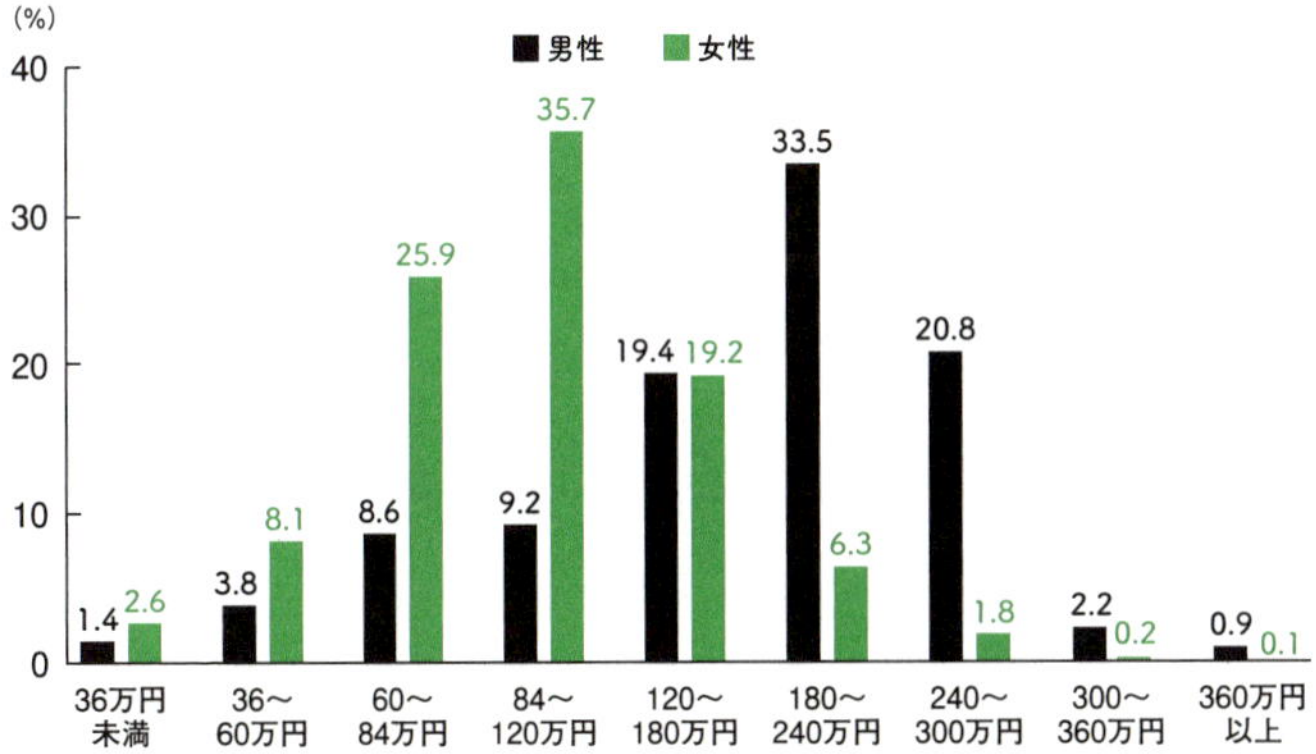

(出所)厚生労働省「老齢年金受給者実態調査」

年金支給額は自身や配偶者の現役時代の働き方によることになる。定年後の家計の戦略としてまず第一に考えてほしいのは、厚生年金の加入期間をできるだけ長くして老後の年金の受給額を増やすということだ。定年後も厚生年金に加入し続ければ、いざ年金をもらうときの年金額は大きく増える。**「できるだけ長く会社で雇用されて働きながら、将来の年金の額を増やす」**——これが、定年後のお金についての重要な戦略になるのである。

さらに、第二の戦略として考えておきたいのは、特に年金の支給額が少ない人については、可能な範囲で**年金の繰下げ受給をして、フローの収入を増やす**ということだ。年金を65歳で受け取らず、66～75歳に繰下げて受給した場合、繰下げた年月に応じて支給額が増額される。

年金支給額は、1カ月繰下げるごとに0・7％ずつ増える。例えば70歳まで繰下げた場合は42％の増額、75歳まで繰下げた場合は84％の増額となる。現実的に75歳までに繰下げをするというのは難しいが、繰下げ受給ができる環境にあるのであれば、積極的に考えたい選択肢だ。

先述のとおり多くの人にとって、自身の死期の予想は難しい。このため年金を受け取らずにやっていける期間は、仕事から得られる収入や現在の預貯金を日々の家計支出に優先的に充当し、年金の受給は後に取っておくということも検討をしたい。高齢期のリスクに対応するためには、健康状態が悪化し、働けなくなったいざというときに向けて、年金のフローをしっかり確保することが重要である。

もちろん年金の繰下げ受給を選択した後に早く亡くなってしまった場合は損をすることになるが、どちらを取るかを考えたとき、リスクを減らすためにはフローを増やす価値は大きい。

自分が年金をいくらもらえるのかは、ねんきん定期便や厚生労働省の公的年金シミュレーターで確認することができる。これからの働き方を決めるうえでも、年金の受給見込み額はだれしも必ず確認しておきたい。

65歳以降は、1人「月10万円」の労働収入で豊かに暮らす

もらえる年金額がわかった。では、定年後の月の「支出」はいくらになるのだろうか。

図1－5は総務省「家計調査」から、2人以上世帯のひと月あたりの平均収支額を示したものだ（※65歳以降は無職世帯のデータ）。

・50～59歳
・60～64歳
・65～74歳
・75歳以降

の4つに分けて**「夫婦2人の平均的な家計簿」**を見ていこう。

【支出】月平均33・4万円（65〜74歳）

月の「総支出額」をみると、50〜59歳で56・4万円とピークを打った後に60代前半から60代後半にかけて大幅に減り、75歳以降は27万円にまで減少することがわかる。

内訳として、最も減少幅が大きいのは「税・社会保険料」。50代で月平均14・4万円だったものが60代後半で月3・9万円に、70代後半で月3万円にまで減少。所得税や住民税、医療の保険料がゼロまたは大幅減となり、年金保険料も払う側から受け取る側へと回ることで、家計の負担はずいぶん減る。さらに、50代には負担が大きかった「教育費」も60代後半でゼロに転じ、「住宅費」も75歳を過ぎると月1・6万円にまで減少する。

【収入】月平均26・5万円（65〜74歳）

勤労収入は、50〜59歳で夫婦合わせて66・4万円が平均額だが、60〜64歳で44・

4万円まで下がる。

このデータは65歳以上については無職世帯のデータを取っている。このため、65歳以上は勤労収入はゼロ。年金や民間の保険による収入が65〜74歳で月平均26・5万円、75歳以降は月平均23・8万円となっている。

つまり、65歳で年金暮らしになると、月の収支は**約3〜7万円の赤字**になる（なお、単身世帯になると家計は赤字にはならず、黒字が維持される結果となっている）。

この赤字を補うのが**「定年後の仕事で稼ぐ10万円」**だ。単身の方であれば自身で、夫婦二人世帯であれば二人それぞれで無理なく労働収入を得ることができれば、年金が少なくても生活することも可能だし、年金を受け取っているのであれば貯蓄を積み増しながら生活することができる。

図1-5 2人以上世帯の家計収支の内訳（月額）

		単身 50～59歳	60～64歳	65～74歳	75歳～
支出	食料	8.8	8.5	8.2	7.2
	光熱・水道	2.5	2.5	2.5	2.3
	家具・衣料品	2.5	2.2	1.8	1.5
	保健医療	1.4	1.6	1.8	1.6
	交通・通信	5.8	5.2	3.9	2.5
	教育	2.6	0.4	0.0	0.0
	教養娯楽	3.2	2.8	2.9	2.0
	その他の消費支出	6.7	5.9	5.3	4.6
	税・社会保険料	14.4	9.6	3.9	3.0
	住宅	5.9	4.4	2.1	1.6
	保険料	2.6	1.8	1.0	0.7
		56.4	44.8	33.4	27.0
収入	勤労収入	66.4	44.4	0.0	0.0
	社会保障給付	1.3	3.8	21.0	19.8
	保険料	0.5	1.5	2.9	2.1
	そのほか収入	1.5	1.6	2.6	1.8
		69.8	51.4	26.5	23.8

（出所）総務省「家計調査」2023年

月の収支は
3～7万円の赤字

60代半ばまでに住宅の費用がかからない状態にしておく

お金の章の最後に「定年後の支出」の中でも重要な、住宅に関する費用についてふれたい。

「持ち家か賃貸か」の問題は必ずしもどちらかひとつに正解が定まるという性質の問題ではないものの、あくまで定年後の家計の「収支」という視点からみれば、持ち家に軍配が上がるだろう。そして**60代半ばまでに持ち家のローンを完済し、住居費の支出を限りなく少ない状態にしておく**ことが望ましいと考えられる。

住宅に関するデータを確認すると、70歳以上の92・4％が持ち家を取得しており（図1－6）、純貯蓄額の推移をみても、「住宅・土地のための負債」は40代で約130

図1-6　土地家屋借金返済額と持ち家比率

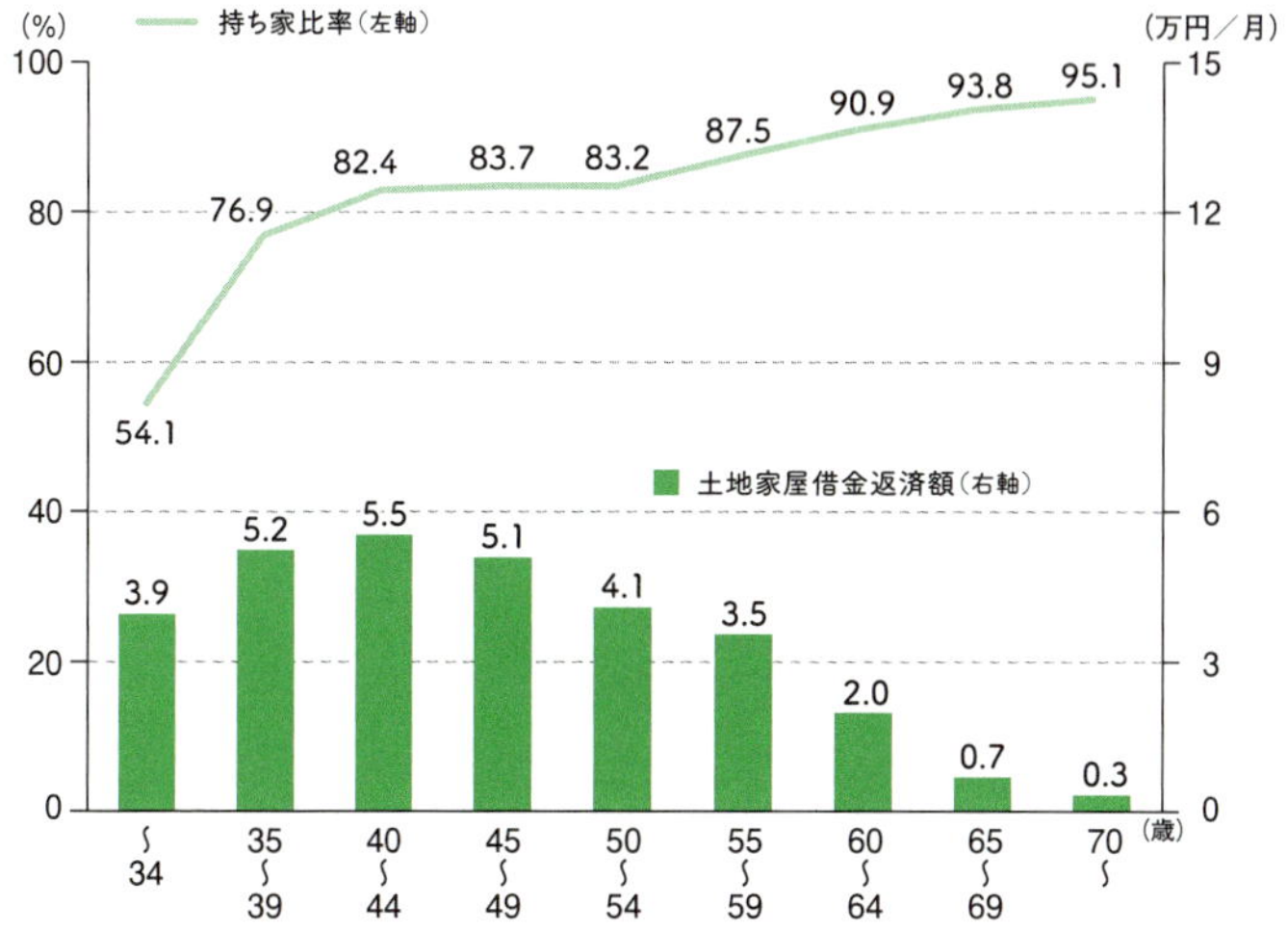

（出所）総務省「家計調査」2024年、２人以上世帯

０万あったものが50代で６４３万まで減り、60代で１６３万まで減少している（20ページ、図１－１）。データからは、多くの人がしっかり働けるうちに住宅ローンの大半を返済する選択をしていることがわかる。

高齢期に住宅取得を前提に考える理由は、やはりフローの収入を確保しておきたいからだ。賃貸の場合は寿命が続く限り賃料が毎月発生してしまうことから、いざという時のために貯蓄を常に多く残しておく必要性が

図1-7 家計の収入と支出の差

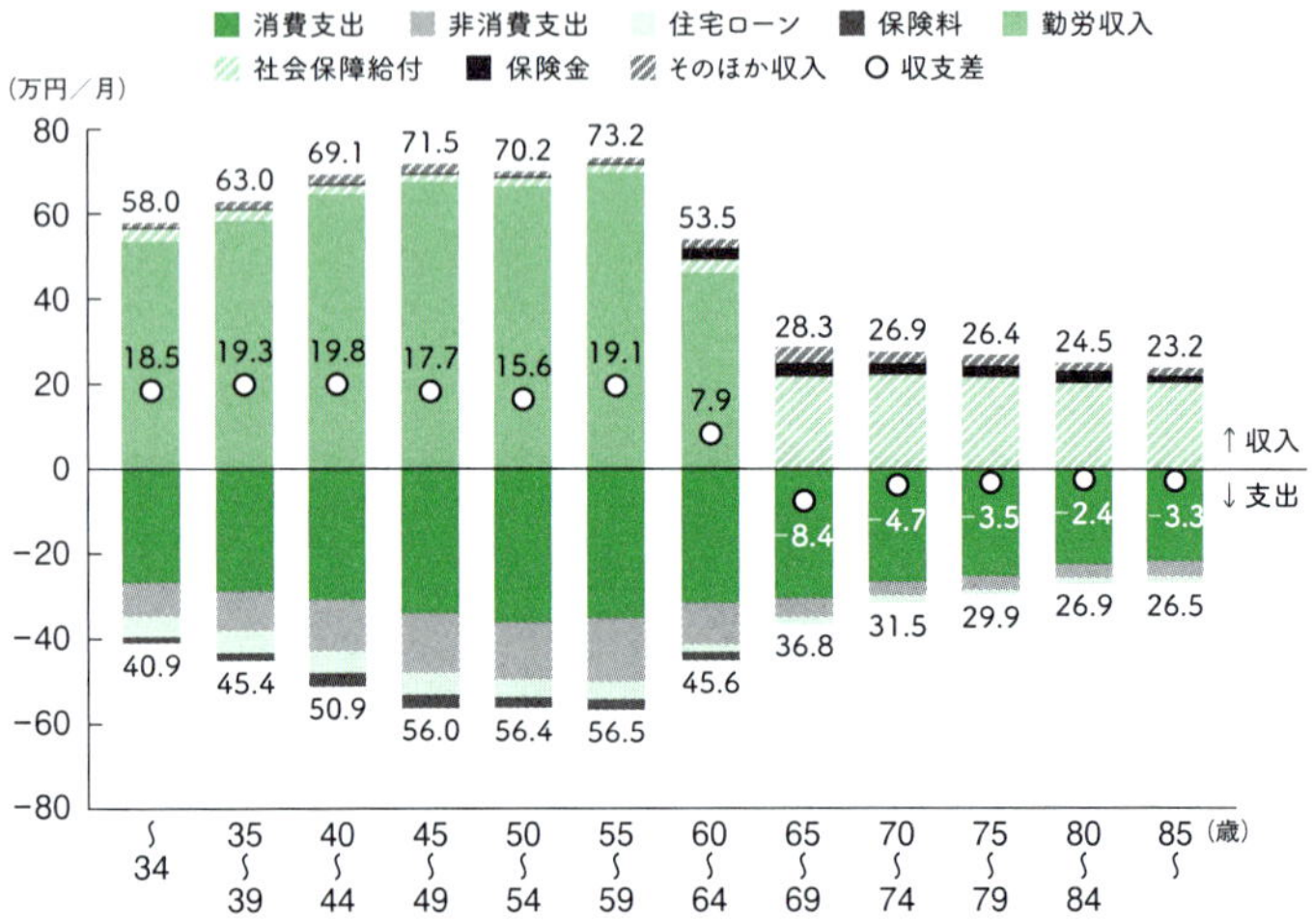

（出所）総務省「家計調査」2024年、2人以上世帯（60代後半以降は無職世帯）

生じる。一方、**持ち家の場合は人生における住居に関する支出が先に概ね確定できる**ため、将来の不確実性を減らすことができる。

もちろん借家にも仕事や家庭の都合に合わせて気軽に転居できるメリットがあり、長生きを想定したうえで十分なストックを蓄えることができれば問題ない。

また子どもが小さいうちは通勤・通学に便利な立地の借家で暮らし、子育てを終えた後に老夫婦で暮らす小さな住居を取得するのも現実的な選択のひとつだ。あるいは持ち家を取得済みであっても、世帯人数の減る定年後は広い家から小さな家に住み替えることも積極的に考えてよい。住居の問題は高齢期の家計に大きな影響を与える。住宅の状況に応じて、高齢期の働き方も考える必要があるだろう。

第1部

定年後、仕事探し「以前」の基礎知識

第 2 章

「定年後のキャリア」について知る

——仕事探しはどう変わるのか？

定年後のキャリアは「現役時代の延長線上」で考えない

第1章では、定年後の仕事で「月10万円を稼ぐ」必要性と、その根拠を述べてきた。では、定年後にはどのようなキャリアの選択肢があって、それを選択した人がどの程度いまの仕事に満足しているのか。本章では、データからその答えをひもといていこう。

「定年後の仕事」を考えるうえで大事なことは、**仕事のキャリアを「新卒〜定年後まで」の一本道で考えない**ことだ。

「はじめに」でも述べたが、定年後の仕事は、必ずしも現役時代の延長上にはない。第2部で紹介する仕事にスムーズに移行するためには、仕事人生を**「3つのステージ」**に分けて考える必要がある。

❶若年〜中堅期

新入社員から50歳くらいまで。スキルアップしながら組織内で昇進・昇格し、それによって高い収入を得ることにモチベーションを求める時期。

❷中高年期

50〜60代半ばまで。まだまだ稼ぐ必要があるものの、組織内の立場で限界が見え、気力・体力の面で変化がある。公的年金支給が始まる65歳まである意味もうひと踏ん張りの時期。

❸高齢期

60代半ば以降。この時期に入ると年金の支給が始まり、子どもも独立して家計支出が減少する。

60代半ばまでは「過去の経験を活かした仕事」の満足度が高い

3つの世代のうち、若年期～中堅期と高齢期のつなぎ目である「中高年期」の時期にどのような選択をするかはその後の定年後の人生を大きく左右する。

この時期にどのようなキャリアを選ぶと、人生の満足度につながるのだろうか。

図2－1はリクルートワークス研究所の大規模調査で、60代前半・後半の「正社員として継続して働く人」「再雇用されて働く人」「転職した人」で満足度を比べたものだ。分析の結果、**60代前半に関しては同じ会社で働き続けている人の満足度が高い**ことがわかる。

図2-1 現在の仕事に満足している割合(キャリアパス別)

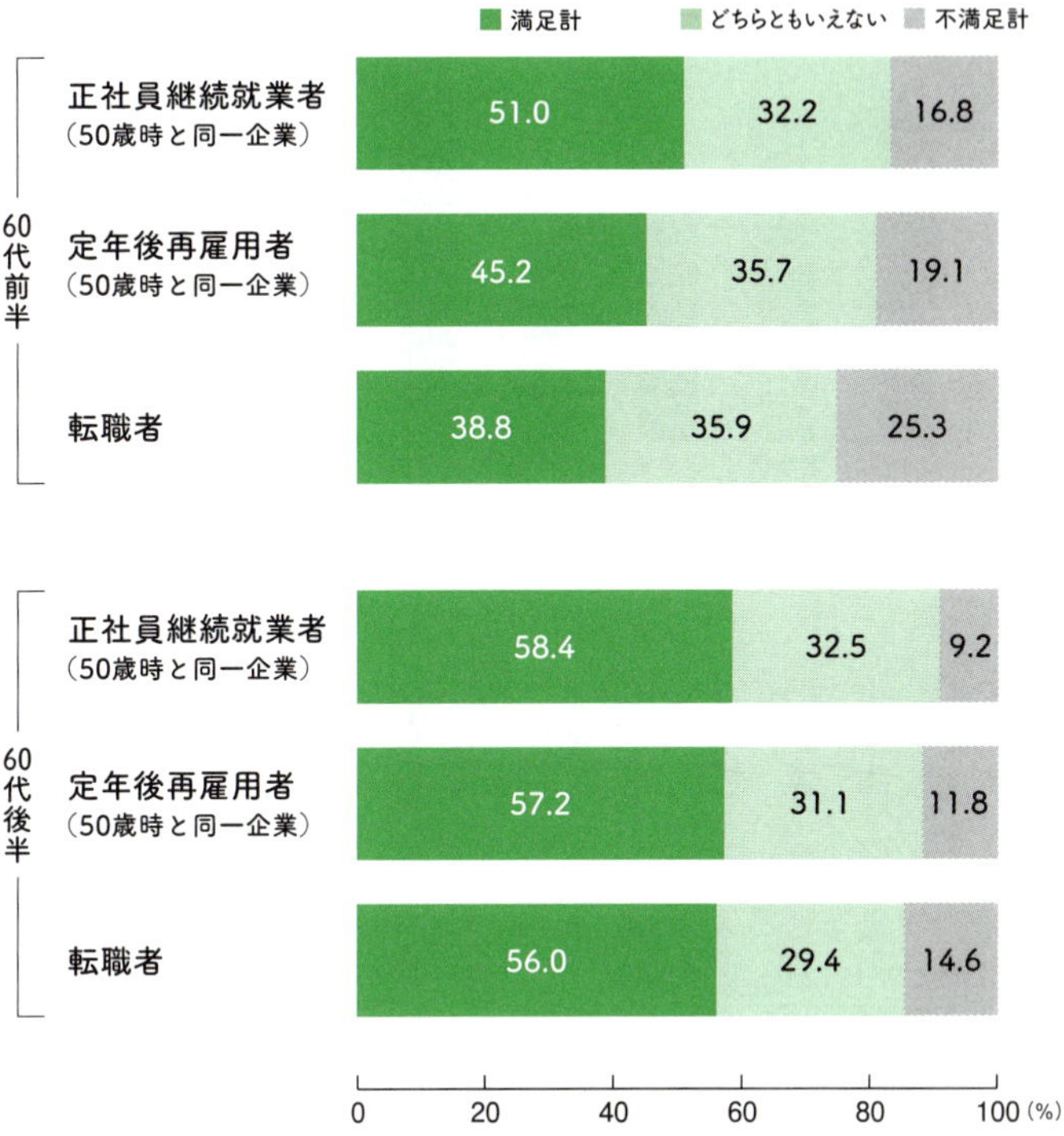

(注1) 50歳時点で正社員として働いていた、現在60代の男性を対象としている。
(注2) 仕事に満足している割合とは、「仕事そのものに満足していた」の項目に対して「あてはまる」もしくは「どちらかというとあてはまる」と回答した場合を「満足計」としている。「どちらともいえない」と回答した場合は「どちらともいえない」としている。「どちらかというとあてはまらない」もしくは「あてはまらない」と回答した場合は「不満足計」としている。

(出所)リクルートワークス研究所「全国就業実態パネル調査」2019年

図2-2 企業規模別・中高年期の収入変化

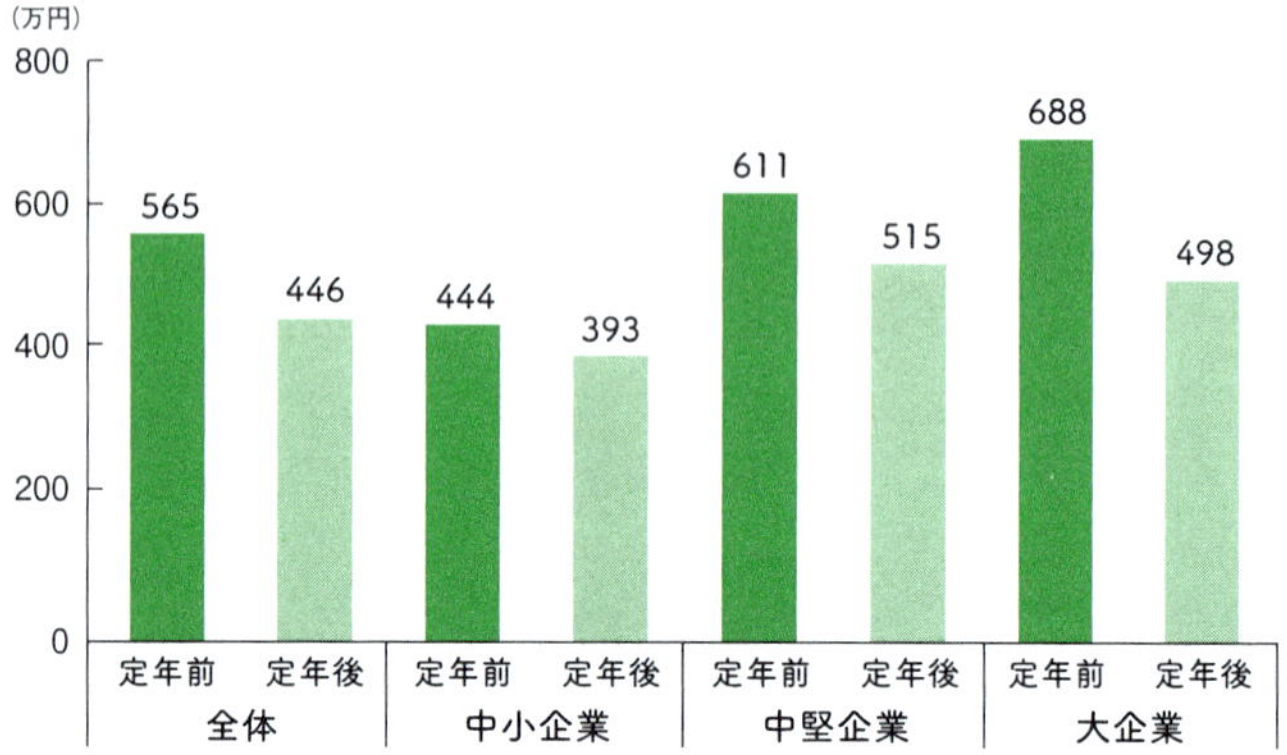

(出所)リクルートワークス研究所「全国就業実態パネル調査」2023年、2018年

一方、定年前(56〜60歳)と定年後(61〜65歳)を比較すると、全体平均で2割程度年収が下がっている現実がある。図2-2は同じ会社で勤め続けた場合の年収変化を示している。

収入水準が下がるのは、定年後の再雇用に伴う報酬水準の引き下げや、ポストオフによる年収ダウンによるもの。なお、企業規模別にみると、中小企業では定年後の収入の減少幅は11・5%であるが、大企業の減少幅は27・6%となっている。中小企業と比べて、大企業では定年後に収入が大幅減となるケースが多い。

年収は大幅に下がるものの、満足度は相対的に高いということは、**「多少年収や役職が下がったとしても、60代半ば頃までは基本的にはこれまでの仕事の経験を活かして働き続ける」**という選択肢が結果的には満足感につながるということだ。

定年後継続雇用は批判的な論調で扱われることも多いが、データからは決して間違った選択なわけではないとわかる。そう考えれば、多くの人にとっては、60代半ばまではこれまでの仕事で継続して成果を出しつつ、それ以降に第2部で紹介するような仕事に移行するという戦略が、中高年期から高齢期にかけてのキャリアの最適な戦略になると考えられる。

これは家計の観点でみても同様である。定年後に年収が下がるといっても、多くの人にとって継続雇用期間の収入を上回る条件の求人を探すことは決して簡単なことではない。また、65歳までは現役時代と同じ会社で働き、**厚生年金を会社に負担してもらうことで、その後の年金額を増やすというメリットも大きい**。

50代以降の転職は「なんとなく」ではなく戦略的に

会社を辞めて転職した場合の満足度はどうなるだろうか。

40ページの図2－1を見てみると、同じ会社で働き続けた人と比べ、65歳までの中高年期に転職した人の満足度は総じて低く、「不満足」と回答した人の割合が高くなっている。

また、この時期の転職は金銭面でも厳しい。図2－3は転職するかしないかで中高年期の年収を比較したものであるが、**転職した人のほうが年収は下がっている**。

これらの結果はリストラなど会社都合で辞めた人も含まれているため、一概に「中高年期の転職はよくない」という結論にはならないが、慎重にかつ戦略的に行うべきだろう。

図2-3 転職の有無別・中高年期の収入分析

	年収	労働時間	時給
転職あり	313.4万円	33.7時間	1,785円
転職なし	445.5万円	39.9時間	2,141円

（出所）リクルートワークス研究所「全国就業実態パネル調査」2023年、2018年

こうしたなか、より詳細に分析していくとまた異なる面も見えてくる。転職する人の中で、50代前半で転職した人と50代後半で転職した人の満足度を調べたのが図2－4である。これによると、50代前半で転職した人は比較的仕事の満足度が高いことがわかる。つまり転職するのであれば、**定年を迎える直前に焦ってするのではなく、気力体力が十分あって活躍できる時期に考えたほうがよい**ということだ。

さらに、同じ図2－4の転職の理由別の満足度を見ると、転職する理由が「会社都合であった人」と「積極的な理由で転職した人」とでは、後者の満足度が高く、さらに50代前半に積極的理由で転職した人の満足度は57・1％と高くなっている。前向きにチャレンジ

図2-4 転職者の転職した時期別・理由別満足度

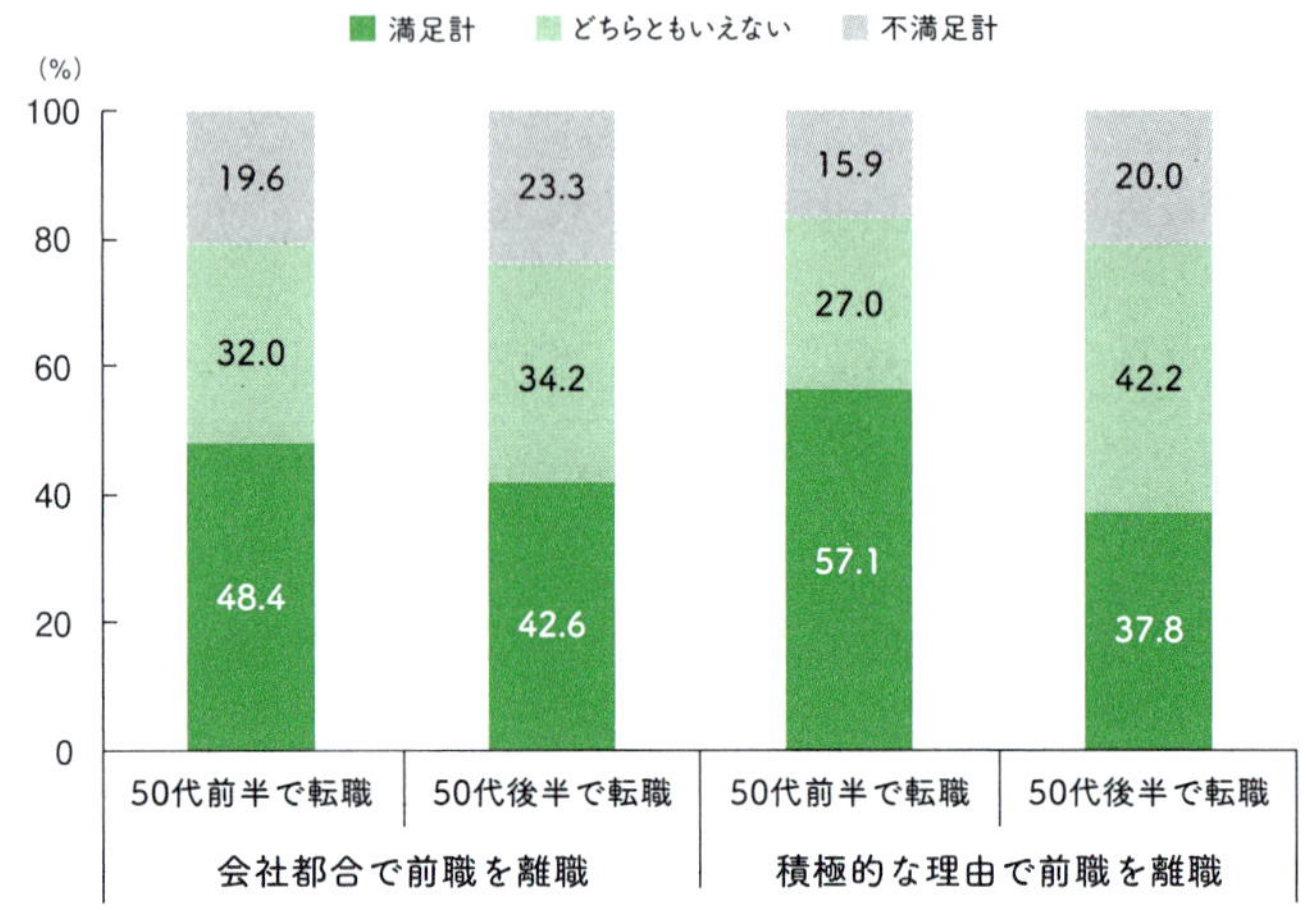

注1）50歳時点に正社員として働いていた、現在60代の男性を対象としている。
注2）仕事に満足している割合とは、「仕事そのものに満足していた」に対して「あてはまる」もしくは「どちらかというとあてはまる」と回答した場合を「満足計」としている。「どちらともいえない」と回答した場合は「どちらともいえない」としている。「どちらかというとあてはまらない」もしくは「あてはまらない」と回答した場合は「不満足計」としている。

（出所）リクルートワークス研究所「全国就業実態パネル調査」2018年

した転職でかつそれが早い時期であれば、比較的良い結果をもたらしやすいと考えられる。

　中高年期の転職で比較的多いパターンは、大企業から中小企業に移るケースだ。中小企業の場合は定年制がなかったり、定年を65歳に引き上げたりしている会社の割合が大企業より多い。正社員として長く働き続けることができれば生涯年収は大きく上昇するため、それを見据えて転職するという戦略は十分に考えられる。

一方、50代以降で慣れない環境や仕事に適応することの難しさは、しっかり覚悟しておくことが必要だ。大企業では狭い範囲の専門領域の仕事をしていればある程度成果を出せた人であっても、中小企業では非常に幅広い業務の担当を期待されることが多い。あるいは、経営層や部下との人間関係につまずいてしまうケースもある。転職を行う場合には、このようなリスクへの覚悟をしつつ、新しい仕事に前向きに取り組んでいこうという挑戦心をもって決断することとしたい。

60代半ば以降の仕事は「達成・出世」よりも「貢献・健康」

中高年期（60代半ばまで）は「過去の経験を活かして働き続けることが基本の選択肢」だと述べた。では、60代半ば以降の高齢期には、どのような選択をすべきなのだろうか。それが、本書のメインテーマである。

高齢期の仕事として本書で提案したいのが、「第2部」で紹介する100の仕事である。私は、60代半ばから70代、場合によっては80代まで続くこれらの仕事を、肯定的な意味合いを込めて「小さな仕事」と呼んでいる。**小さな仕事とは、「報酬はそれほど高くはない」けれど、「労働時間が短く」かつ「仕事の負荷やストレスが少ない」、そして何より「世の中に必要不可欠で社会に貢献する価値ある仕事」**

の一群を指している。

現役世代向けの講演などで65歳以降の「小さな仕事」の話をすると、「仕事の量や負荷が減り、仕事の内容も大きく変わってしまうことから、やりがいを持てないのではないか」という質問がよく出る。組織の中でホワイトカラーとして大きな仕事をしてきた人などを中心に、シニア期の小さな仕事に対してこうした見方をする人も存在する。

しかし、各種データや実際に働いている人の声を聞いていけば、このような現役世代の先入観は実態とやや異なることがわかってくる。

なぜなら**「仕事に対する向き合い方」は年齢に応じて変わる**からである（図2－5）。つまり、現役世代は収入を高めることや高い役職に就くこと、仕事を通じて大きな達成感を覚えること、もしくは高度な職業スキルを身に付けることに重点を置く傾向がある。一方、高齢期の就業者は、身近な人の役に立つことや社会への貢

図2-5 仕事に対する価値観の変化

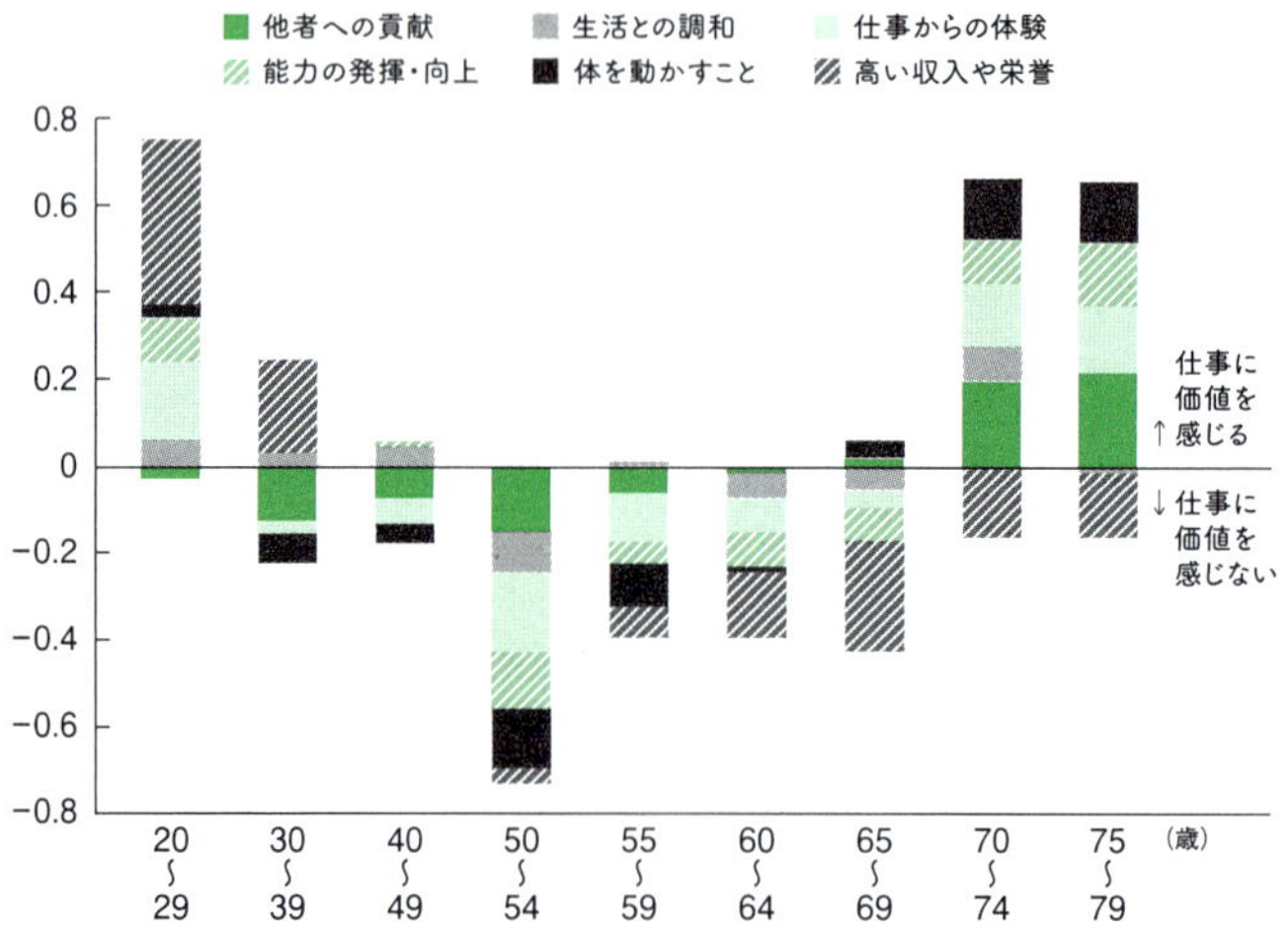

（出所）リクルートワークス研究所「シニアの就労実態調査」2021年

献、仕事で新しい体験をすることや、体を動かすことに喜びを感じる人が増えていく。

そして、仕事の満足度の調査では、**若年期から中堅期の就業者よりも高齢期の就業者のほうが仕事に満足している人が多い傾向がみてとれる**（図2−6）。

「仕事に満足している人の割合」のデータを詳しくみると、50歳くらいを境にU字カーブとなっている。若い頃は高い収入や栄誉に仕事の価値を感じていたのが、50代

図2-6 現在の仕事に満足している人の割合

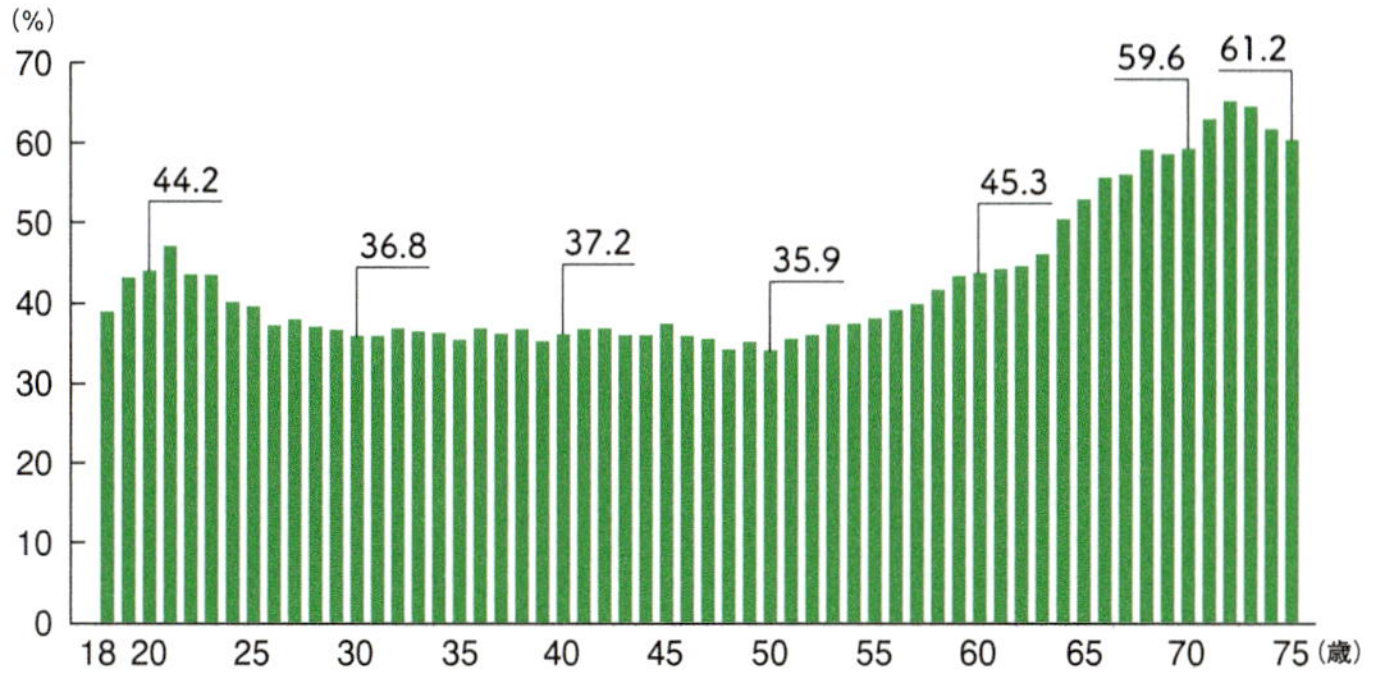

（出所）リクルートワークス研究所「全国就業実態パネル調査」2019年

でそれらに意義を見いだせない状況が訪れ、そこから徐々に違う形で仕事の意義を再発見するというプロセスをたどる。

幸福度についても同様で、データをみると50代を境にシニア世代になるほど幸福度が上がっていくという結果が得られる。

「高齢期には仕事に就けなくて貧困に陥ってしまうのではないか」と漠然とした不安にかられる人もいるが、実態を見ると多くの人が無理なく仕事をしながら豊かな暮らしを実現しているのである。

60代半ば以降は「会社員以外」で働く人が多い

「小さな仕事」の雇用形態は**非正規雇用や業務委託**が多くなり、仕事の内容もいわゆるホワイトカラーから、警備や施設管理、飲食店の接客、販売など、**体を動かして働く**ものに変わる。

60歳で定年するまで長年会社員を続けてきた人からすると、「仕事をする＝会社に雇われる」と考えることが多いかもしれない。しかし実は、高齢期になってから自営業や「フリーランス」として働き始める人は少なくない。

自営業というと飲食店など自分のお店を持って独立するイメージがあるかもしれないが、業務委託やフリーランスまで含めると、その内容は多岐にわたる。

図2-7 フリーランスの職種内訳（60歳以上）

必要となる専門性の程度	職種
高度な専門性が必要とされる職種	機械設計（2.4万人）、建築設計（4.0万人）、弁護士・弁理士・司法書士（4.2万人）、公認会計士・税理士（2.3万人）、経営・会計コンサルタント（2.6万人）、ソフトウェア開発職（1.4万人）
一定の専門性を必要とする職種	理美容師（8.1万人）、自動車等整備・機械保守（3.8万人）、建設作業者（4.0万人）、施工管理・現場監督（3.5万人）、不動産営業（3.1万人）、保険営業（2.2万人）、不動産仲介（3.3万人）、そのほか営業職（6.6万人）、柔道整復師・マッサージ師（1.9万人）、記者・編集者・ライター（1.9万人）、グラフィックスデザイナー（2.0万人）
必ずしも高度な専門性を要しない職種	調理（4.6万人）、マンション等施設管理（2.6万人）、農業・造園（9.0万人）、ドライバー（4.8万人）、配達（1.5万人）、販売促進（2.0万人）、販売店員（5.3万人）、写真家（1.9万人）、塾講師（6.0万人）、インストラクター（4.2万人）

（出所）リクルートワークス研究所「全国就業実態パネル調査」2019年

自営業やフリーランスは継続雇用に比べると基本的に低収入かつ不安定で社会保険にも加入できないため、若い世代にとってはリスクのある働き方だ。

一方シニア世代は月々稼ぐべき金額は少額であり（本書では月10万円をひとつの基準としている）、必ずしも雇用される必要はないことから、自営業は現実的な選択となる。

定年後の仕事は「どこで」探すのか？

高齢期の仕事はどのように探したらよいだろうか。

転職者の入職経路をとらえたデータをみると、高齢期とほかの年齢層とでは多少傾向の違いはあるものの、何か特別な方法があるというわけでもない。

65歳以降の**入職経路で最も多いのはハローワーク**の23・6％である（図2－8）。ハローワークは中小企業やその地域でビジネスを行っている会社の求人が見つけやすい。市区町村ごとに設置されているシルバー人材センターの会員になり、就業機会を見つける方法もある。同図では「その他」に分類されている。シルバー人材センターに紹介される仕事は報酬水準は高くなく、勤務日数・時間も月10日以内、週20時間以内が目安とされている。※積極的に稼ぎたい人には不向きだが、無理のない

図2-8 入職経路

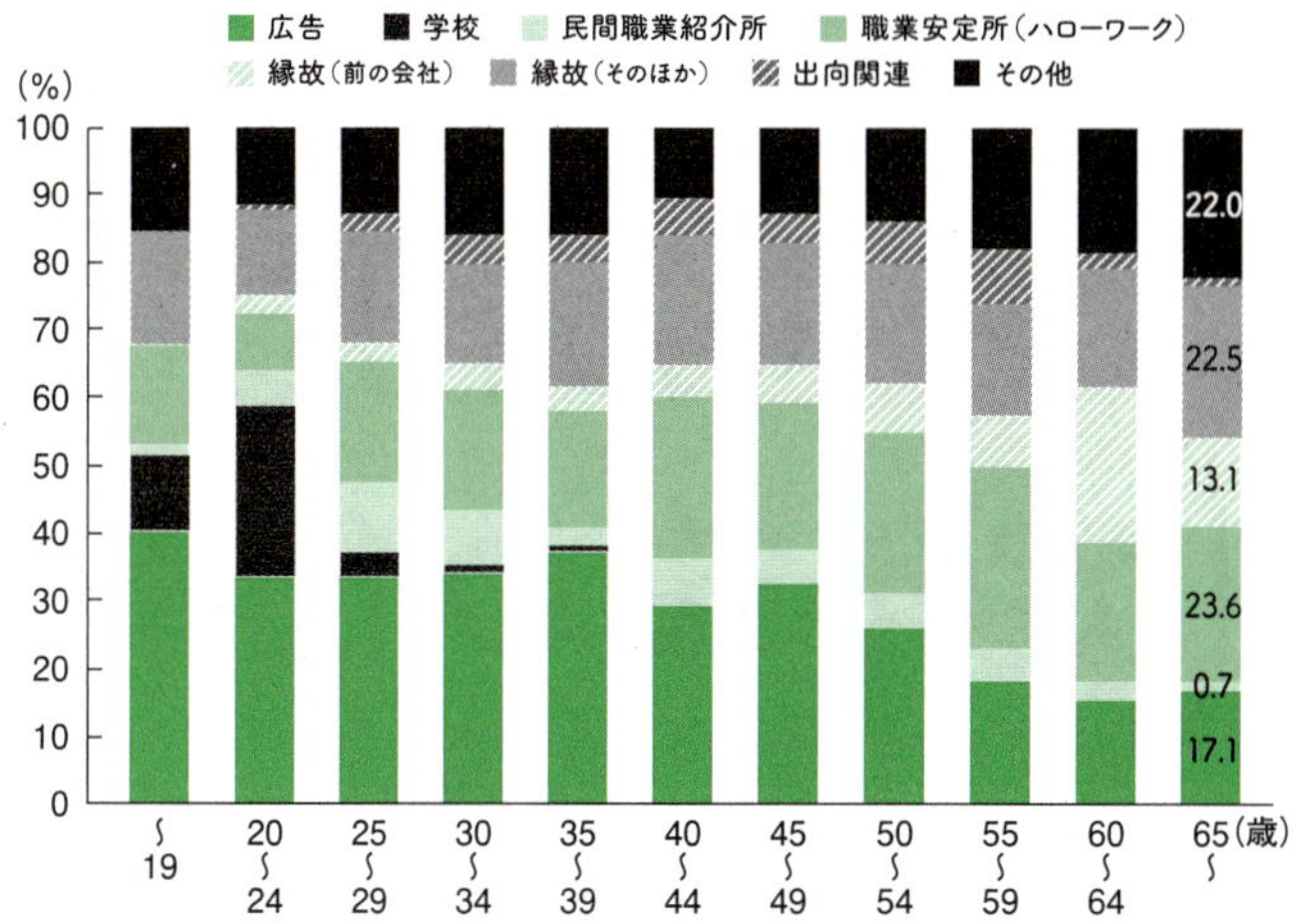

（出所）厚生労働省「雇用動向調査」2021年

働き方で少額の稼ぎを得たいという人には合う。

高齢期の仕事として大切となるのは、**自宅近くで働ける環境がある**ということである。ヒアリング事例の中でも、「自宅から10分のところで働いています」といった声が多くあった。

仕事を通して無理なく地域に貢献できるという点でも、地域の仕事は前向きに考えたい。

※都道府県によっては労働時間の緩和が行われ、週40時間までの業務が可能な場合がある。

第2部

月10万円稼ぐ「定年後の仕事」厳選100

「定年後の仕事」厳選100のデータについて

第2部では、65歳以降の「高齢期」から始めやすい仕事19職種、100の仕事を紹介する。

紹介する職種の選定にあたっては、まず総務省「国勢調査」をもとに各職種の就業人数とその中における65歳以上の就業者が占める割合を算出し、高齢期の就業者が一定の数と割合で働いている職種を割り出すことで、「就業しやすい職種」を特定した。その後、特定した職業の中で医師や弁護士、エンジニアなど特殊な資格や長期の就業経験を要するものを除いたうえで、シニアからでも始めやすくかつ無理なく働ける職業（つまり満足度の高い仕事）を選び、掲載を行っている。

さらに本書では、各職業について、総務省統計局から総務省「就業構造基本調査」のオーダーメード集計を入手したうえで、各職種の年齢別の就業人口、高齢者比率、女性比率、65歳以上の就業者の週労働時間、年収、就業・雇用形態を算出している。第2部ではこうした各職業の特徴がわかる様々なデータを掲載している。データをみることで、男性（女性）が働きやすい職種、歳をとっても続けやすい職種、短い時間でも働ける職種、稼ぎやすい職種、雇用されなくても働ける職種などがわかるようになっている。

各職業の冒頭の説明文において、その仕事の特徴も付記している。これにはリクルートワークス研究所「全国就業実態パネル調査」から、「繰り返し同じことをするか／その都度違うことをするか」「体を動かすか／頭を使うか」「一人でするか／ほかの人と一緒にするか」といったタスクの特性、また「処理しきれないほどの仕事であふれていたか」「ストレスによって、精神的に病んでしまう人が発生したか」といったデータへの回答率を参考にしている。また、実際にその職種に就業している人に仕事の良いところと悪いところを聞いたアンケート調査の自由回答記述も参照し、そこで多くみられた声を紹介している。

職業の概説とデータ解説の後には、その職業で具体的にどのような仕事があるのかを細かく紹介している。たとえば、同じ事務の仕事であったとしても様々な種類の仕事があるように、冒頭で概説した職業をより細かい職種別に分けて解説を行っている。細かい職種の選定にあたっては、各種求人サイトで実際に検索を行ったうえで、シニアでも積極的な応募を受けつけているかどうかを確認している。

各職業について、著者が行った就業者へのインタビューの結果も紹介している。インタビューについては、インタビュイーの年金の額や勤労所得など経済的な状況、いまの仕事に就いた経緯、仕事の良いところや大変だと感じるところ、どういった人にその仕事が合うと思うかといったことのほか、家庭の状況や自身の趣味、地域活動の状況など仕事以外で日々の生活をどのように暮らしているのかも聞いている。

自分に合う職種を見つける参考にしてほしい。

データの見方

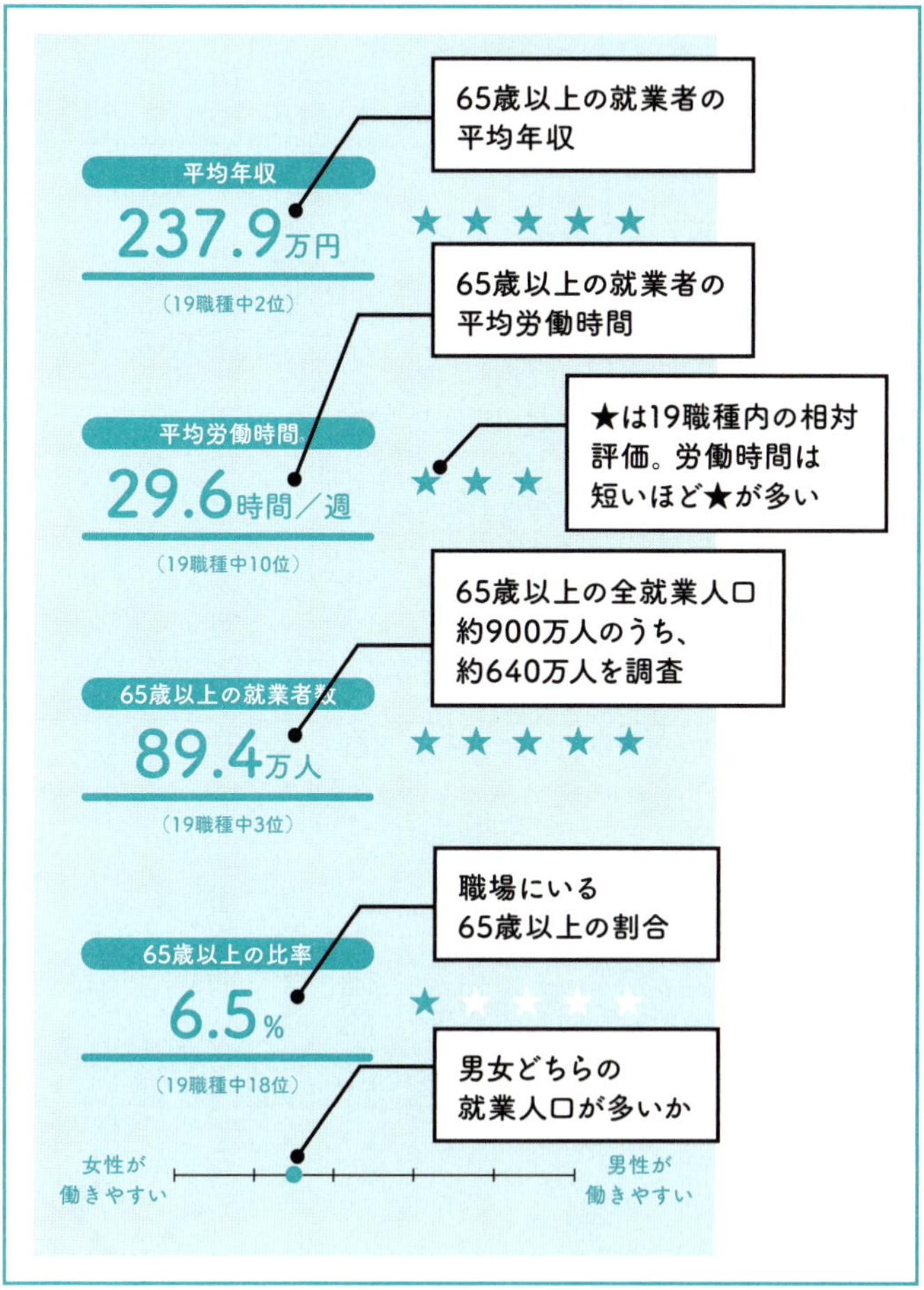

65歳以上の就業者の平均年収
平均年収
237.9万円
（19職種中2位）
★★★★★
65歳以上の就業者の平均労働時間
平均労働時間
29.6時間／週
（19職種中10位）
★★★
★は19職種内の相対評価。労働時間は短いほど★が多い
65歳以上の全就業人口約900万人のうち、約640万人を調査
65歳以上の就業者数
89.4万人
（19職種中3位）
★★★★★
職場にいる65歳以上の割合
65歳以上の比率
6.5%
（19職種中18位）
★
男女どちらの就業人口が多いか
女性が働きやすい
男性が働きやすい

第2部

月10万円稼ぐ「定年後の仕事」厳選100

第3章

経験を活かせる仕事

——事務・営業

事務

ストレスは高めだが
長く働ける環境があれば
高収入を維持しやすい

平均年収
237.9万円 ★★★★★
（19職種中2位）

平均労働時間
29.6時間／週 ★★★
（19職種中10位）

65歳以上の就業者数
89.4万人 ★★★★★
（19職種中3位）

65歳以上の比率
6.5% ★
（19職種中18位）

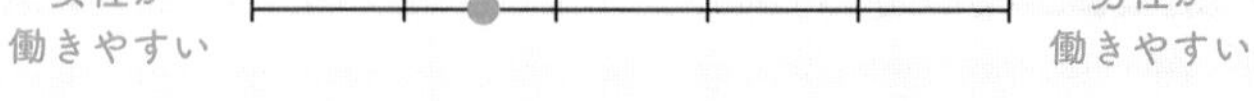

事務の仕事は65歳以上比率が6・5%と低い。年齢別の分布をみると、50〜54歳・55〜59歳の階層はいずれも就業者が100万人を超えるのに対し、65〜69歳で52・9万人まで減り、70歳以降になるとさらに半数以下まで減少する。シニアの就業者数自体は多いものの、**現役時代と同じ仕事をずっと続けられる人は割合としてごく一部**であることがわかる。労働時間の分布をみると、週に35〜42時間働く人が36・1%と最も多い。フルタイムよりやや短く働く人が多いとみられる。収入水準は全体として高く、年収500万円以上の人も9・9%存在している。勤務先の人事制度に左右されるが、再雇用制度など**事務として長く働ける人事制度が整っているのであれば優先して考えるべき仕事**と言える。

職種別にタスクを調べたデータをみると、「体を動かす」割合が低く、「頭を使う」「ほかの人と一緒に行う」割合が高かった。**ストレスは調査した職種のうち最も高く**、仕事の難しさや人間関係の多さなどの要素が考え得る。

アンケート調査では、「デスクワーク中心で天気に左右されない」「デスクワークが多く眼が疲れ、肩が凝る」など、座り仕事についてのコメントが多かった。

男女比

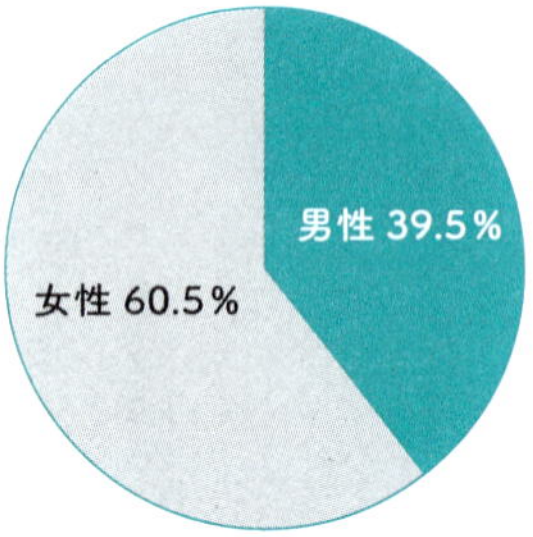

性・年齢別就業者数

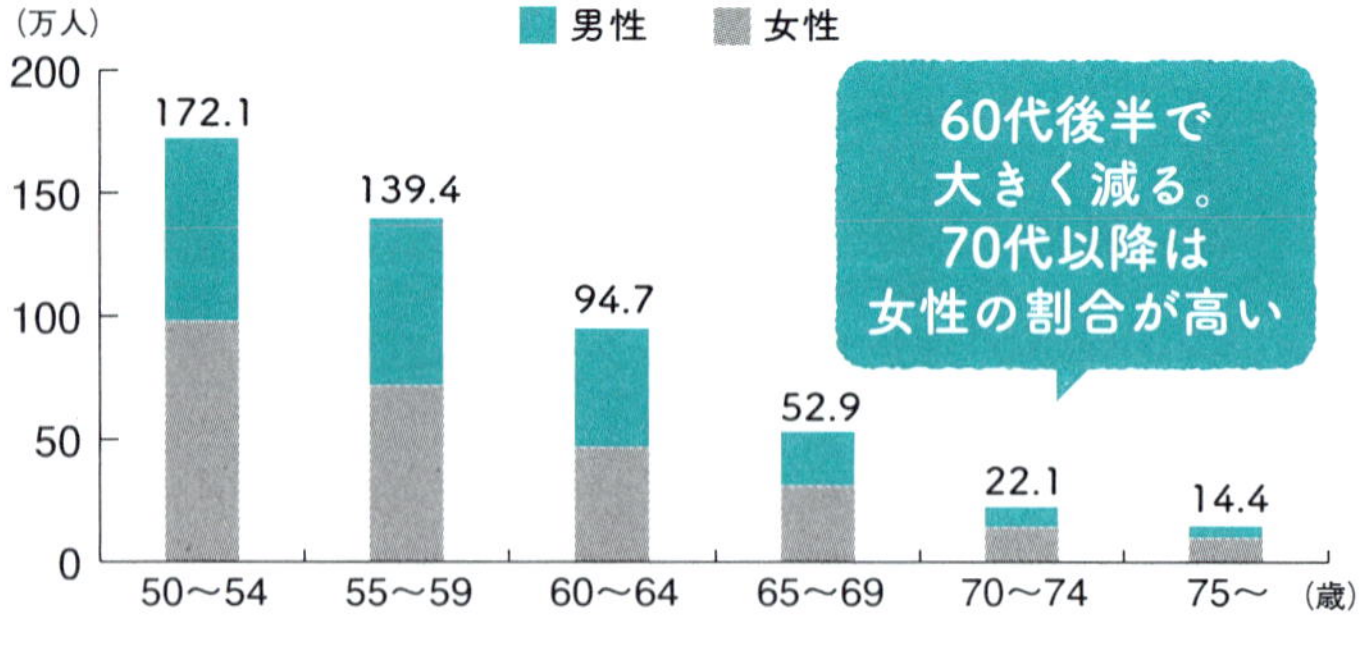

年収の分布

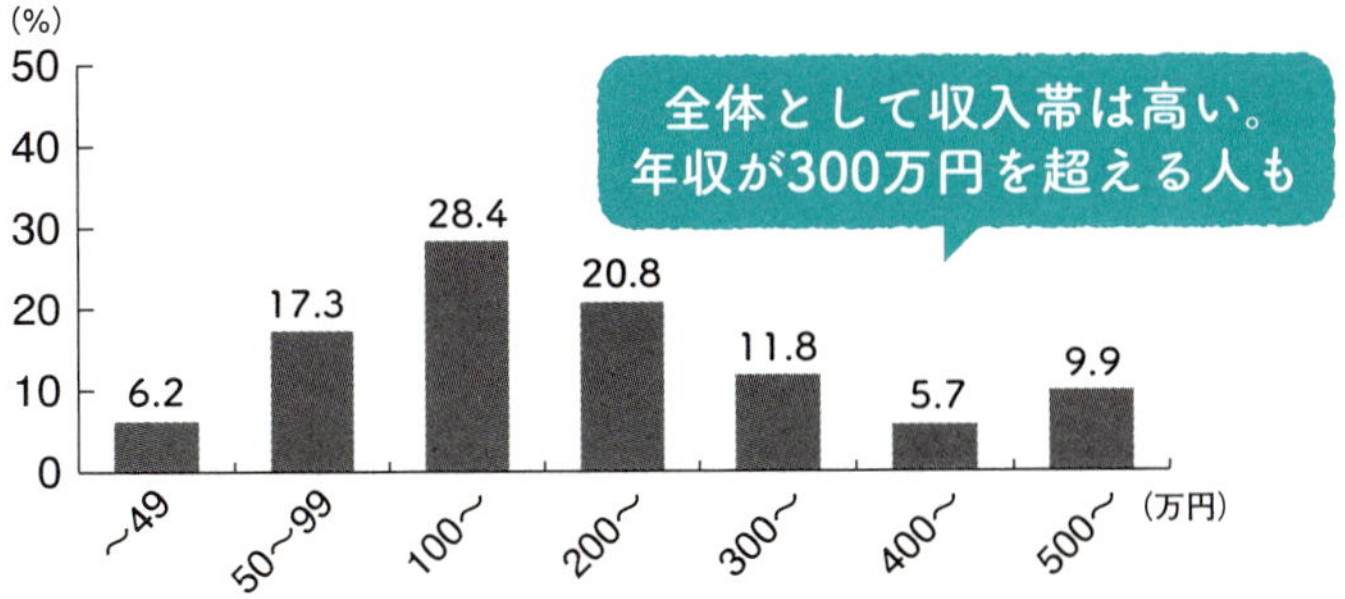

週労働時間の分布

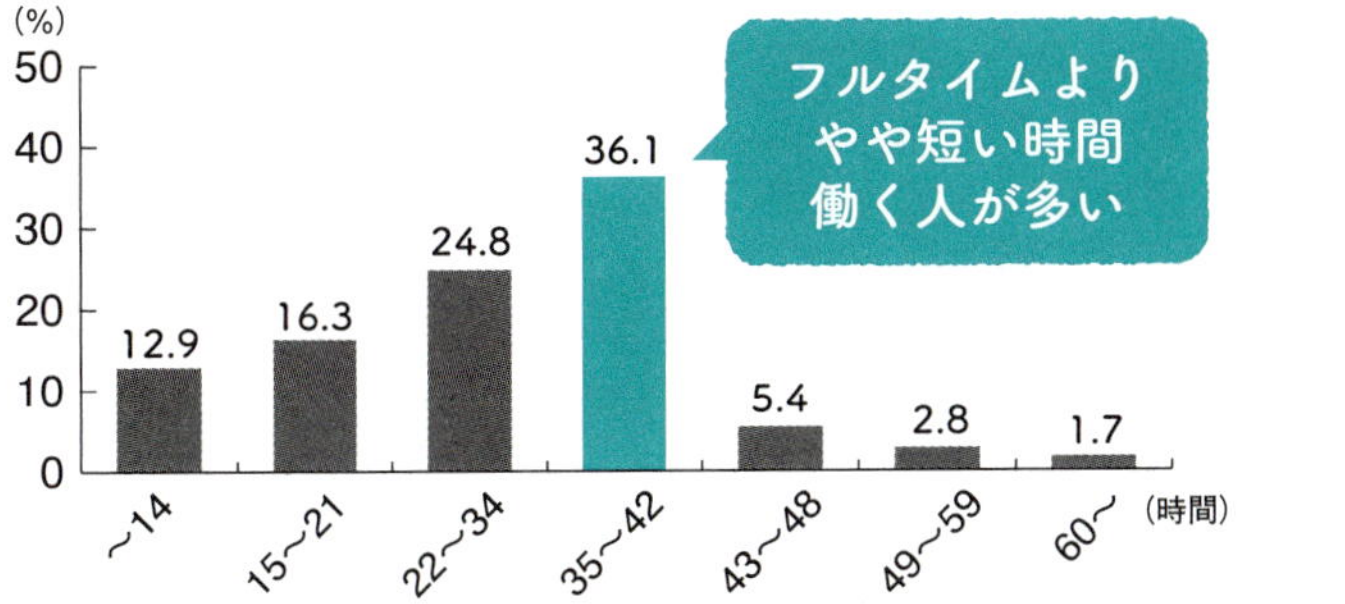

就業形態の割合

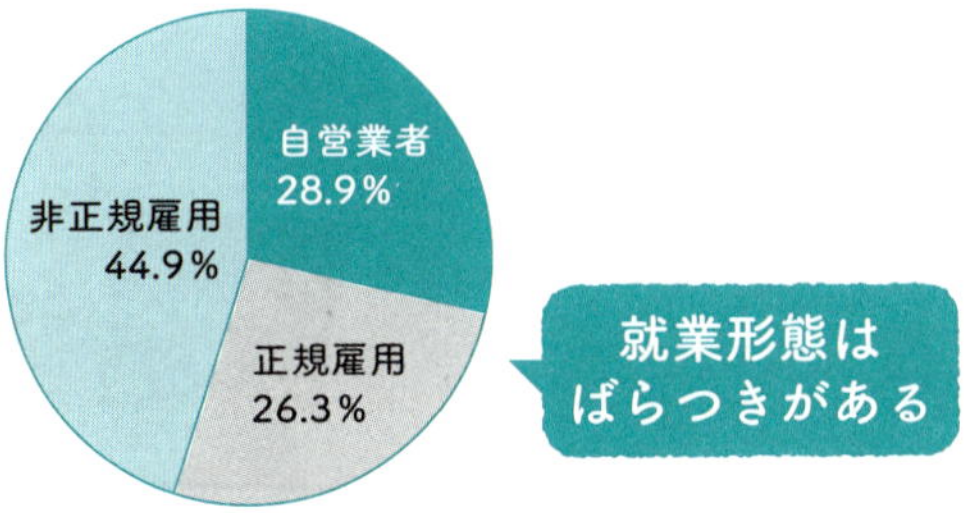

〔一般事務員〕

企業や団体において、従業員が円滑に業務を行えるように事務作業を担当する。主な業務として、文書作成や整理、コピー、電話・メール対応、会議準備などがある。

〔会計事務員〕

勤務先の経理・会計部門に所属し、会計ソフトによる記録・集計、起票・記帳、決算、現金や小切手の処理などを行う。簿記の知識が必要とされる場合が多い。

〔営業事務員〕

勤務先の営業部門に所属し、営業・販売にかかわる事務の仕事に従事する。主な業務にメール対応、問い合わせ対応、見積書や発注書の作成、商品の在庫状況のチェック、日報の作成などがある。

〔受付・窓口・図書館カウンタースタッフ〕

受付や応接・案内の仕事に専従する。図書館のカウンタースタッフは主に図書の貸出・返却・利用者登録などカウンター業務を担当し、場合によっては書架の整理やレファレンスサービス、問い合わせ対応なども行うことがある。

［データ入力スタッフ］

パソコンを使い指示に従って文字や数値などデータを入力する。タイピングスキルがあれば学歴や資格は問われない。在宅で請け負う仕事もある。

［コールセンターオペレーター］

企業・団体が設置または委託するコールセンターにおいて、電話を通じて顧客への応接を行う。

［郵便事務員］

郵便局において郵便物や荷物を受付・処理する。郵便物をエリア別に仕分けする業務は繁忙期を中心にアルバイト・パートでの募集がみられる。

［外勤事務員］

公共料金などを集金する「集金人」、電気・ガス・水道などのメーターを確認する「検針員」、世論調査や統計調査を行うため、各戸を回る「調査員」などの仕事がある。

［運輸事務員］

駅や道路などで事務的な仕事に従事する。通行料を収受する「有料道路料金所スタッフ」は経験を問わず60代以上で応募できる求人が比較的多くみられる。

［その他事務員］

「企画・調査担当」、「秘書」、「広報」、「医療事務員」、「保険契約事務員」など。

インタビュー①

一般企業を定年退職後、会計の経験を活かし財団法人に再就職

オオモリ ケイコさん（仮名）
63歳女性　東京都

profile

現役時代の仕事	一般企業の会計
定年後の仕事	財団法人の会計
家族構成	単身

月収	年金	なし（受給前）
	勤労収入	15〜20万円
	副収入	4〜5万円
	計	19〜25万円

schedule

1週間のスケジュール

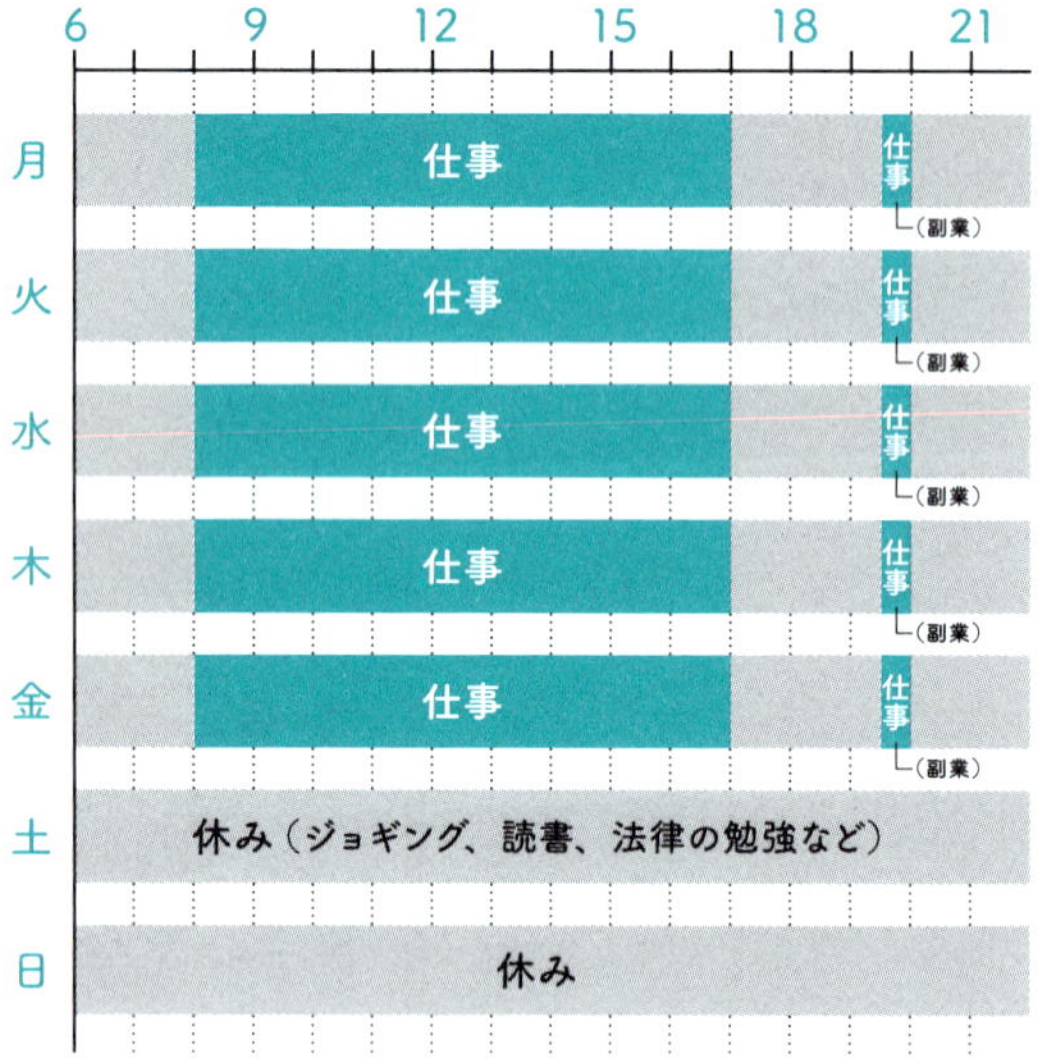

60歳で一般企業を定年退職し、財団法人に再就職して約3年になります。仕事内容は前職と同じ会計処理です。

雇用形態は契約社員で、月~金のフルタイム勤務。私の業務は主に3つあり、公益部門の会計処理と、収益部門のサポート、イレギュラー案件の処理です。1日の流れで言うと、午前中はまず収益部門の会計処理に必要なデータを整理し、書類と照合しながら入金管理を行います。次に入出金の確認と起票、会計ソフトの入力などを行ったら、担当者に引き継ぎます。午後は自分の担当である公益部門の会計処理を行います。決算書の作成や資料作り、伝票の処理、請求書の入金処理など。ひと月の中でやることが移り変わるので、次の仕事が楽になるように前もって進めるよう心がけています。

今の勤務先で仕事に慣れるまではそれなりに大変でした。公益性が高い団体なので、利潤追求の企業とは違って会計の考え方や処理の仕方がまるで違うのです。

年齢がネックになるも、主体性が評価され採用

再就職ではハローワークを利用しました。担当の方が親切に探してくださった中に今の勤務先があり、面接を受けました。面接開始直後は感触が厳しく、ある程度若い人のほうが長く勤めてもらえると思われたようです。ただ、若くてもやる気のない人や指示を待つタイプより、私のように「できることはなんでも自分からやる」姿勢の人がよいということで、縁あって採用していただけました。

働き始めると、小さな財団ということもあり、前任者からの引き継ぎが1日しかなく、初めての組織で戸惑うことばかりでした。教えてくれる人も誰もいません。そこで「まずやれることをやろう」と、整理整頓や給湯室の掃除、事務処理など、目の前のことに片っ端から手をつけました。みなさん業務に追われて山のような書類を片付けられていない状態だったのですが、整理すれば私自身もスムーズに仕事ができますから。そのうちに周りの方から頼りにしていただけるようになり、「今後もずっといていただきたい」と言ってもらえるようになりました。

副業のため法律の勉強もスタート

給与面では不満もあります。60歳を過ぎた契約社員だからなのでしょうが、給与水準は一般的な会計事務員の半分程度なのです。あるとき、業務内容に対してあまりにも薄給だということで、交渉して少し月給を上げていただきました。年単位ではそこそこの収入アップになったので、話してみてよかったと思います。

経済面で言うと、副業もしているので今のところ年金をあてにしなくても生活できています。知人が立ち上げた会社で経理を手伝っていて、月に10時間ほど在宅で経理業務の作業をしています。会社に足を運ぶのは月に1回ほどでしょうか。

いずれ副業のほうに軸足を移す可能性もあるので、最近は休日に法律の勉強を始めました。まず行政書士の資格を取り、ゆくゆくは社会保険労務士も取ることを目指しています。難関資格なのでうまくいくかわかりませんが、１００の能力を得ることはできなくても、50であれ30であれ、仕事にプラスになると捉えて自分のペースでやっていきたいと思っています。

インタビュー②

英語で仕事ができる環境を求め
グローバル企業に再就職

オカダ タツヤさん（仮名）
64歳男性　大阪府

profile

現役時代の仕事	家電メーカー
定年後の仕事	IT企業→外資系メーカー
家族構成	配偶者とふたり暮らし

月収		
	年金	なし（受給前）
	勤労収入	16万円
	計	16万円

schedule

1週間のスケジュール

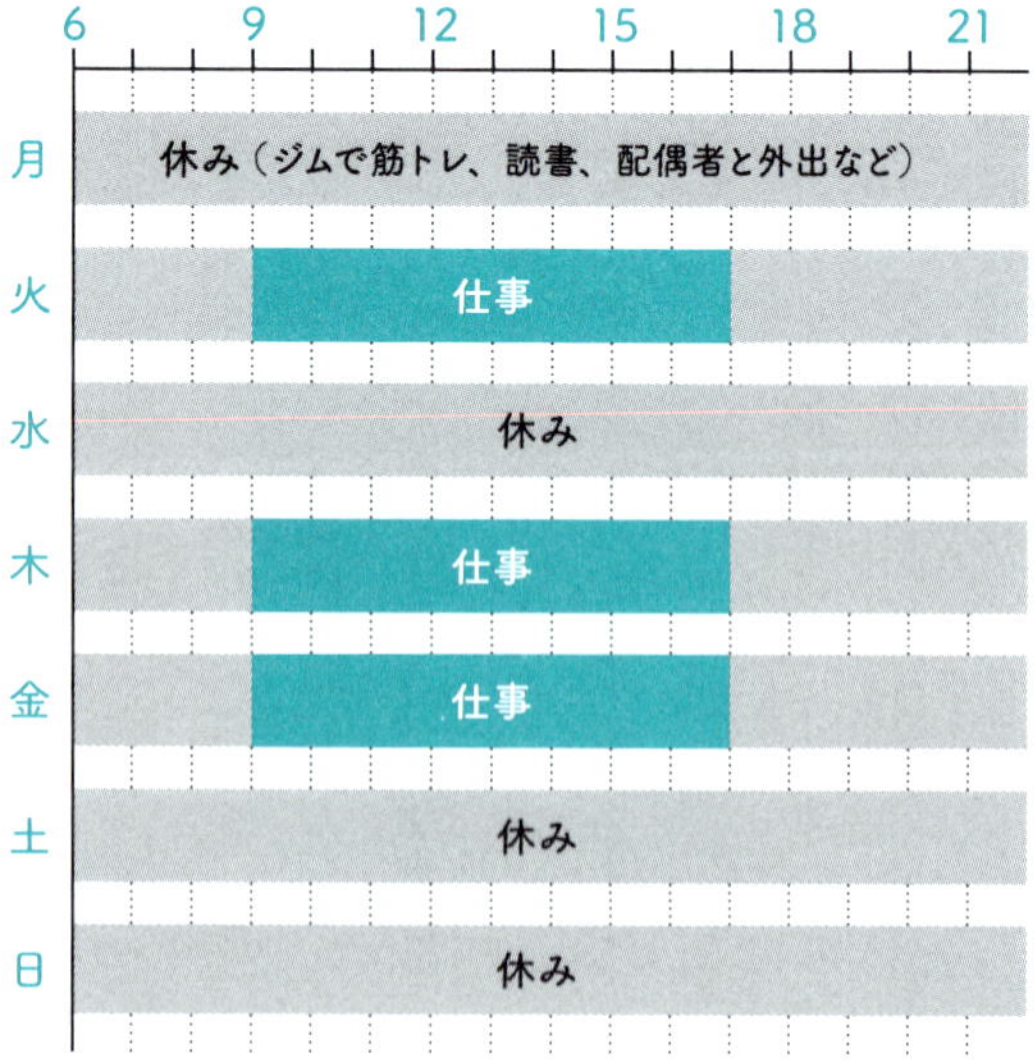

大学卒業後、家電メーカーに就職。キャリアの後半はデバイスの開発に携わり、生まれ育った横浜を離れて関西で暮らしました。

60歳で定年退職。会社に残る選択肢もありましたが、30年以上ひとつの会社に勤めたので外の世界を知りたいと思い、新天地を探すことにしました。知り合いのツテを辿る中で「東京の会社で人を探しているよ」という話があり、グローバル展開するIT企業でデバイスの開発プロジェクトに参加することになりました。妻は関西に残り、私は単身赴任での再就職です。両親が他界して残された実家があるので、そこから約2年間通いました。

前職は純粋な日本企業でしたが、3年間アメリカ赴任の経験があり、海外の企業と仕事をする機会も多かったので「もっと他国の人と一緒に英語で仕事ができたら楽しいだろうな」と思っていました。その点、再就職先では英語を使う機会が非常に多く、グループメンバーもアメリカ人、フランス人、インド人、台湾人、韓国人と多様で、思い描いていた環境でした。プロジェクトでは前職の経験を活かすことができ、無事製品の完成までこぎつけました。

ただ、フルタイム勤務で残業も多かったものですから、あるとき妻から「60過ぎてそんなにしゃかりきに働かなくてもいいんじゃない？　私もひとりでここにいるのも寂しいし」と提案をもらい、東京の企業を辞めて関西へ戻ることにしました。

再々就職先は外資系メーカー

関西に戻って現在は外資系メーカーの設計・管理部門に在籍し、主に翻訳担当としてメンバーをサポートしています。前職から少しペースを落として出勤は週に2～3日です。1日8時間勤務のうち午前中はオンライン会議に出席することが多く、午後の業務は資料の翻訳などさまざまです。現在の勤務先でも、アメリカ人メンバーのほか、フィリピン人やロシア人など、さまざまな国の人とかかわれるのが楽しいです。

転職して大変だったのは、製造する分野の違いです。英語は役立っていますが、技術的にはこれまでの経験はほとんど活かせていません。技術用語が全然違います

し、環境も違います。最初はわからないことだらけで戸惑ったのが正直なところですが、チームメンバーが親切に教えてくれて徐々に慣れることができました。

幸い持ち家があって、定年までに蓄えもできていたので実際のところ働かなくても暮らしていくことはできます。それでも自分のモチベーションとして、仕事を通して少しでも社会に貢献ができたら望ましい。なので、元気なうちは仕事をしていたいと思っています。

インタビュー③

グループ会社での再雇用を経て、70歳から事務サポートに回る

ヤマダ カツトシさん（仮名）

71歳男性　愛知県

profile

現役時代の仕事	旅行会社
定年後の仕事	グループ会社で再雇用→アルバイト
家族構成	配偶者とふたり暮らし

月収		
	年金※	25万円
	勤労収入	17〜18万円
	計	42〜43万円

※年金は世帯ごとの受給額

schedule

1週間のスケジュール

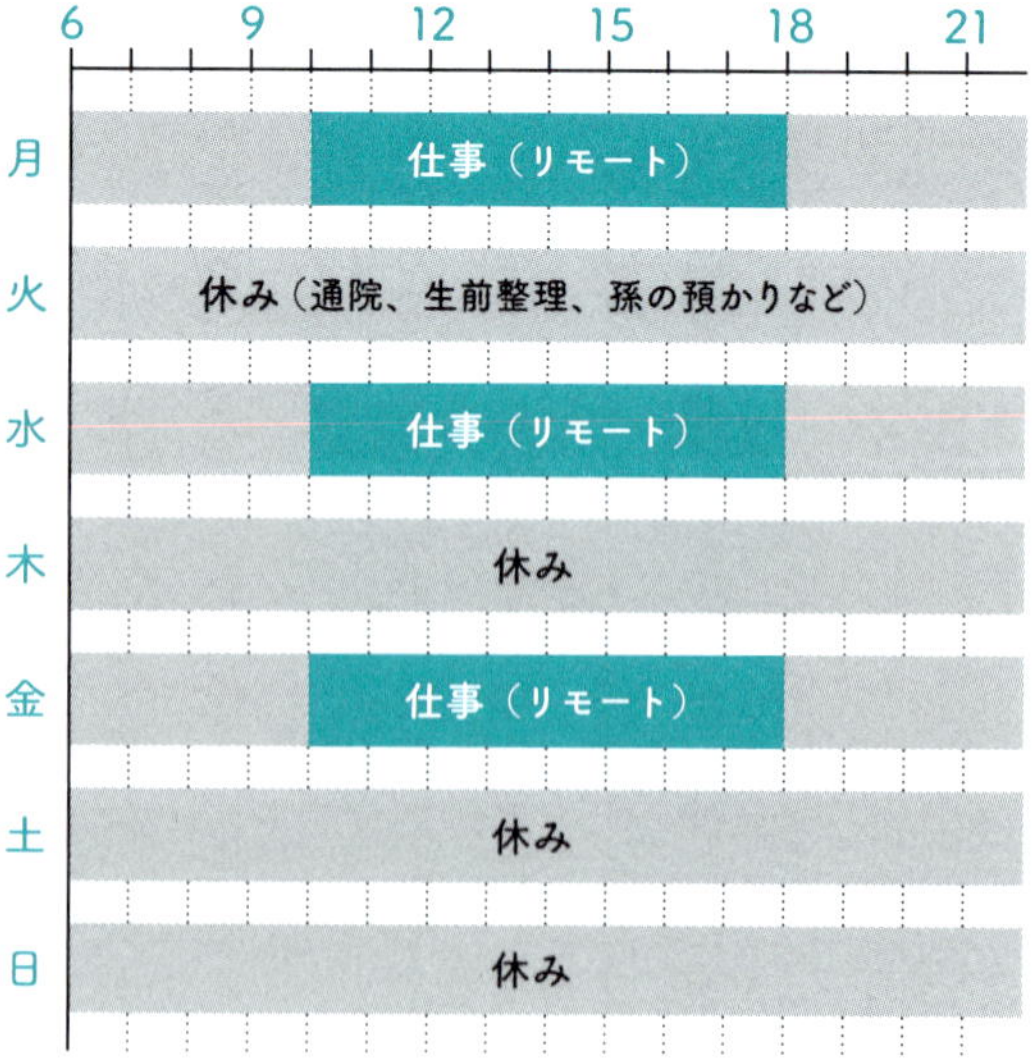

22歳から旅行会社で働き、60歳で定年を迎えました。その後グループ会社であるイベント運営会社に転籍。再雇用、嘱託社員を経て、70歳以降はアルバイトとして週に3～4日事務のサポートをしています。

会社が手掛けるのは各種イベントの運営で、仕事内容は申込の受付から運営まで多岐にわたります。全国でイベントが行われるので、会場の下見や本番に際して社員が現場に赴くのが一番大きな業務ですね。私も70歳までは全国出張していましたが、サポートに回った現在は社員の宿泊・交通の手配、運営上のオペレーション業務の補助を主に行っています。

一日中テレビを観て過ごす日はほとんどない

現在はリモート勤務がメインです。仕事量は日によって違い、一日中作業のある日もあれば午前中で終了することもあります。ただ10時～18時の間はいつ社員から仕事を依頼されてもいいようにスタンバイしているので、作業のない時間も拘束感はあります。出勤するのは月に2～3回程度。職場で若い仲間と会話したり、相談を受けたり反対に相談したりすることが生活の張り合いになっています。

仕事のない日は町内会の仕事をしたり、将棋クラブに参加したり、通院したり。将棋クラブに入ったのは、「70歳を過ぎたら地域に入り込んで親交を深めるような努力も必要かな」と感じ、市の広報誌を見て応募したのがきっかけです。あとは小学生の孫ふたりが放課後18時までわが家で過ごすので、何かとやることが多く、一日中テレビを観て過ごすという日はほとんどありません。

70歳を超えて時給1500円はなかなかない

60歳の定年時点でさまざまな選択肢がありました。リタイアするか、旅行関係の子会社に移るか、イベント関係の子会社に移るか、あるいは会社を離れて働くか。私は「40年以上旅行業をやってきたから、旅行の仕事はもう卒業したい」と思いました。イベント運営業務は調べる限り面白そうだし、ちょっとやってみたいなと。

70歳になった時点でお払い箱かと思っていたところ、上司から「健康でまだ働く意欲があるならば、アルバイトで賃金はガクンと下がるけれど、手伝ってくれないか」と話がありました。私自身、この年から新しい分野に飛び込むのは難しいだろうと思いましたので、互いの希望が合致した形です。

正直に言って現役の時と同じように働くことは難しいです。ただ、派遣社員や契約社員も多い職場なので、私のような業界経験が豊富で人件費は半分以下という人材は会社にとって都合が良い面もあるでしょうね。私も70歳を超えて時給1500円という条件はなかなかないことなので、ありがたいと感じています。若い人たちと同じ仕事をしても給料に大差があることを時々思い出してしまいますが、私も最新のパソコンのシステムなど理解できないことも多くありますし、そこは不満を言ったらおしまいだと思っています。

お金も大事ですが、それ以上に仕事は生きがいであり、生活の張りです。会社が許す限り働きたいですし、極端なことを言えば死ぬまで続けたいと思っています。

営業

経験を活かし
現役時代の延長線上で働く。
収入はダントツに高い

平均年収

373.0万円 ★★★★★

（19職種中1位）

平均労働時間

35.6時間／週 ★

（19職種中16位）

65歳以上の就業者数

20.5万人 ★★

（19職種中12位）

65歳以上の比率

6.3% ★

（19職種中19位）

営業

営業の仕事は65歳以上の平均年収が373万円で、本書で取り上げる職種のうち**最も収入水準が高い**。高齢で稼げるという意味では非常に良い職種だ。ただし年齢別就業者数をみると50代前半から単調に減少しており、シニア世代も一定のボリュームで存在するが、長く第一線で働き続ける人は多くない。また現役時代からの経験を活かして仕事をする側面が強く、定年後に始めるのはハードルも高い。

職種別にタスクを調べたデータをみると、仕事の特徴として**「頭を使う割合」「働く場所や時間の自由度」「ストレス」**がいずれも高い。成果を出すことが重要な仕事であり、自由度は高いと言える。

営業の仕事に就く人を対象に行ったアンケート調査では、仕事の良い面として「時間が自由」「自分の裁量でできる」と答えた人が非常に多かった。ほかには「顧客とコミュニケーションが取れる」「定年後も前職の経験を活かせる」「やっただけ報酬に結びつき、勉強も大変だがとてもやりがいを感じる」といったコメントが複数あった。悪い面では、「常にノルマとの戦い」など、ストレスやプレッシャーを挙げる人が非常に多かった。**無理なく働きたい人には不向きな仕事**かもしれない。

男女比

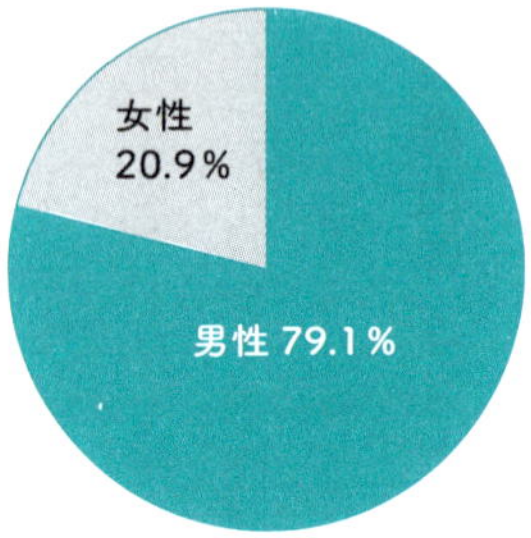

性・年齢別就業者数

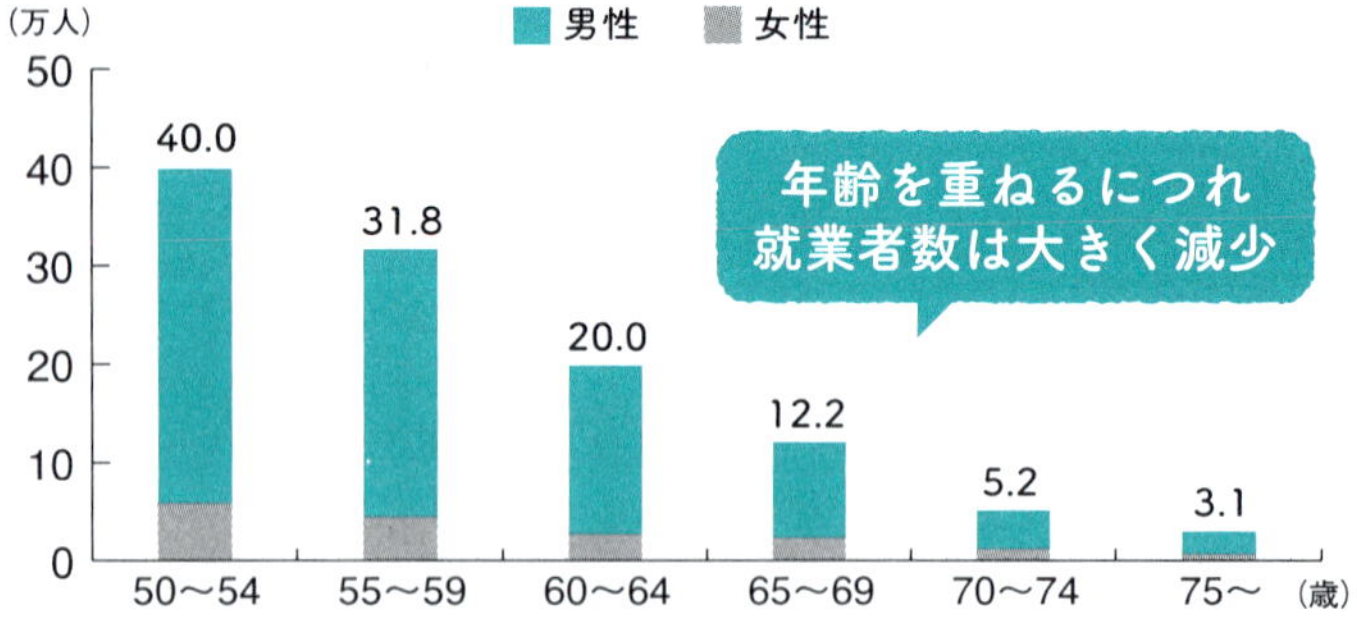

年収の分布

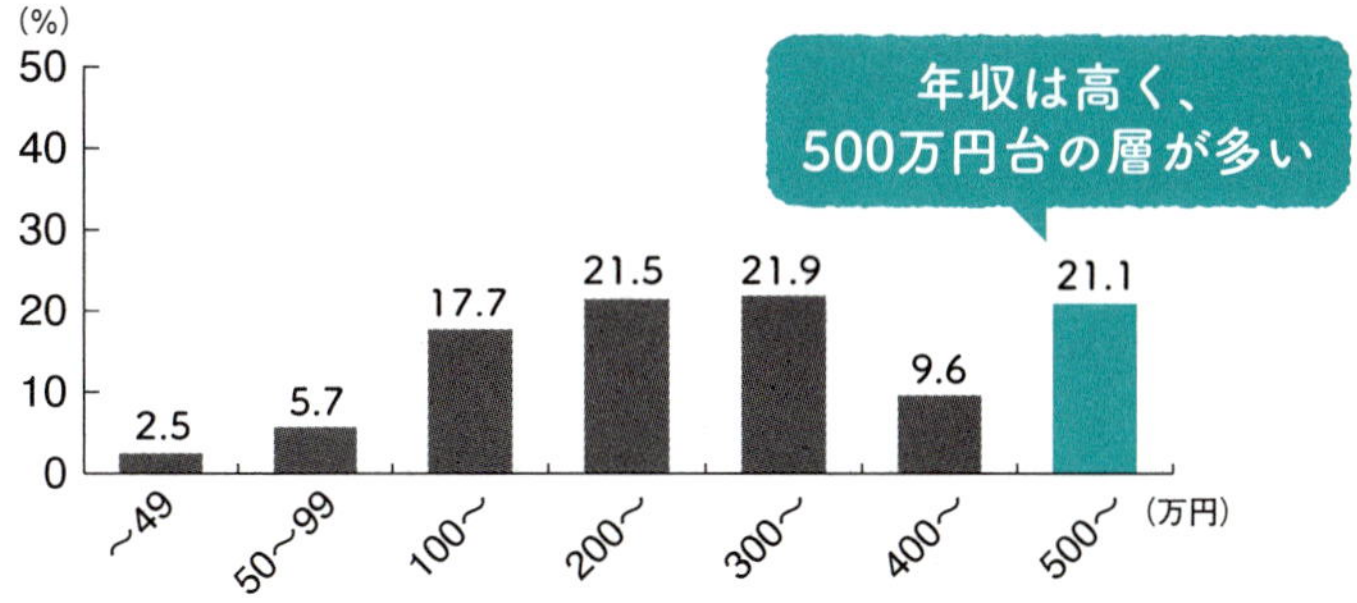
(%)
50
40
30
20
10
0
年収は高く、
500万円台の層が多い
2.5
5.7
17.7
21.5
21.9
9.6
21.1
~49
50~99
100~
200~
300~
400~
500~
(万円)

週労働時間の分布

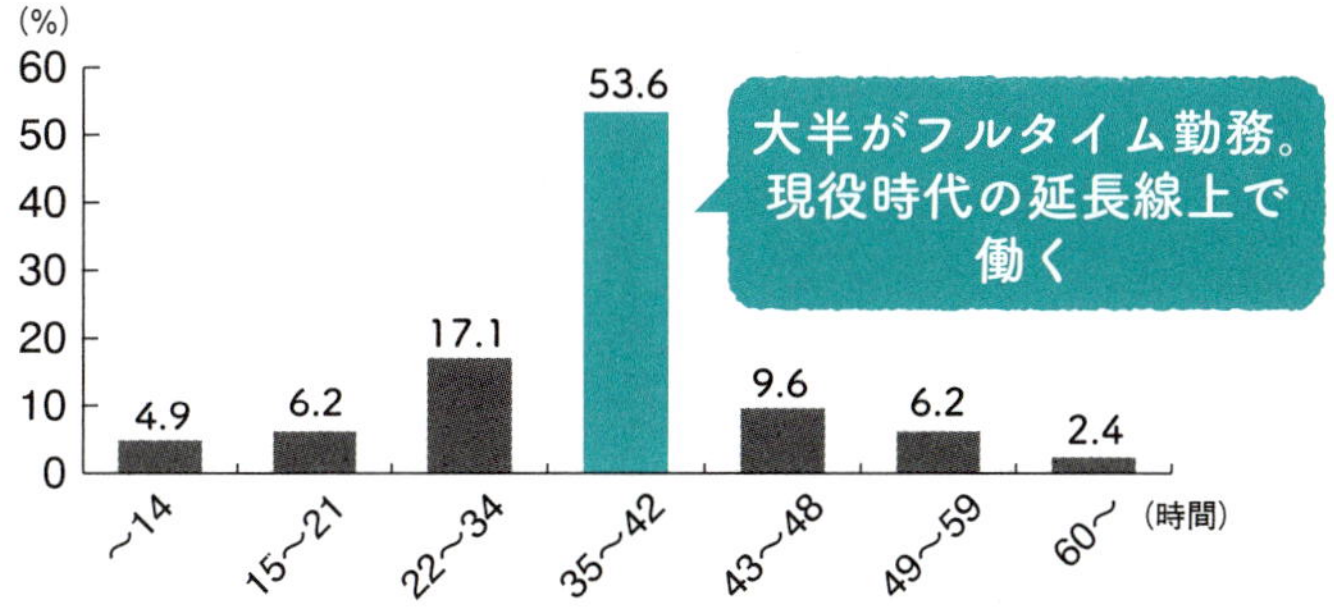
(%)
60
50
40
30
20
10
0
53.6
大半がフルタイム勤務。
現役時代の延長線上で
働く
4.9
6.2
17.1
9.6
6.2
2.4
~14
15~21
22~34
35~42
43~48
49~59
60~
(時間)

就業形態の割合

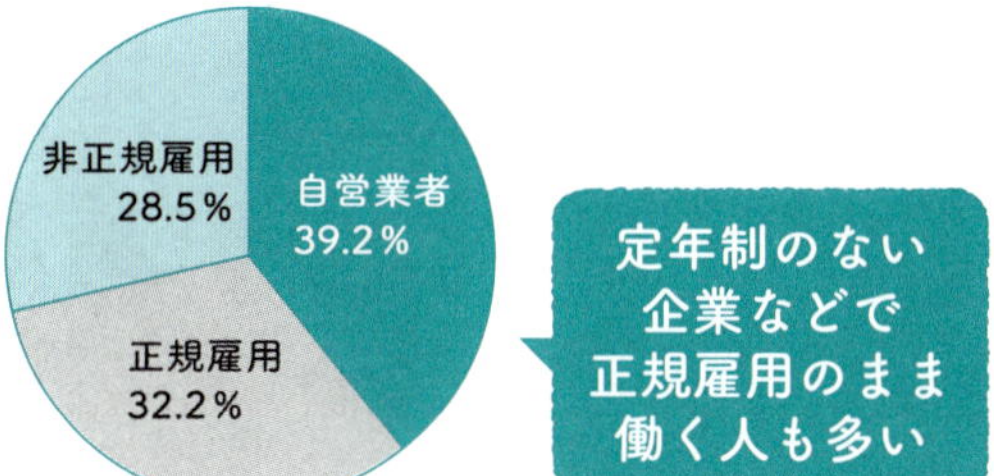
非正規雇用
28.5%
自営業者
39.2%
正規雇用
32.2%
定年制のない
企業などで
正規雇用のまま
働く人も多い

仕事内容

〔金融・保険営業〕

証券や生命保険、損害保険、共済など金融・保険商品の営業を行う。勤務先には保険会社や証券会社、銀行、金融機関などがある。保険の営業員となるには資格試験に合格し、「生命保険募集人」「損保保険募集人」として登録される必要がある。証券のセールス員となるには外務員資格試験を受け、外務員として登録されてから仕事を始めることが多い。

〔保険代理・仲《なか》立《だち》人《にん》〕

保険会社に代わって保険商品の販売、契約の締結や保険料の入金管理を行う。アフターフォローとして契約更新の手続きなども行い、顧客を長期的にサポートする。

〔自動車営業〕

自動車メーカーが契約する販売店（カーディーラー）や中古車販売専門店において、顧客向けに自動車の営業を行う。主な業務に顧客のニーズに合った車両の提案や、見積書や販売契約書の作成、納車、顧客管理、長期的な顧客対応などがある。

［不動産営業・不動産仲介人］

「不動産営業」は主に住宅・不動産会社や住宅メーカーに勤務し、住宅や土地の販売に関する営業を行う仕事。住宅の売買を希望する顧客に対し説明・案内・取引のサポートをしたりする。

「不動産仲介人」は主に店舗で住宅・土地の取引を仲介する。

［その他販売・営業員］

様々な業界、職場に「営業職」は存在する。医薬品、機械器具、通信（回線や機械）、システム、ソフトウェア、食品、化学品等の営業を行う。また、店舗において金融・

保険商品や宝くじを販売する仕事のほか、質屋、両替人、プレイガイド店員、競売人などの仕事がある。

インタビュー

30代で始めた保険代理店の仕事を81歳まで続ける

ヨシムラ シゲノリさん（仮名）
81歳男性　神奈川県

profile

現役時代の仕事	会社員→保険代理店
定年後の仕事	保険代理店
家族構成	単身

月収	年金	10万円弱
	勤労収入	16万円
	計	26万円

schedule

1週間のスケジュール

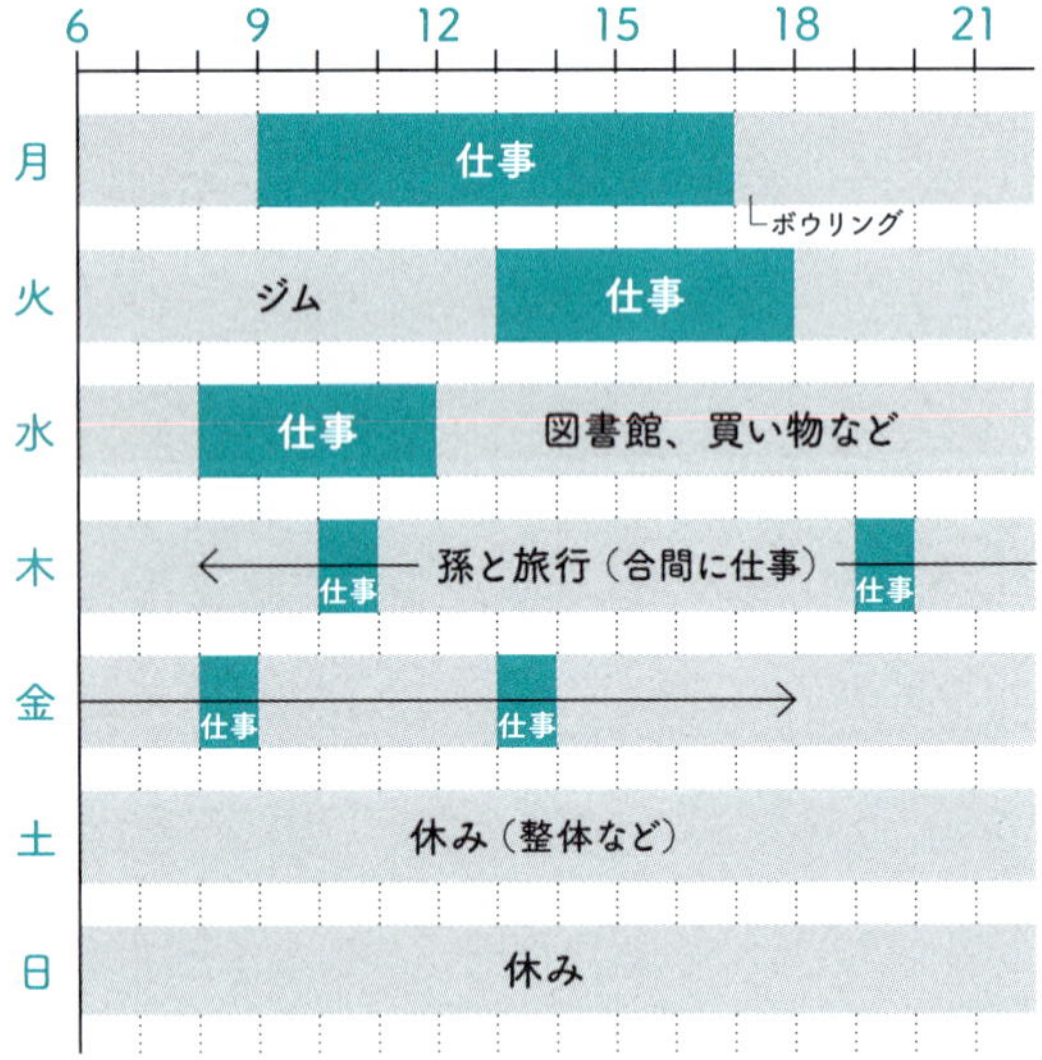

30代から始めた保険営業の仕事を81歳の今も続けております。以前は個人でやっていましたが、今はどの代理店も法人化されまして、私も法人に属しています。年齢が年齢なので常勤ではなく、仕事も既存の契約の保全くらいしかしていません。保全というのは、契約に関する事務作業をしたり、契約が満期になったお客様に連絡して継続の有無を伺ったりする仕事です。事故等の連絡を受けて会社に報告することもありますね。新規獲得営業もあればやりますが、ほとんどないです。

労働時間は週にならすと3日ほど。ただ、お客さんからの電話は突然かかってくるので、断続的に仕事をしています。時間にして週に24時間程度働いています。

基本は在宅で電話を受けて対応したり、こちらから架電したり。会社から提供されたオンラインシステムを使って事務作業をする時間も長いです。家から15分ほどの事務所に出勤することもありますね。

現在担当している顧客は150人くらいでしょうか。給料は出来高制で月によってバラバラです。顧客も一緒に年を重ねているので、年々目減りして、今は年間200万円もあればいいところです。

長く個人で働いていたため年金が少ない

現役時代には個人で仕事を行っていたため、厚生年金はほとんどありません。国民年金はご存じの通り受給額が低いので、現在まで仕事を続けているのは経済的な事情によるところが大きいです。もし経済の問題がなければ、辞めることも考えなくはありませんね。ただ仕事自体は長年やって慣れていますし、お客様とのつながりもあるので、苦労という苦労はないです。幸い目の調子も良く、10年前に白内障の手術もしたものの、パソコンを使っての事務作業も無理なくできています。

自営業で時間には融通がききますので、30代後半から町内会の活動に参加してきました。最初は地区の理事から始まり、常任理事、文化部長、防災部長、副会長を歴任しています。盆踊りや運動会など、地域のイベントはそれは一生懸命やったものです。妻が病気をしてから役員を退いたのですが、今も相談役として引き立ててもらっています。サラリーマンだったら時間の拘束が長く町内会活動なんてとても無理だったでしょうから、仕事柄、時間があったことが幸いしました。

ボウリングの講習に参加し、仲間が大勢できた

5年前に妻が他界し、「何かやらなきゃ」という思いに駆られました。そんなとき参加したボウリングの無料講習で50〜70代の仲間が大勢できたのです。今も週に1度集まってわきあいあいとリーグ戦を行っています。腰を痛めてスコアは下がる一方ですが、仲間と過ごす時間があるのが何よりです。

こうして振り返ると自分なりに楽しんで人生を送れているのかもしれませんね。

第2部

月10万円稼ぐ「定年後の仕事」厳選100

第4章

マイペースでできる仕事

——警備員・施設管理人

警備員

一定の体力・労働時間は
必要だが
ストレスは少なめ

平均年収

162.0万円 ★★★★☆

（19職種中7位）

平均労働時間

31.1時間／週 ★★☆☆☆

（19職種中12位）

65歳以上の就業者数

17.5万人 ★★☆☆☆

（19職種中13位）

65歳以上の比率

15.1% ★★★☆☆

（19職種中9位）

女性が働きやすい 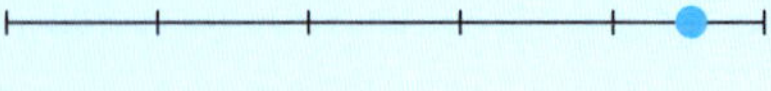 男性が働きやすい

保安職業の65〜69歳の就業者は全国に10・5万人存在しており、**シニア世代が就きやすい仕事だ**※。

職種別にタスクを調べたデータをみると、警備の仕事は勤務時間・勤務日に対する自由度が比較的低い一方、仕事の負荷は少なく、回答者のうち「処理しきれない仕事を抱えている」と答えた人はひとりもいなかった。職場で精神的な不調をきたした人もほかの職種と比べて少なく、労働時間は長めだが、**少ない負荷で、深刻なストレスを感じずに働ける仕事**と言える。

警備員に対して行ったアンケート調査では、仕事のいい面として「ストレスのある仕事ではない」「人間関係の煩わしさがない」などのコメントがあった。悪い面では、「配属先によって仕事の質、量にかなりの差がある」「場所によっては危険なことがある」などがあった。上記からもわかるように、**警備の仕事は現場によって仕事内容が大きく左右される**。就職先が「どんな現場を多く取り扱っているか」は予め把握するといいだろう。

※職業分類上、保安職業には自衛官・警察官なども含まれるが、本項では警備員などを主な対象としている。

男女比

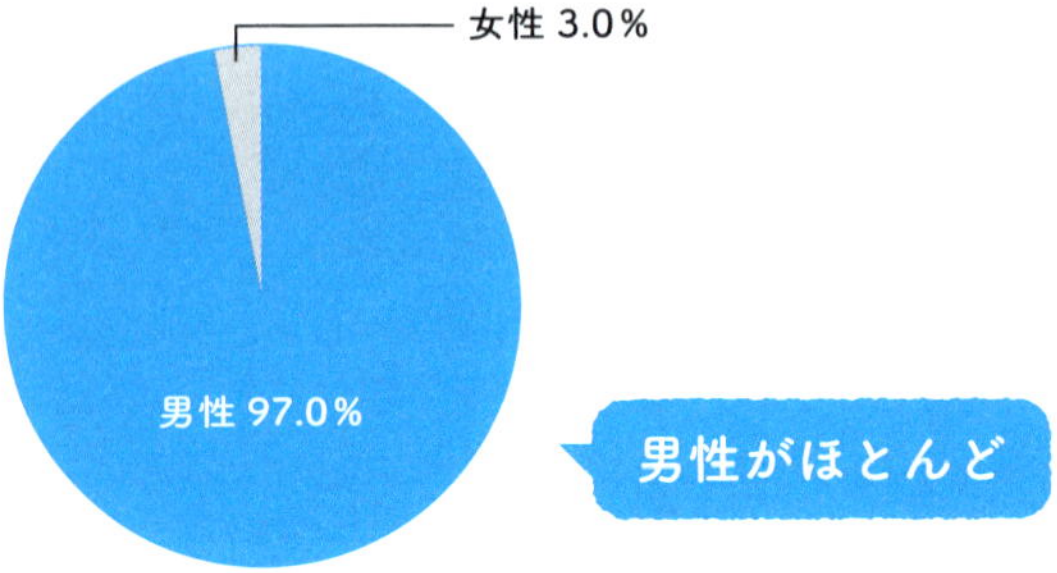

性・年齢別就業者数

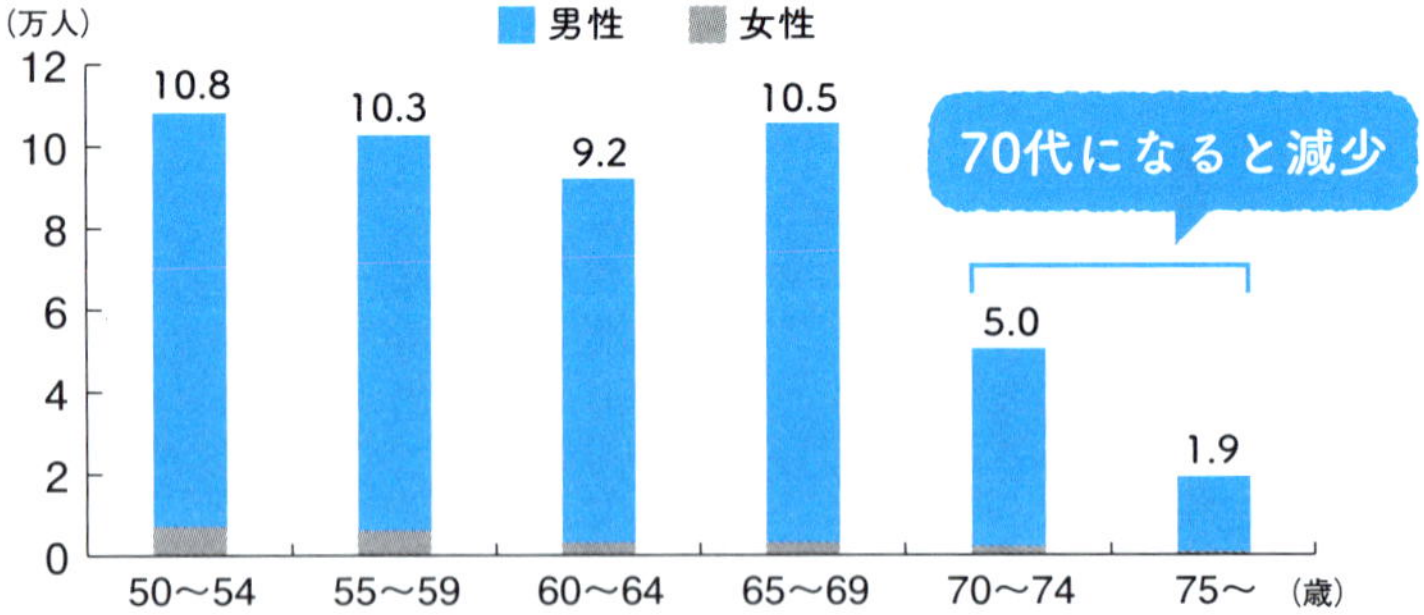

年収の分布

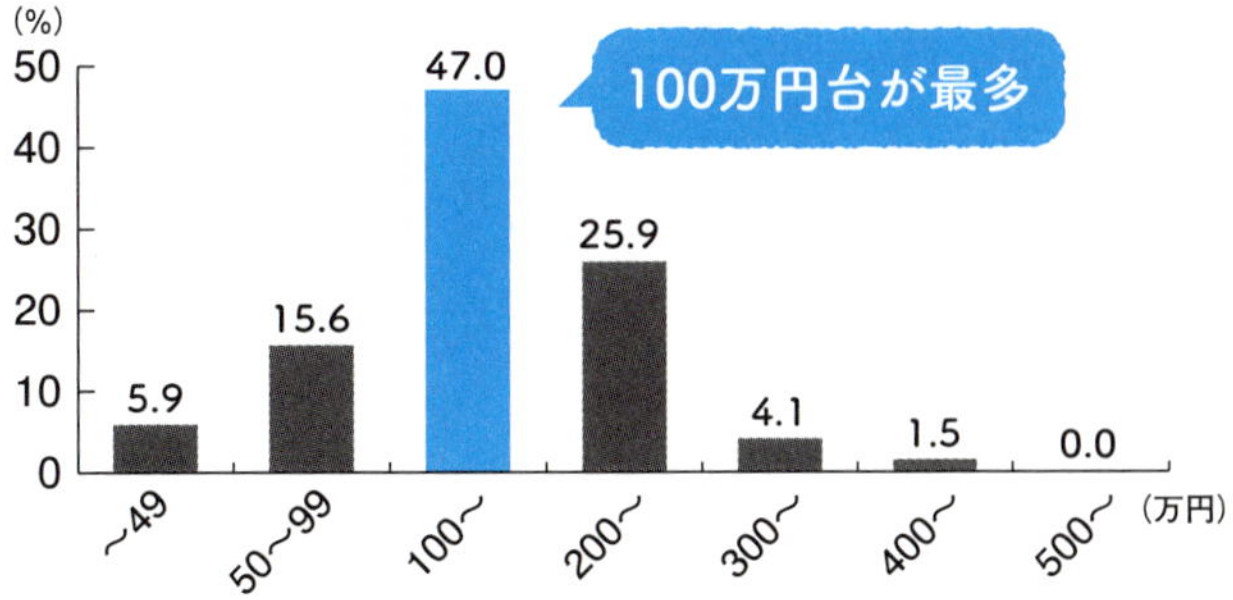

週労働時間の分布

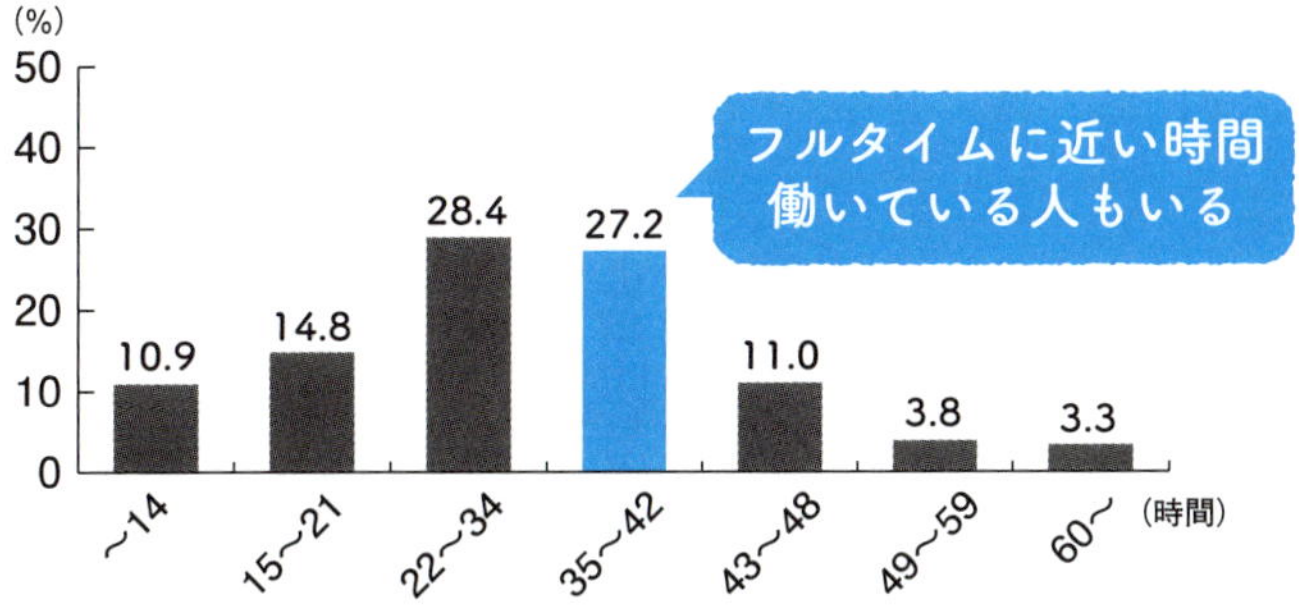

就業形態の割合

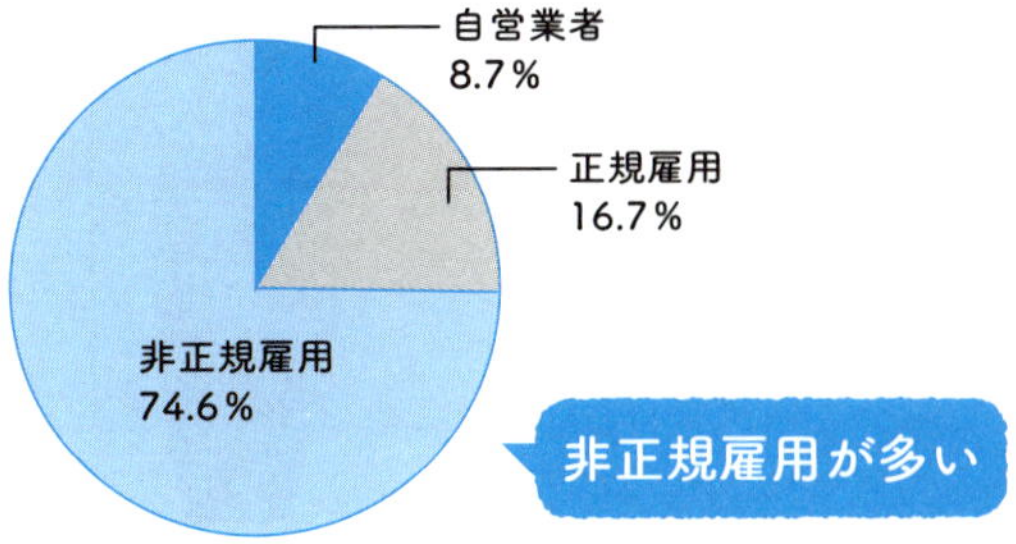

〔施設警備員〕

施設の安全を確保するため、常駐・巡回、出入管理やモニター管理、鍵の管理などを行って不審者の侵入や事故・盗難・火災を未然に防ぐよう努める。警備会社から配布される護身用具を身につけ、正当防衛の範囲で使用することができるが、警察官のような法律に基づいた強制力は持たない。オフィスビルや商業施設をはじめ、学校や公共施設、病院、球場、美術館などさまざまな施設で働く。警備員には雇用形態にかかわらず警備業法による警備員教育が義務付けられており、未経験の場合は仕事を始める前に新人教育・研修を受ける。勤務形態は所属する警備会社や施設によって異なり、日勤、夜勤、24時間勤務、三交代制などがある。

［交通誘導員・雑踏警備員］

「交通誘導員」は、工事現場や建設現場周辺で住民が安全に通行できるように監視・誘導する。主な業務に看板横での立哨《りっしょう》※や迂回経路の説明、通行人や車両・自転車の誘導、工事車両の誘導などがある。警察官が行う交通整理とは異なり、法的な強制力は持たず任意の協力を求める。施設警備に比べて中高齢者の就業者数が多い。「雑踏警備員」は、花火大会や祭りなど人が多く集まるイベントで雑踏事故が起きないように警戒し、人の流れを誘導する。交通誘導・雑踏警備ともに警備業法で定められる2号警備業務であり、同じ警備会社が手掛けることも多い。どちらも基本的に屋外で業務を行う。

※一定の場所に立って警戒・監視をすること

［列車見張員］

鉄道線路周辺で工事をする作業員の安全を確保する。列車が通る際に作業員に声を掛けたり、重機が作業員と接触しないように監視したりする。警備会社に採用後、講習を受け「列車見張員」の資格を取得する。

［交通指導員］

学校や保育所・幼稚園などにおいて児童・生徒の登下校を見守り、交通安全指導を行う。一般的に学区ごとに人員が割り当てられ、同じ学区内の通学路で立哨・警備をする。募集は自治体のホームページや、シルバー人材センター、ハローワークなどを通じて行われる。登下校の見守り活動は地域によって異なり、無償ボランティアで構成される場合もある。

［貴重品運搬警備］

現金、有価証券、貴金属、宝石など貴重品の運搬中に盗難・紛失事故が起きないよう警備にあたる。警備員がドライバーを兼ねる仕事と、同乗のみ行う仕事、運送車と別の車で伴走する仕事がある。

定年後1年の無職期間を経て「小さな仕事」にシフトチェンジ

マエダ ヤスオさん（仮名）

73歳男性　神奈川県

profile

現役時代の仕事	情報通信業
定年後の仕事	列車見張員→交通指導員
家族構成	配偶者とふたり暮らし

月収	年金	22万円
	勤労収入	5万円
	配偶者の収入	10万円
	計	37万円

schedule

1週間のスケジュール

	6	9	12	15	18	21
月	仕事	買い物など		仕事		
火	仕事	卓球など		仕事		
水	仕事	フィットネスクラブなど		仕事		
木	仕事	フィットネスクラブなど		仕事		
金	休み（自宅）					
土	休み（友人宅で麻雀など）					
日	休み（テレビでサッカー観戦など）					

現役時代はＩＴ企業で人事部長をしていました。退職したのは63歳のときです。退職後1年間は仕事せず、趣味の麻雀三昧の日々。ですが友人たちはまだリタイアしていないし、時間を持て余してしまって。仕事を探し始めたところ、麻雀仲間が面白い仕事を教えてくれました。それがＪＲの「列車見張員」です。

線路の電気工事や保線工事のときに、作業員が工事に夢中で電車に気づかないと危ないですよね。そこで見張りに立ち、電車が来ると「電車が来ましたよ」と教えて作業員を退避させる仕事です。ひたすら線路を注視するわけですが、私は電車が好きなので苦になりませんでした。現役時代は建物の中でずっとパソコンとにらめっこしてきたので、外へ出たかった気持ちもあります。この仕事がよかったのは休みが自由に取れること。1週間前に言えば休めるので気持ちが楽でした。

さすがに冬は寒いし、雨や雪の日はつらいなと思いましたけれど、5年間続きました。辞めたのはある雨の日に自転車で転び、肩を骨折してしまったからです。

シルバー人材センターの紹介で交通指導員に

現在は小学校の通学路を見守る交通指導員をしています。

列車見張員を辞めてケガが完治するまでは、シルバー人材センターに登録して気長に仕事を待つつもりだったのですが、2週間も経たないうちに「交通指導員の仕事がありますよ」とお誘いいただきまして。しかも、自宅の目の前にある小学校の通学路です。地の利もあり、OKすることにしました。

仕事はシフト制で週に4回です。勤務時間は朝の7時〜8時半と、下校時間の14時半〜16時の1日計3時間。通学路に指導員が立つポイントが9ヵ所あって、11人でシフトを組んで1週間ごとに入れ替わっています。

特に危険なのは子どもたちが道路を渡る瞬間です。数人集まって歩くと周りを見ないでおしゃべりして、車が来ても無頓着だったりするので、大きな声で「車、来てるよ」と声を掛けています。大げさに言えば子どもたちの命を預かる仕事ですね。

派遣元からはドライバーとトラブルを起こさないようにとも言われています。

この仕事をしていて一番うれしいのは、やはり子どもたちとのやりとりです。「ありがとうございます」と声を掛けてくれる子がときどきいるのです。「いってきます」「さようなら」といったちょっとした挨拶もうれしいものですね。こちらが挨拶しても返事をしない子も半数くらいはいますけれどね。

仕事の間隔が6時間ほど空くので、その間はフィットネスクラブに行っています。通い始めたら体の調子もいいし、お風呂にも入れて気持ちいい。ほかにも、卓球や買い物などあちこち出かけています。最初は「仕事の時間が空くのはどうかな」と思っていたのですが、パズルのピースがピタリとハマりました。

インタビュー②

日給は1万円以上。稼げて健康にもいい

タナカ シゲオさん（仮名）

69歳男性　静岡県

profile

現役時代の仕事	家電メーカー
定年後の仕事	交通誘導員
家族構成	海外に暮らす妻子あり

月収	年金	22万円
	勤労収入	30万円
	計	52万円

schedule

1週間のスケジュール

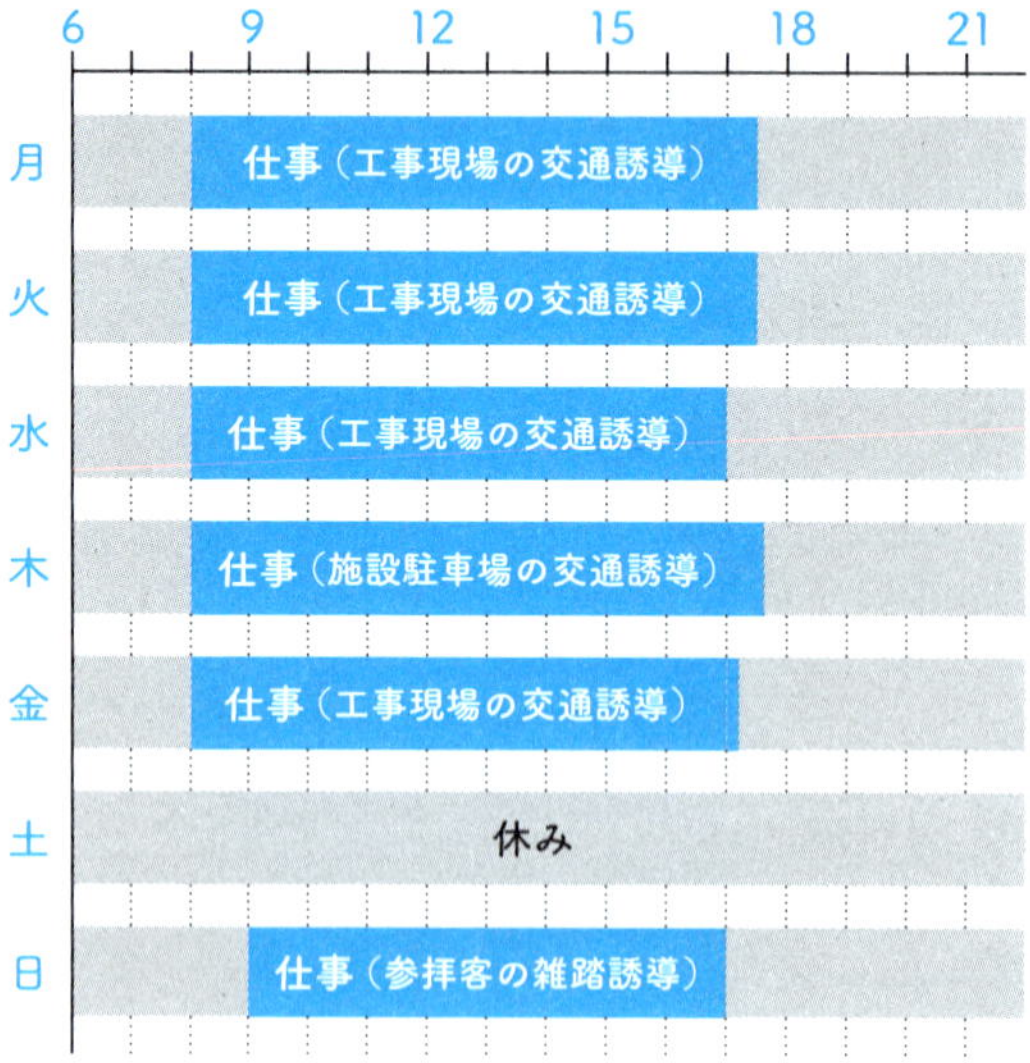

今の警備会社に勤めて3年目。ふたつの警備会社を経て、現在の日給が1万5000円と最も高いです。月収で言うと30万円を超えるくらい。うちの会社は交通費が出ているので、もろもろ引いて手取りは22~23万円くらいですね。

明日どの現場に行くのか、わかるのは基本的に前日の17時頃です。ギリギリなのでみんなブーブー文句を言っていますが、急な用事や体調不良で休む人もいるので、前日くらいにしか決定できないようです。

今週は公道の修復工事現場に行っていました。「片側通行」といって、工事中の車線を塞ぎ、片側の車線だけで交互に車を流す交通規制を行うのです。例えば100メートルの道路を片側通行にするなら誘導員は3~4人体制が組まれます。両端にひとりずつ、作業現場近くにひとり、あとは食事をとる人のポストに順番に入る交代要員がひとり。両サイドにいる者は無線で連絡を取り合って車を流す役割で、作業現場近くの者は、重機やトラックが出るときに進行方向にいる者に「今から出します」と連絡をし、OKが出たら誘導を行う役割を担います。休憩は食事休憩が40~60分あるのと、午前と午後に15分ずつのトイレ休憩があります。

妻子への仕送りのため、稼げる仕事を希望する

私がなぜこの仕事を選んだかというと、私の住んでいる地域には警備員以外に自由に休めて稼げる仕事が見つからなかったからです。家電メーカーで30年勤めたあと、本当はリゾートマンションの管理人にでもなって気楽にやるか、仕事をしないつもりでした。実際、退職後は10年以上仕事をせずに海外で気ままに暮らしていたのです。

それが海外のあるアジアの国で再婚して子どもが生まれまして。妻子へ毎月10万円ほど仕送りをすることになり、資格がなくても稼げて、自由に休みを取って家族のところへ行ける仕事というと警備員がぴったりでした。

警備員はシフト制で休みの希望を自由に出せますし、事前に言えば長期休みも取れます。工事の多い秋から年度末にかけては周りに迷惑をかけてしまうので、雨で休みになる現場が多い6月に年休を取るなど、一応気配りはしながらですね。

現役時代と比べると正直なところ、今の仕事にギャップを感じます。同僚の中に

は挨拶すらしてくれない人もいますし、理不尽なクレームを受けることもあります。役所も現場監督も揉め事は避けたいので、めんどくさくても飲み込まざるを得ないことがあるのはストレスを感じます。また、屋外労働の宿命ですが、夏は熱中症のリスクを避けられません。最近は大手ほどこまめに声を掛けたり飲み物を配ったりして気を遣ってくれますが。

警備員のいいところは高齢者でも稼げることです。60代後半～80代で、タクシーを除いてこの給料をもらえる業界は少ないんじゃないでしょうか。警備業界は万年人手不足で、会社側が活躍し続けてほしいと判断すれば定年もありません。一部の人からはあまりよくみられないこともあってプライドは満たされないかもしれませんが、世の中に必要不可欠な仕事なのです。

同僚の中には資産家や有名企業出身者もいます。お金には困っていないけれど、健康のためにやっているという人もいるんですね。私も仕事を辞めていた頃と比べると規則正しい生活になりました。仕事のある日は1日5000歩～1万歩も歩くので、健康面でプラスになっています。

施設管理人

労働時間が短め。
ひとり仕事だが利用者との
コミュニケーションが
欠かせない

平均年収

143.9万円 ★★★☆☆

（19職種中11位）

平均労働時間

27.0時間／週 ★★★★☆

（19職種中7位）

65歳以上の就業者数

13.6万人 ★★☆☆☆

（19職種中15位）

65歳以上の比率

52.1% ★★★★★

（19職種中2位）

女性が働きやすい ―――――――●― 男性が働きやすい

警備員と近い仕事で、**より短時間で働きたい人や座れる仕事を探す人に向く**のが施設管理だ。就業者は65歳以上比率が52・1％と非常に高く、中でも65～69歳の数が突出している。労働時間は短い傾向にあり、週に15～21時間働く人が30・7％と最も多い。週に2～3回のシフトや、午前中のみといった形態で勤務をする人が多いと考えられる。

「ビル・駐車場・マンション管理人」として働く人に行ったアンケート調査では、仕事のいい面として「ひとり勤務なのでマイペースで気兼ねなく仕事ができる。居住者に感謝されることが多い」「座りっぱなしでも立ちっぱなしでもないので体力的にちょうどいい」など、**「ひとりでできる」「座れる」「人に感謝される」**といった要素を挙げる人が多かった。一方、悪い面では「ゴミ出しルールを守らない居住者がいて、ゴミ置場の清掃作業が大変」など、施設利用者とのトラブルに関するコメントが複数あった。

職種別にタスクを調べたデータをみると、仕事の自由度は低く、勤務場所・勤務日時は固定されやすい傾向にある。ストレスはやや高めであった。

男女比

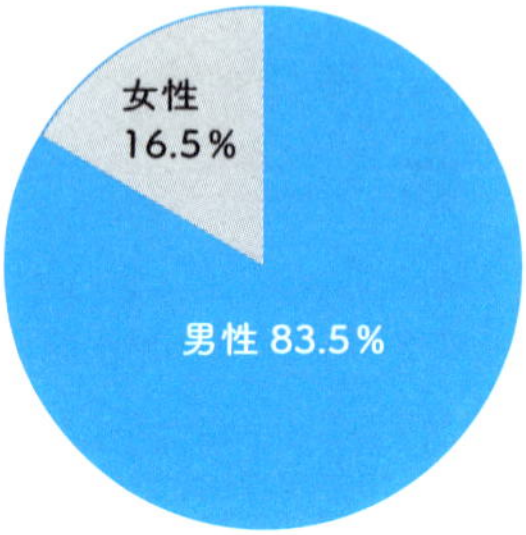

性・年齢別就業者数

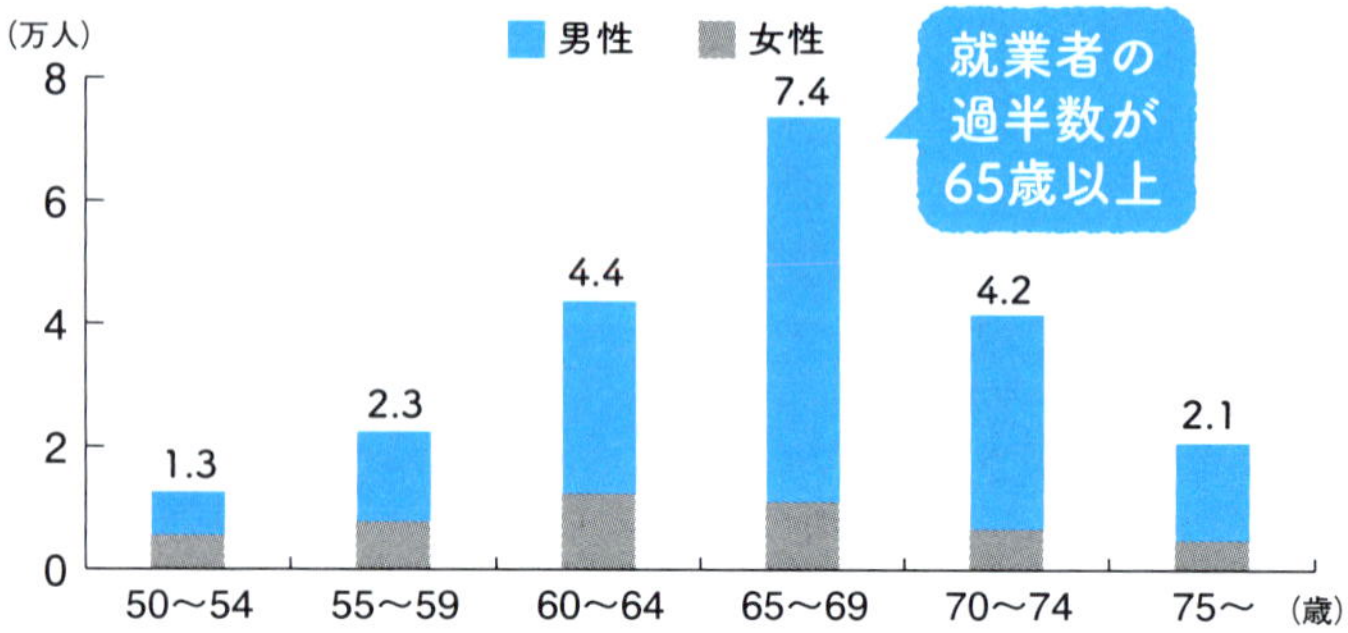

施設管理人

年収の分布

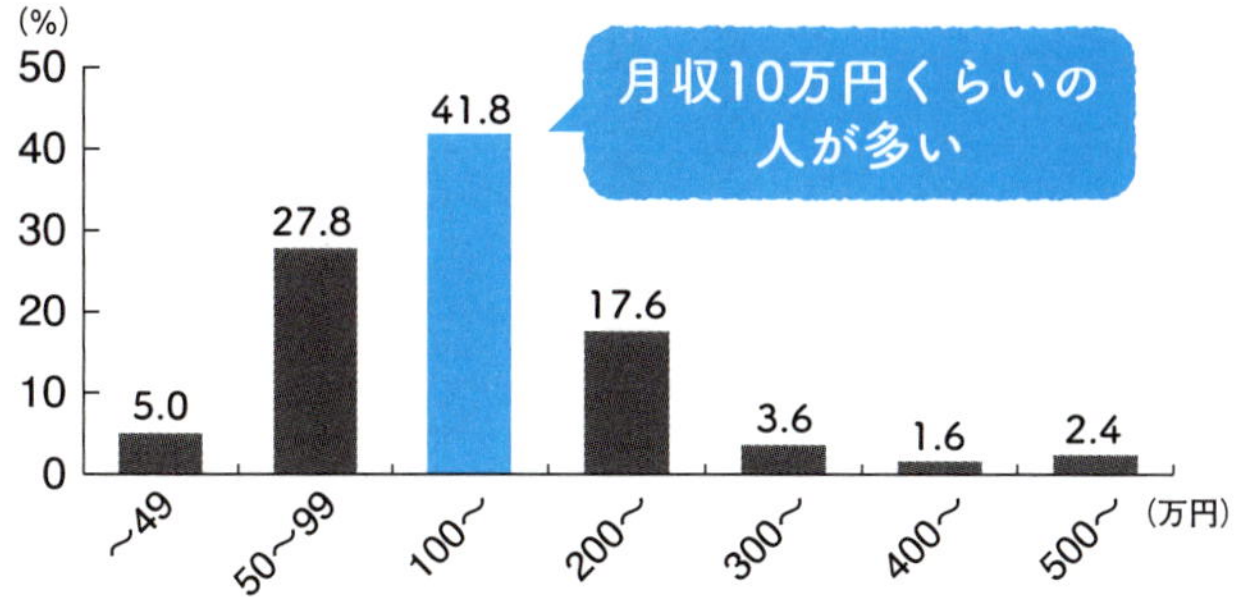

週労働時間の分布

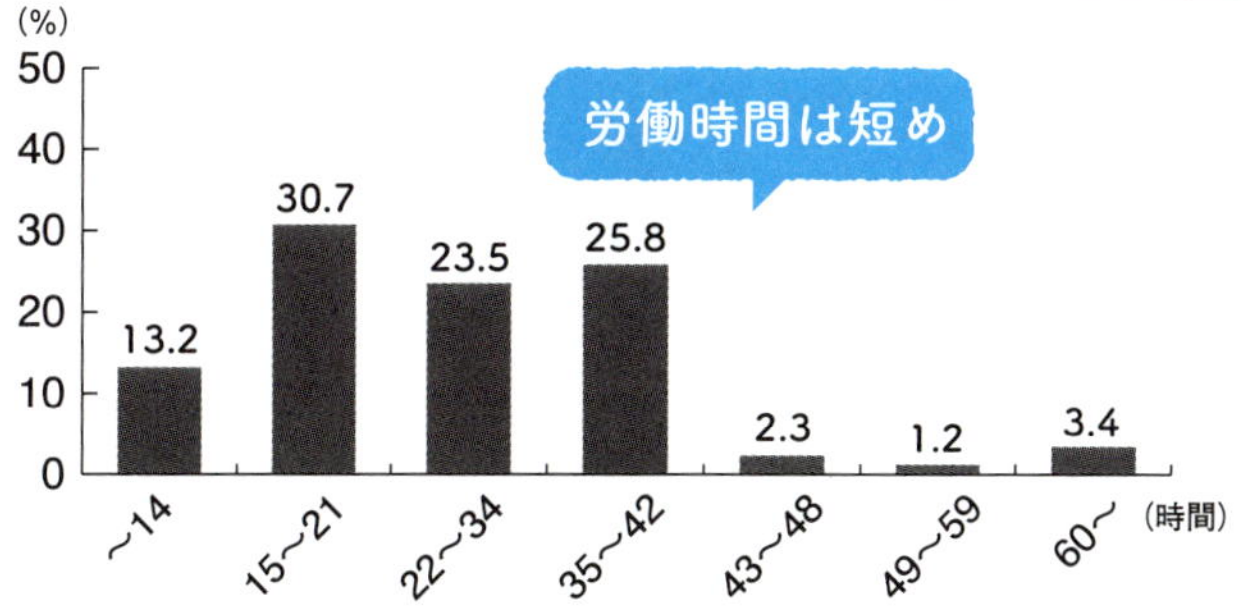

就業形態の割合

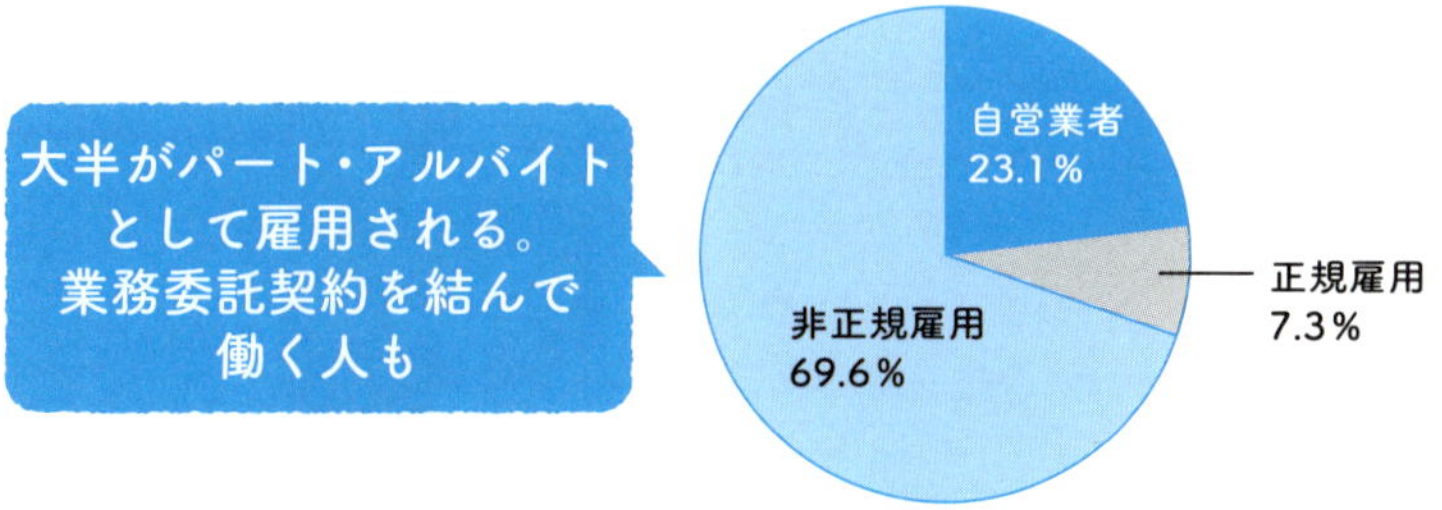

仕事内容

マンション・アパート管理人

施設管理を請け負っている会社に所属するか、あるいは業務委託などの形で分譲マンションや賃貸マンションの管理業務全般を担う。主な仕事は巡回・点検、居住者と来訪者への応対、工事等の立ち会い、共用部の清掃、日報等での報告など。専門的な知識を必要とする業務は多くはなく、中高年が就業者の大半を占める。

駐車場管理人

駐車場で管理業務に従事する。具体的には自動車の入出庫時の操作や発券、精算機の操作案内、設備点検、清掃などの業務がある。現金管理や売上集計、伝票の整理など事務的な仕事や、車両の誘導・整理を行う場合もある。

〔自転車駐輪場管理人〕

駐輪場を巡回し、自転車の整理や出し入れのサポート、案内対応をする。定期利用のある駐車場の場合、窓口業務や売上の集計など事務的な仕事も行う。

〔公共施設の管理人〕

市民センターや公民館、公共のスポーツ施設、公園などで受付業務や施設の整備・清掃・巡回・事務処理を行う。募集は一般的な広告のほか、地方自治体やハローワーク、シルバー人材センターなどを通じて行われることもある。

インタビュー①

マンション管理会社に再就職したのち、65歳でマンション管理人に

ハタナカ ユキジさん（仮名）
75歳男性　新潟県

profile

現役時代の仕事	建築会社	
定年後の仕事	マンション管理会社→マンション管理人	
家族構成	配偶者とふたり暮らし	

月収	年金	20万円
	勤労収入	10万円
	計	30万円

schedule

1週間のスケジュール

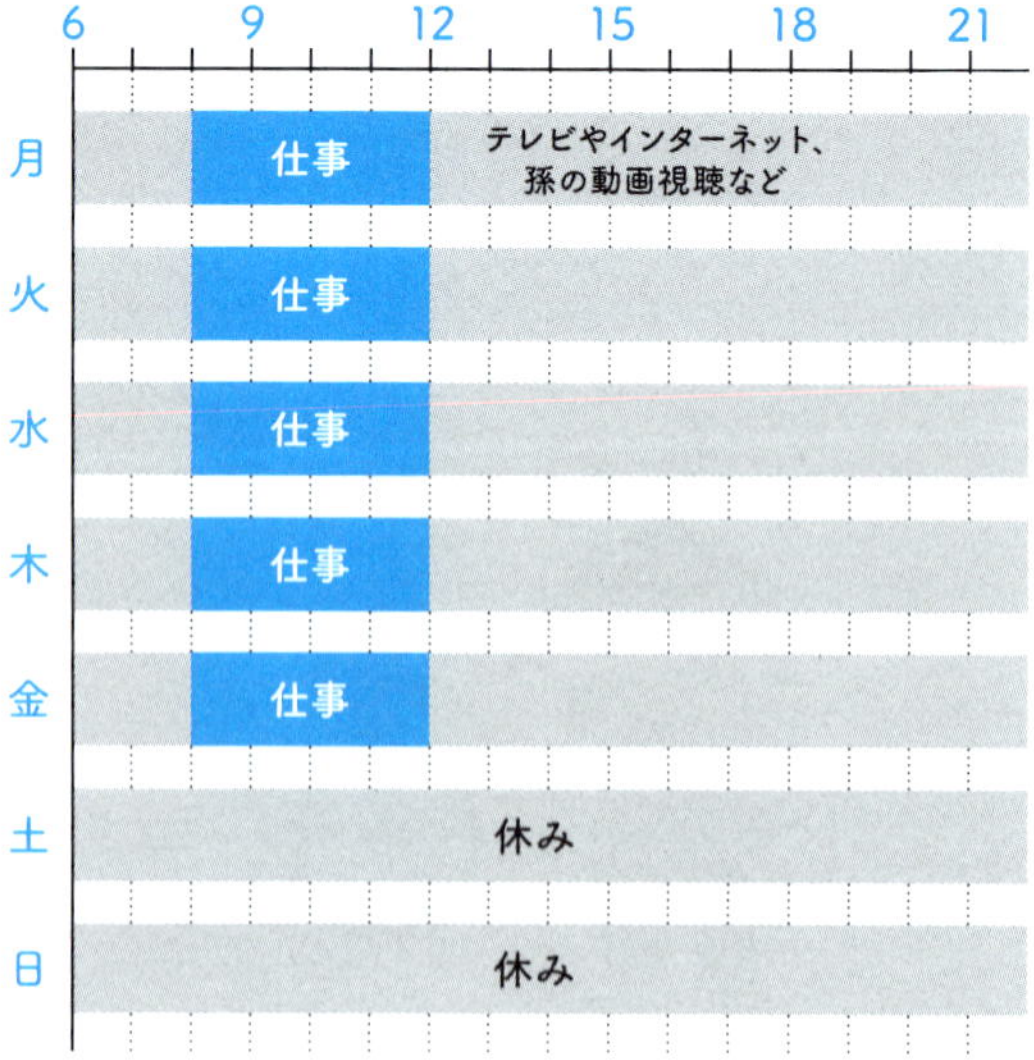

65歳で初めて分譲マンションの管理人になり、足掛け10年になります。

管理人にとって一丁目一番地は遅刻をしないこと。朝8時からの仕事ですが、私は30分前には出勤し準備を済ませたら、始業前から正面玄関の窓拭きを開始します。あえて入居者の目が一番届きやすい場所で行うのがポイントです。

実は管理人になる前は、定年後に見つけたマンション管理会社の仕事を5年間していました。そのときに「始業時間になっても管理人が管理室から出てこない。サボっているんじゃないか」というクレームが多かったのです。その経験から、自分が管理人になってからは誤解を受けないよう心がけて仕事をしているわけです。

仕事内容は、まず敷地内の巡回からスタート。建物の窓ガラスが割れていないか、駐車場に不審な車が停まっていないかなどを点検しながら歩きます。あとは簡単なゴミ拾いも。次に建物内を巡回します。7階建てマンションを1階ずつ、内部階段を使って上っていきます。あくまで目視点検ですが、不具合がないかをチェックし、何かあった場合は日報に記入します。巡回中はタオルを持ってあちこち拭きながら歩くように、工夫してやっていますね。

最後は簡単なお掃除です。清掃員の方がやるような本格的なものではありませんが、掃き掃除とモップがけでひと通り清掃をして、定期的に窓拭きもします。

大切なのは、通り掛かる入居者の方とコミュニケーションをとること。管理人が一生懸命仕事していても「サボっているんじゃないか」と思われることが結構あるので、それを避けるためにも、私は大人にも子どもにも必ず挨拶をします。

入居者との忘れられないやりとり

入居者の方たちとのエピソードでいくつか印象に残っていることがあります。

私が住むのは雪国で、秋冬は通常業務に加えて15時までの除雪業務があります。ある大雪の翌日、マンションから駐車場の雪置き場までせっせと雪を運んでいたら、あっという間に2万歩ほど歩いていました。すると入居者の方が「ハタナカさん、もう無理しないで」と、淹れたてのコーヒーやカイロを差し入れしてくださったんです。本当にありがたくて、「明日も頑張ろう」と思えました。

もうひとつは同じく雪の季節で、靴底にはまった雪がマンションの床を濡らして滑る危険がありました。私が廃材のデッキブラシとほうきを使って、靴底の雪を落とす道具を手作りすると、みなさん使ってくださった上、使い方を書いた掲示板の張り紙にグッドマークやピースサインをたくさん書いてくださったんです。思い出すと今でも涙が溢れてくるほど、うれしかった思い出ですね。

現役時代は電気関係、自動車関係、建築関係とさまざまな業種を渡り歩いてきました。60歳で定年退職して趣味を模索していたのですが、なかなか見つからなくて。「やっぱり仕事しかないか」ということで、ハローワークに通い、マンション管理会社の仕事を見つけました。5年で定年になり、次に管理人の仕事を見つけたのもハローワークです。管理人になれたのは前職の経験が活きたのと、ハローワーク職員の方と顔見知りになっていたのも大きいように思います。

今の仕事は70歳で定年の予定でしたが、3回も延長していただいて、いよいよあと少しで満了です。75歳で辞めると決めているので、仕事を辞めた後は妻がよければ今まで行っていなかった旅行に行きたいなと、そんなことを考えています。

65歳までフルタイム、その後は駐車場管理の仕事で週2～3回勤務に

イナモリ ケンジさん（仮名）
72歳男性　宮城県

profile

現役時代の仕事	旅行会社
定年後の仕事	駐車場管理人
家族構成	配偶者とふたり暮らし

月収		
	年金	25万円
	勤労収入	3～5万円
	計	28～30万円

schedule

1週間のスケジュール

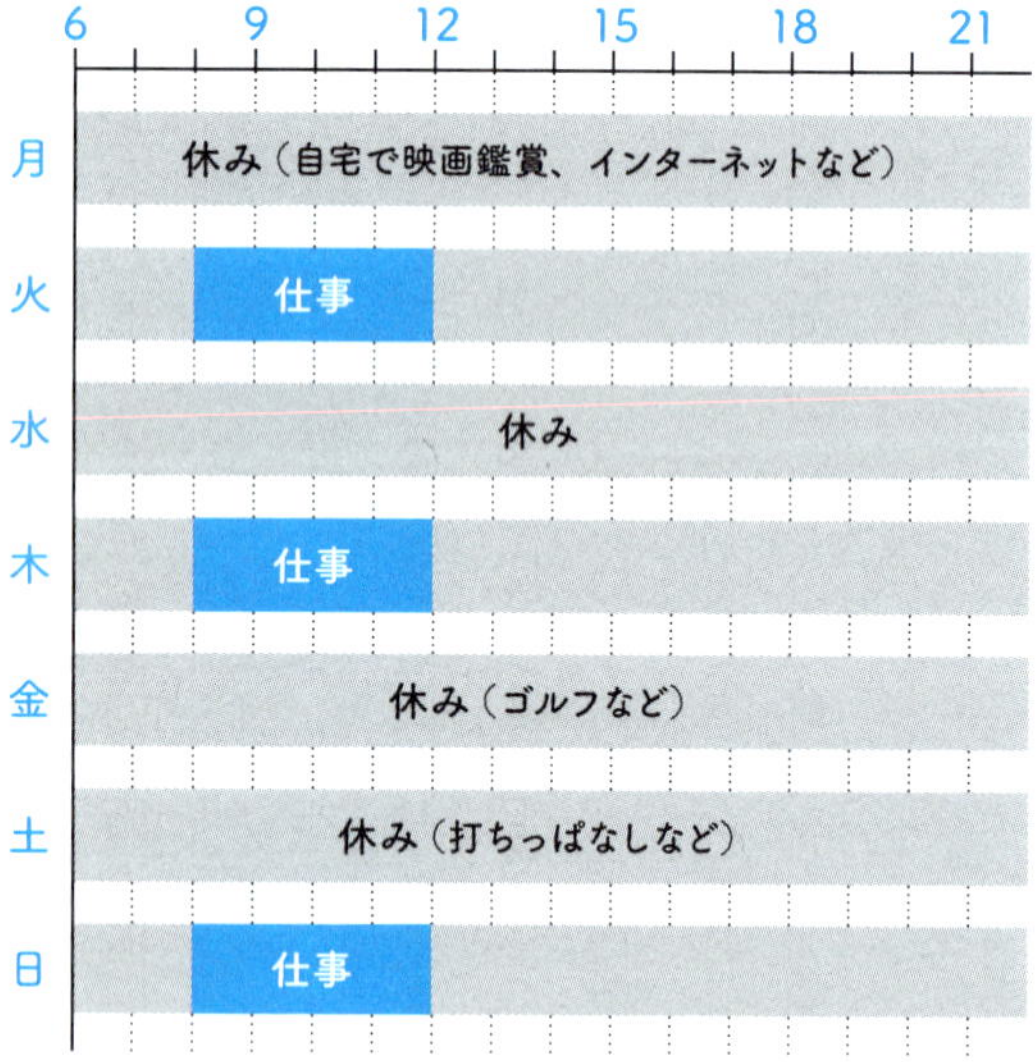

旅行会社を退職したあと、海外にある関連会社で約8年働きました。帰国して1年間は仕事をせずインドに長期滞在したりしていたのですが、体を動かしたいし、趣味のゴルフ代も稼がないといけないということで、駐車場管理の仕事を始めたのが約6年前です。

勤務は週に2～3回。朝8時から立体駐車場の事務所でExcelで前日の売り上げを集計します。それが終わったら精算機を3カ所回ってサービス券や駐車券を回収し、事務所に戻ってデータと照合します。問題なければ報告書類を作り、オーナー会社に提出に行ってメイン業務は終了です。

その後は駐車場の巡回をします。1階から7階まで歩きながら、異常がないかを確認。危ない駐めかたをする人がいたら注意したり、空き缶やタバコなどゴミがポイ捨てされていたら拾ったり。大きな駐車場ではないので、ゆっくり歩いても15分ほどでしょうか。その後事務作業をして、正午前に次の人が来たら交代です。

誰にも気を遣わない仕事なのがいい

巡回では1500歩ほど歩くので適度な運動になりますし、精神的なストレスがほとんどなく、マイペースで仕事ができる。老後の職場としてはベストですね。

事務所にひとりなので、誰にも気を遣わないのが本当にいいんです。現役時代はお客さんに気を遣いますし、営業成績のプレッシャーもありました。今は言われたことをキチッとこなせば100点ですから。その代わり給料は最低賃金です。ただあまり稼ぐと税金が上がってしまうので、このくらいでいいかなと思っています。

午前中のみ、週2~3回という勤務形態もいいですね。私を含め、今は65歳までフルタイムで働く人が多いと思いますが、そうすると自分の時間は土日しかないわけですよね。死ぬまでそれを続けるかというと抵抗がありました。もう50年働いているわけですから、少しは時間的なゆとりが欲しかったのです。

今の仕事で大変なことはあまりないのですが、データと紙のチケットの数字が一致しないときはちょっと困ります。データを見直したり、チケットが落ちていない

か探したりしないといけません。あとは接触事故が年に数回起こります。警察を呼ぶのはお客さん自身なので、私はそれに立ち会うくらいですけれど。まれに人身事故が起きたら、オーナー会社の担当者が来て、警察も救急車も呼んでと右往左往になります。

今後は、75歳になって後期高齢者入りしたら駐車場の仕事も辞め、バックパッカーとして旅行をしようと思っています。いつまで体が動くかわからないけれど、世界を放浪したいですね。

第2部

月10万円稼ぐ「定年後の仕事」厳選100

第 5 章

体を動かす仕事

——運転手・運搬・清掃員・包装

運転手

ややこしい人間関係が少なく
70代半ばまで働く人が多い

平均年収

192.3万円 ★★★★

（19職種中5位）

平均労働時間

34.0時間／週 ★★

（19職種中15位）

65歳以上の就業者数

32.1万人 ★★★★

（19職種中7位）

65歳以上の比率

19.8% ★★★★

（19職種中7位）

女性が働きやすい

男性が働きやすい

運転の仕事は60代後半～70代前半の就業者数が多く、**70代半ばまでは比較的続けやすい**ことがデータから見てとれる。タクシー業界は人手不足が続き、シニアも積極的に採用する企業が増えている。労働時間は長めで、週に35～42時間働く人が26・6％と最も多い。そのぶん収入帯も比較的高くなっている。

職種別にタスクを調べたデータによると、仕事の特徴としてあげられていたのは**同僚との接点が少なくひとりで仕事を完結できる**という点であった。運転の仕事に就く人に対して行ったアンケート調査では、仕事の良い面として「気ままに働くことができる。人（お客さん）と出会えることがよい」「毎日同じコースを走っていても日によって道路状況が変わり、日々刺激を受ける」など、「**ひとりで自由にできる**」「**運転が楽しい**」「**乗客とのコミュニケーションが取れる**」といった要素を挙げる人が多かった。

悪い面では、「ハンドルを握っているときは相当な緊張感を維持している」「早朝、深夜勤務があり、勤務時間が不規則」「車に乗っている時間が長いので運動不足になる」「お客さんとのトラブルがある」など、「**事故のリスク**」「**勤務時間が不規則・長時間**」「**運動不足**」という要素が目立った。

男女比

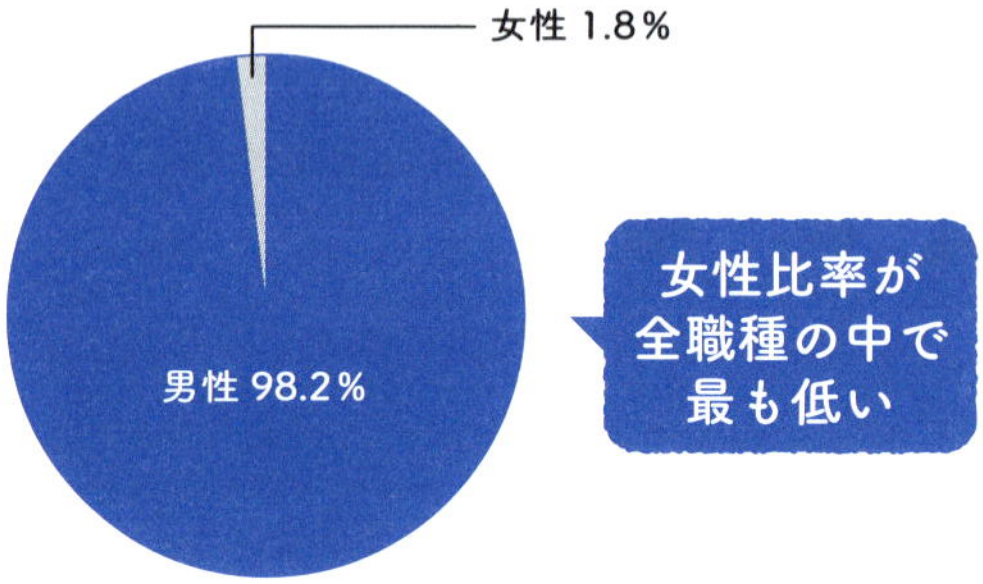

性・年齢別就業者数

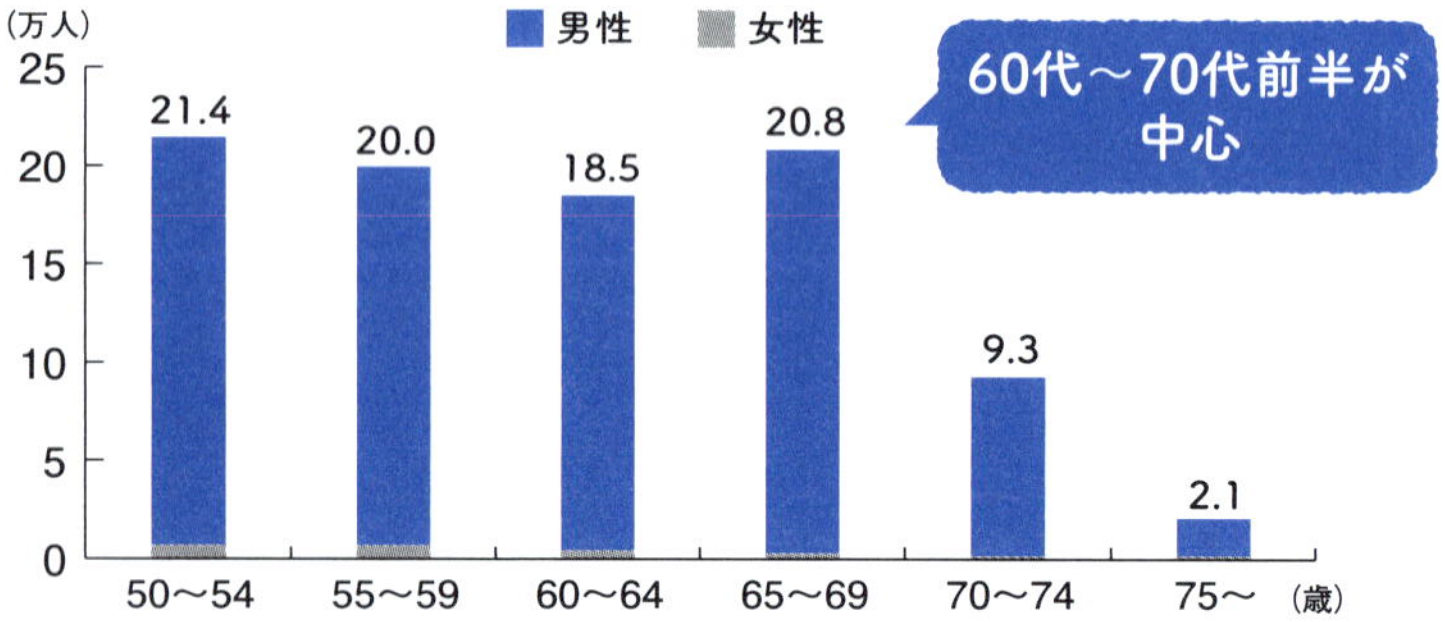

年収の分布

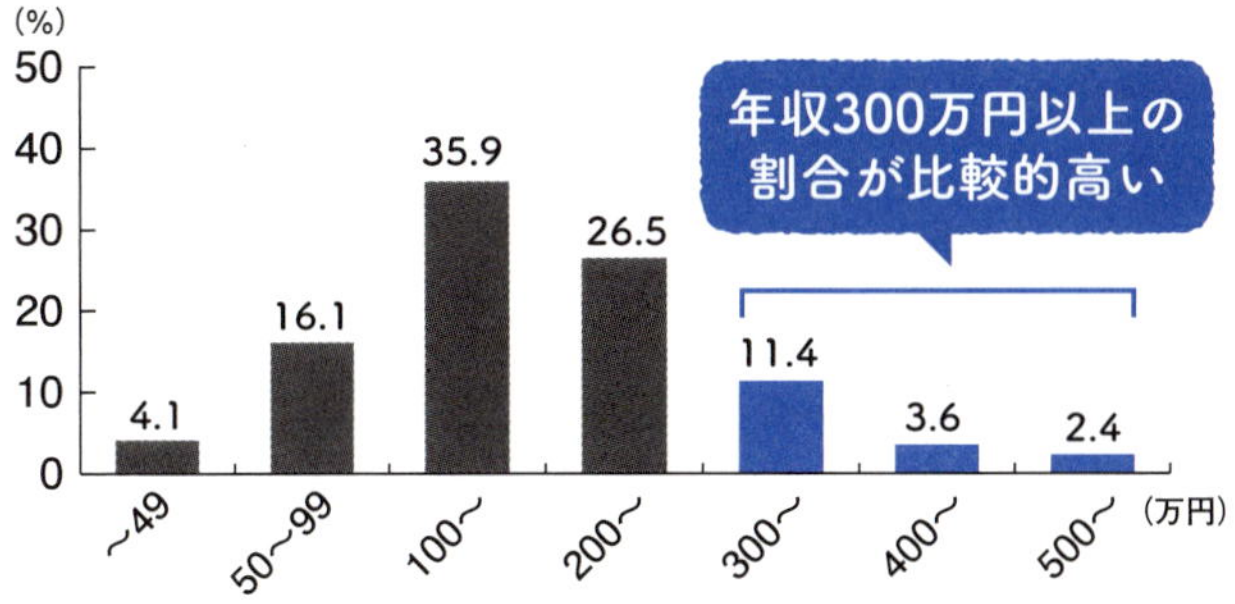

週労働時間の分布

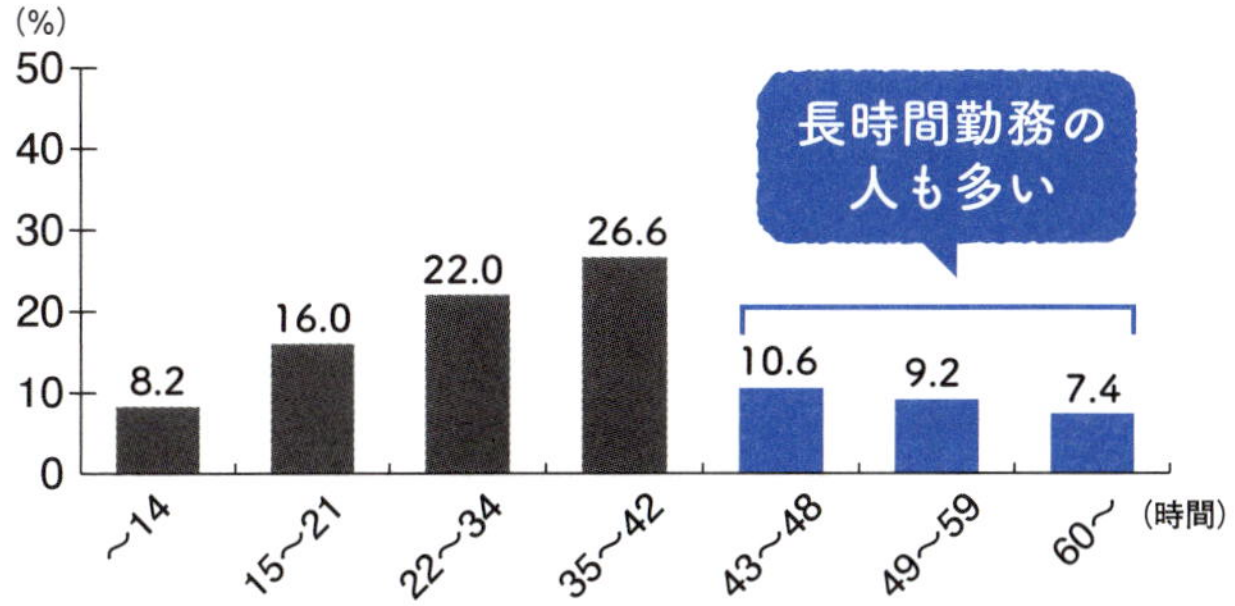

就業形態の割合

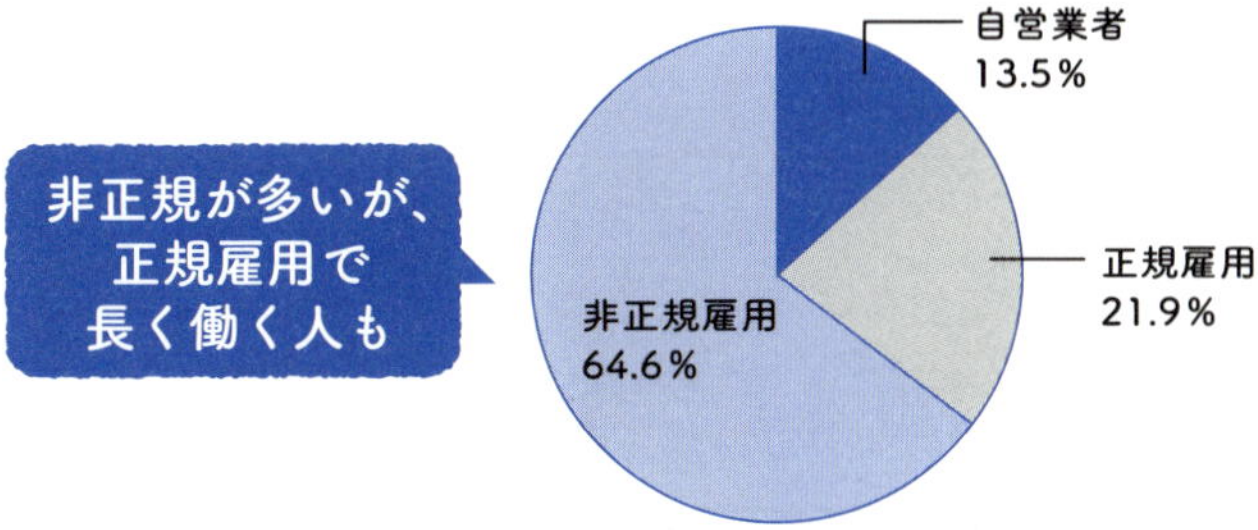

仕事内容

［送迎ドライバー］

高齢者施設や障害者施設、幼稚園・学校、スポーツ施設、ホテル・旅館など、特定の施設を利用する人を自動車で送迎する。使用する車は乗用自動車のほか、バス、マイクロバス、ミニバン、ワンボックスカーなどがあり、車両の大きさによっては大型自動車第二種運転免許や普通自動車第二種運転免許が必要とされる。多くは決められた走行ルート・運行時刻に沿って送迎を行う。

［タクシー運転手］

車を運転し乗客を目的地まで運ぶ。社会人から未経験で入職する場合、タクシー会社に入社し、普通自動車第二種運転免許を取得して研修・指導を受けてから業務を開始する。入社前に普通自動車第一種運転免許を取得していることが前提条件となる。効率的な走行ルートで乗客を運ぶためには、地理や交通事情を覚え、工事や事故の状況を考慮しながら臨機応変に対応する必要がある。介護タクシーの運転手を兼務するタクシー会社もある。

［路線バス運転手・観光バス運転手］

「路線バス運転手」は、定められた時刻表に従って路線バスを安全に運転する。バス会社や私鉄、地方自治体の交通局に雇用されて働く。一般路線バスのほか、地域ごとに運行されるコミュニティバスもある。「観光バス運転手」は、団体の旅行客を乗せ、指示された行程に従って観光地を回る。どちらも大型自動車第二種運転免許が必要とされ、転職者はタクシー運転手やトラック運転手からの転向が多い。

［トラック運転手］

トラックなどの貨物自動車を運転し、出荷場所から目的地まで貨物を運ぶ。大型・中型・小型のトラックがあり、それぞれ用途・運行距離、必要とされる免許の種類が異なる。入職後は一定期間訓練を受け、未経験の場合は国土交通省の指針に基づいた指導・研修も受けた上で業務を開始する。

［運転代行ドライバー］

飲酒などの事情で車の運転ができない客の飲食店や駐車場と自宅との間の送迎のため、客に代わって自家用車を運転する。

［その他ドライバー］

ハイヤー、バキュームカー、宣伝用自動車、霊柩車《れいきゅうしゃ》、救急車、ミキサー車、レッカー車、タンクローリーなどを運転する仕事がある。

好きな運転ができて、利用者との会話が楽しい

スギヤマ ショウジさん（仮名）

66歳男性　千葉県

profile

現役時代の仕事	OA機器メンテナンス
定年後の仕事	レンタカー会社→中古車ディーラー→介護施設の送迎ドライバー
家族構成	配偶者とふたり暮らし

月収		
	年金	19万円
	勤労収入	10万円
	計	29万円

schedule

1週間のスケジュール

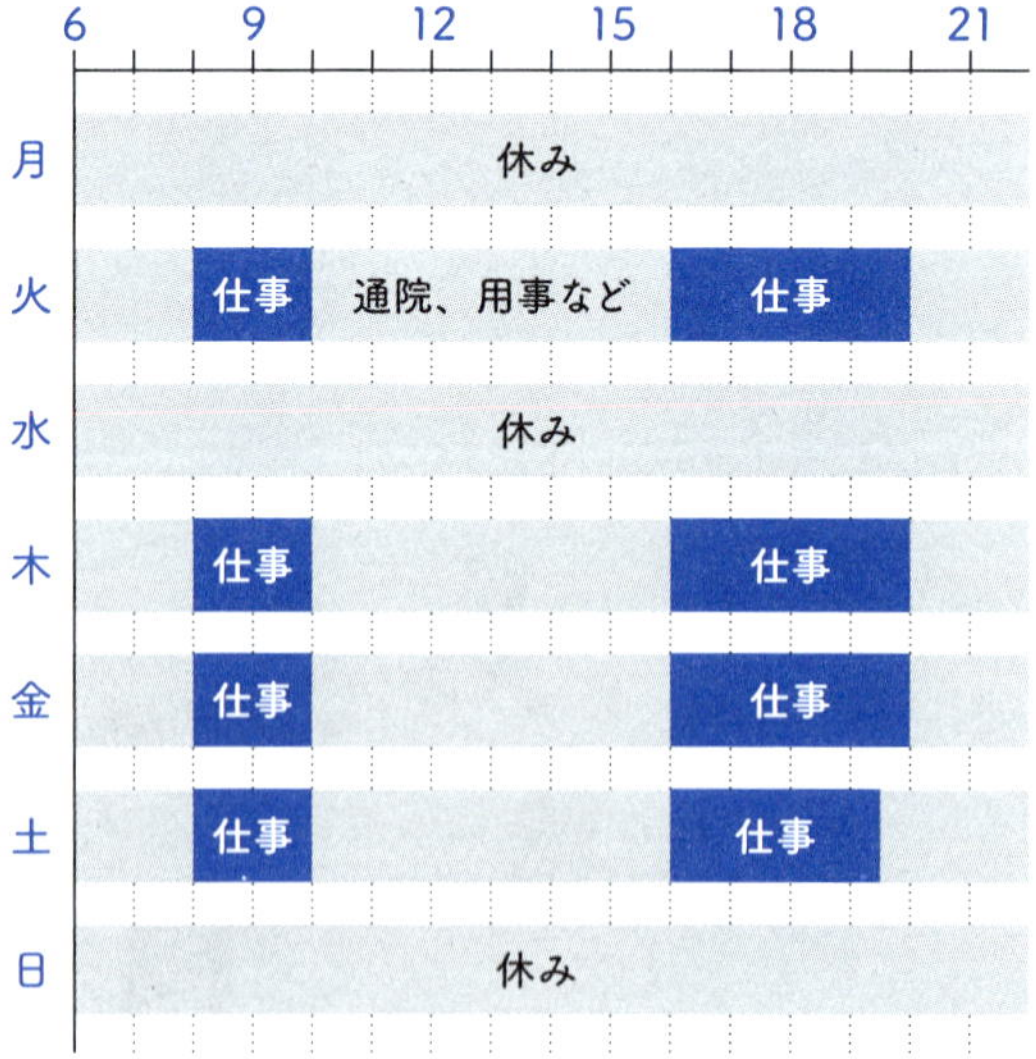

定年前はOA機器のメンテナンスをするサービスマンをしていました。お客様を訪問して定期点検をしたり、修理をしたりする仕事です。定年後も会社に残ることはできたのですが、60歳を過ぎると一律月16・5万円という給料だったんで、もういいかなと。メンテナンスは頭を使いますし、新しい機械が出ると研修もあります。年齢的に気力も続かないと思い、定年で退職しました。

定年後、まず再就職したのはレンタカー会社です。雇用形態は契約社員ですが、労働時間は1日10時間と長く、電話を取らなくていいこと以外は正社員と同じような仕事内容でした。月収は手取りで22万円程度で、定年後の稼ぎとしてはこの頃が一番多かったです。

新型コロナウイルスの影響でレンタカー会社で契約更新できず、次に見つけたのが中古車ディーラーの仕事です。ハローワークで募集しているのを見つけて問い合わせたところ、私が土日勤務OKということと、家が近いということで割とトントン拍子に決まりました。

仕事内容は、キャリアカーで運ばれてきた車を受け入れたり、売れた車を洗車して納車する準備をしたり。あとは地方に車庫証明を取りに行くこともありました。

3社目の仕事として選んだのは送迎ドライバーの仕事

現在はハローワークで見つけた介護施設の送迎ドライバーをしています。

出勤は1日2回、朝2時間と夕方4時間が基本です。朝は利用者さんの家に迎えに行き、事業所へ送って、また別のところへ迎えに行くという流れです。送迎する人数は1日1～5人くらい。勤務はシフト制で、平均すると週3～4回ほどです。

時給はディーラー時代と比べると200円ほど下がってしまいましたが、時間があるので日中に整形外科に行ったり、眼科や歯科にも行ったりできるのが便利で助かっています。もう年なので腰痛や定期検診など色々ありますから。

この仕事がいいのは、車で出勤できること。それと意外に楽しいんです。利用者さんは認知症の方も多いんですが、長期記憶は保持できる方も多くて、会話ができます。例えば「若い頃は長野に住んでたのよ」「どのあたりですか?」「松本にいた

のよ」「松本、いいところですよね」といった具合に。また、送迎ドライバーになって初めてお会いした利用者さんが印象深くて、車で通り過ぎる近所の家々に向かって「○○さん、行ってきます」「○○さん、行ってきます」とずっと挨拶されるんです。「面白いなあ、このおばあちゃん」と思って。職員さんもみんな親切ですし、やってみたらけっこう楽しい仕事でした。

運搬

繰り返しの仕事で
体を動かすことが多く
いい運動になる

平均年収

150.2万円 ★★★

（19職種中9位）

平均労働時間

28.5時間／週 ★★★★

（19職種中8位）

65歳以上の就業者数

20.6万人 ★★★

（19職種中11位）

65歳以上の比率

11.7% ★★

（19職種中13位）

女性が働きやすい

男性が働きやすい

運搬の仕事に就く人の年齢分布をみると、65～69歳は13万人存在しているが、70歳を過ぎると5・3万人と半分以下になる。**シニア世代でも比較的若い年齢層が多く働く仕事**である。仕事の性質上、重い荷物を運ぶことや、一定の体力を要することが理由として考えられる。

「配達員・倉庫作業員」に対して行ったアンケート調査でも、「重い荷物があり足腰にくる」「力仕事のときもあるし、長距離運転で腰に負担がかかる」といったコメントが複数みられた。また、「同じ作業の繰り返し」「仕事が単調」という意見もあった。一方、肯定的なコメントでは「倉庫内での仕事なので天候に左右されない。歩く機会が多く健康にもいい」「人付き合いが苦手なのでひとりで黙々と作業できる」「時間が自由」といった内容が多かった。

人手不足が続く物流業界では業務効率化が図られ、倉庫作業などは急速に機械化が進む。一方、「ラストワンマイル」と呼ばれる客先への配送は**AIやロボティクスでの代替が難しく、今後も需要が衰えることはない**と考えられる。

男女比

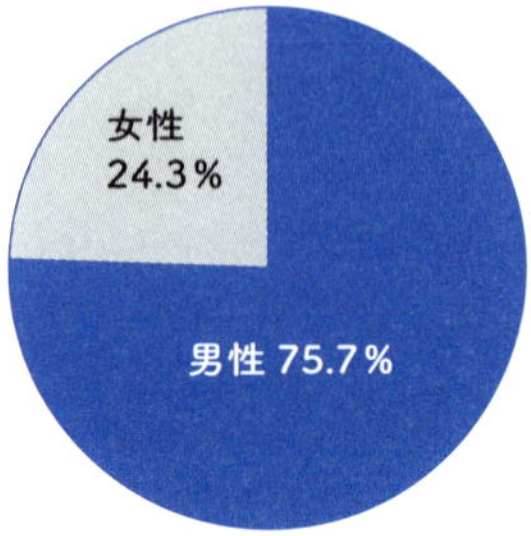

性・年齢別就業者数

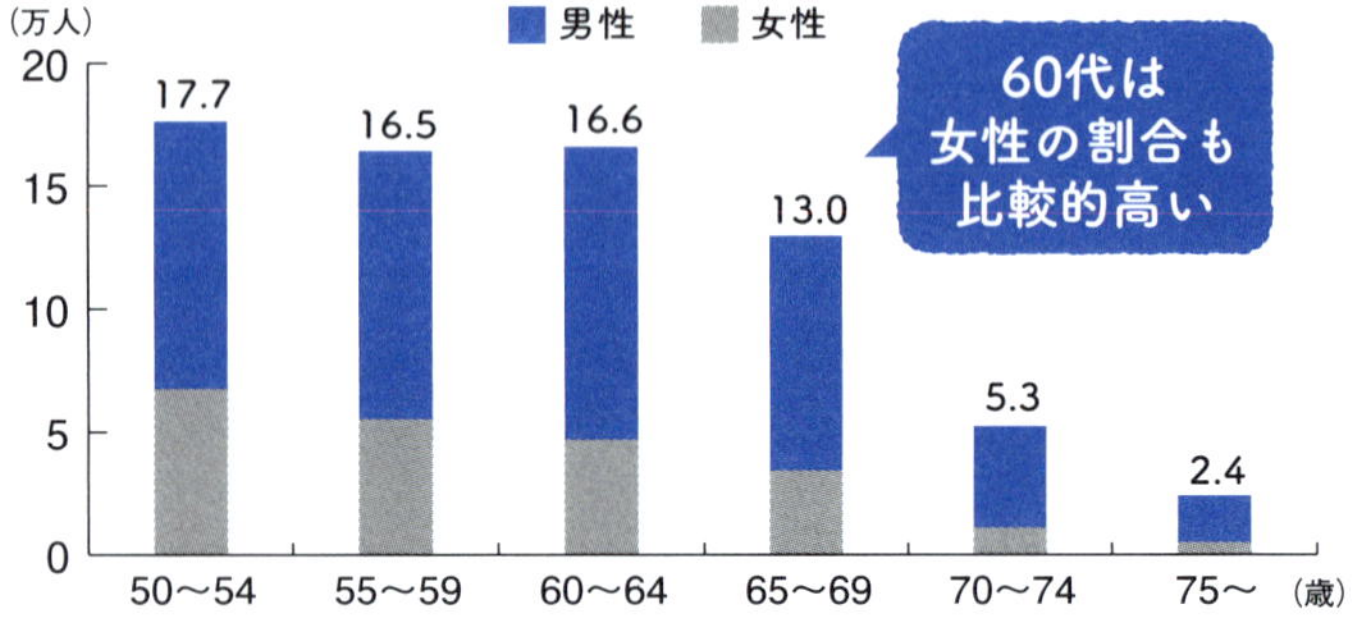

年収の分布

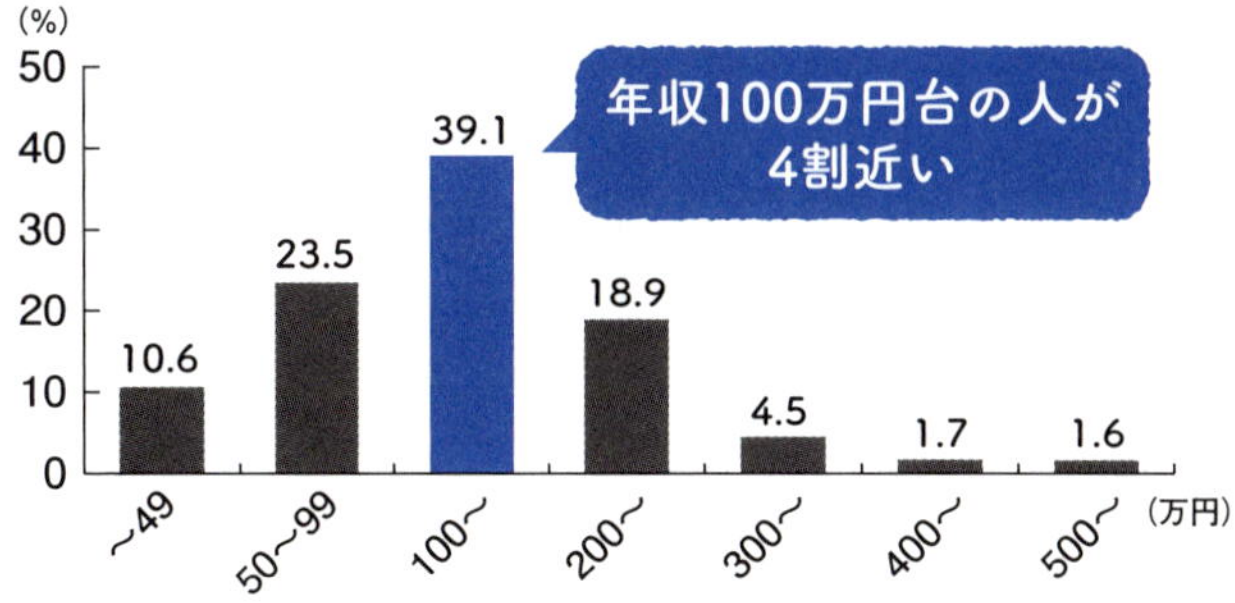

週労働時間の分布

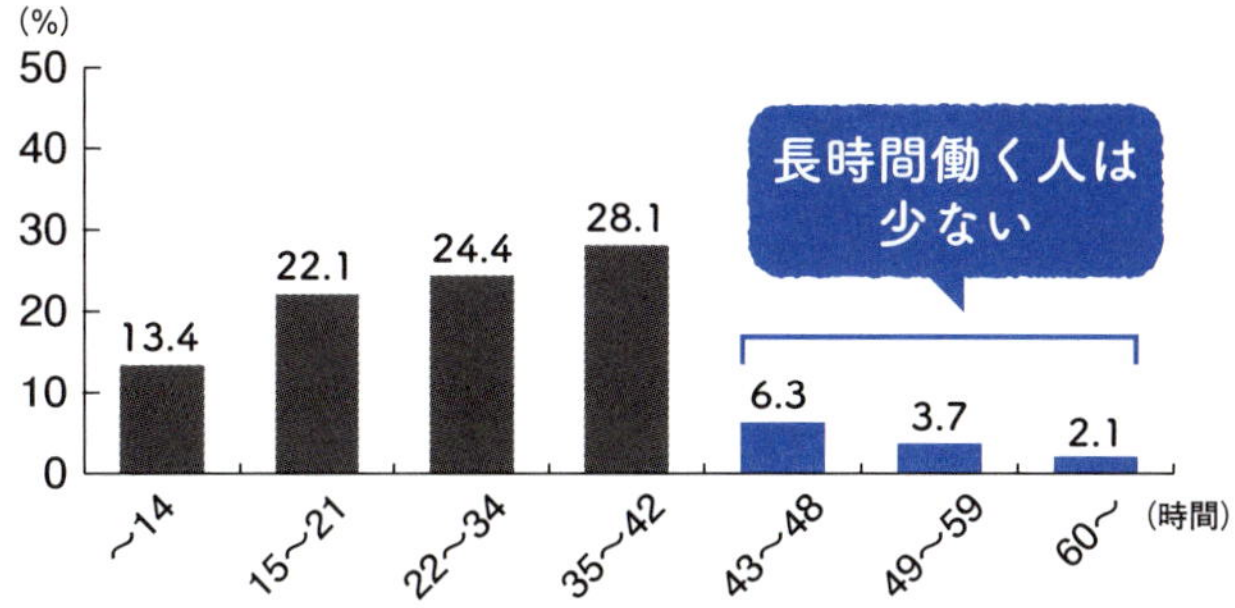

就業形態の割合

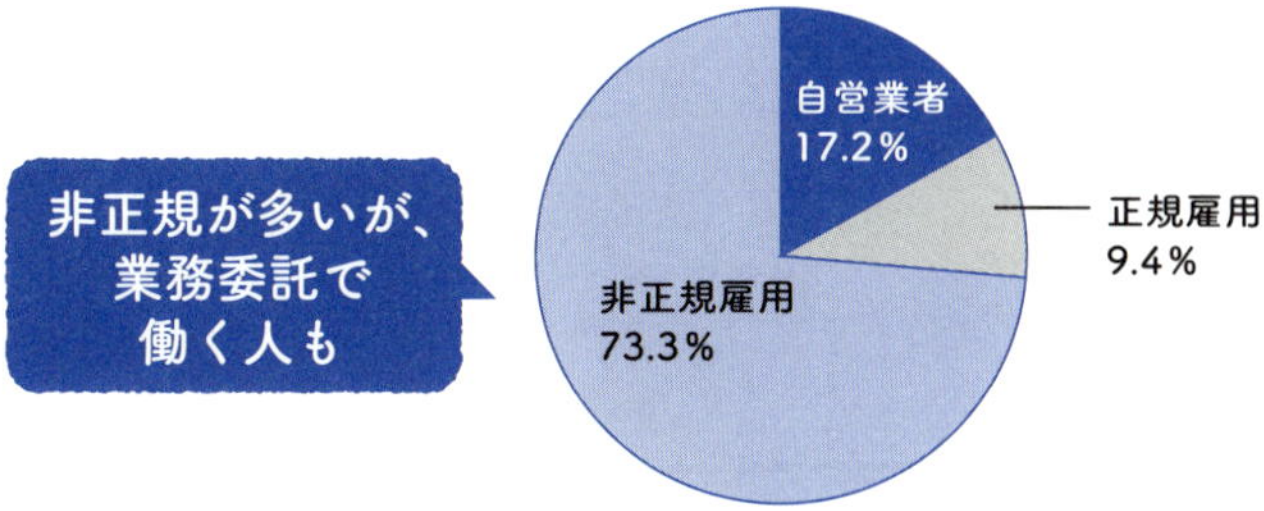

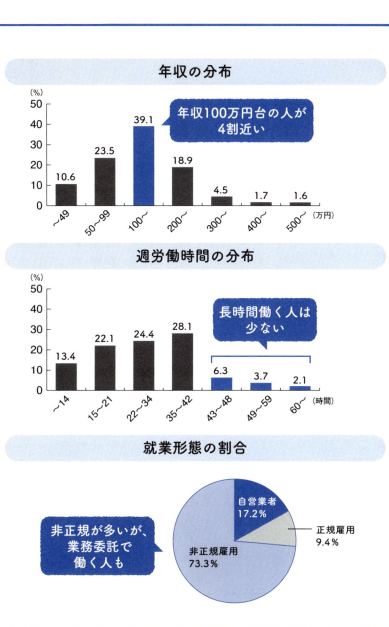

仕事内容

〔倉庫作業員〕

倉庫で荷物や資材の搬入出、積み下ろし・積み直し、製品管理などを行う。フォークリフトなどを用いて運搬を行う場合もある。パート・アルバイトでは、倉庫内の荷物を出荷指示に従って集めるピッキング作業や検品・梱包・出荷準備のほか、スムーズに出荷するために荷物をエリア分けする仕分け作業などの仕事が多い。

〔配達員〕

車やバイクを運転し、宅配便、新聞、洗濯物、牛乳・乳酸菌飲料、スーパーマー

ケットの食料品、飲食店の料理などを個人宅や企業・お店まで配達する。運転そのものより荷物の積み下ろしや個人へ荷物を届けること、不在時の対応といった業務がメインとなる。

〔郵便物集配員〕

郵便会社に所属し、郵便物の集配を行う。パート・アルバイトの場合、決められたルートで郵便物を回収する仕事や、繁忙期に短期で働く仕事もある。

〔その他運搬員〕

船や港でコンテナなどの荷物の積み下ろし・運搬を行う「港湾荷役作業員」のほか、「積卸作業員」「引越し作業員」などの仕事がある。

インタビュー

職探しに苦戦するも、定年退職した会社でアルバイト採用される

スズキ カズヒロさん（仮名）

70歳男性　奈良県

profile

現役時代の仕事	物流会社
定年後の仕事	倉庫のピッキング作業
家族構成	配偶者と社会人の子どもと3人暮らし

月収	年金	20万円
	勤労収入	9万円弱
	副収入	1.5～3万円
	計	30.5～32万円

schedule

1週間のスケジュール

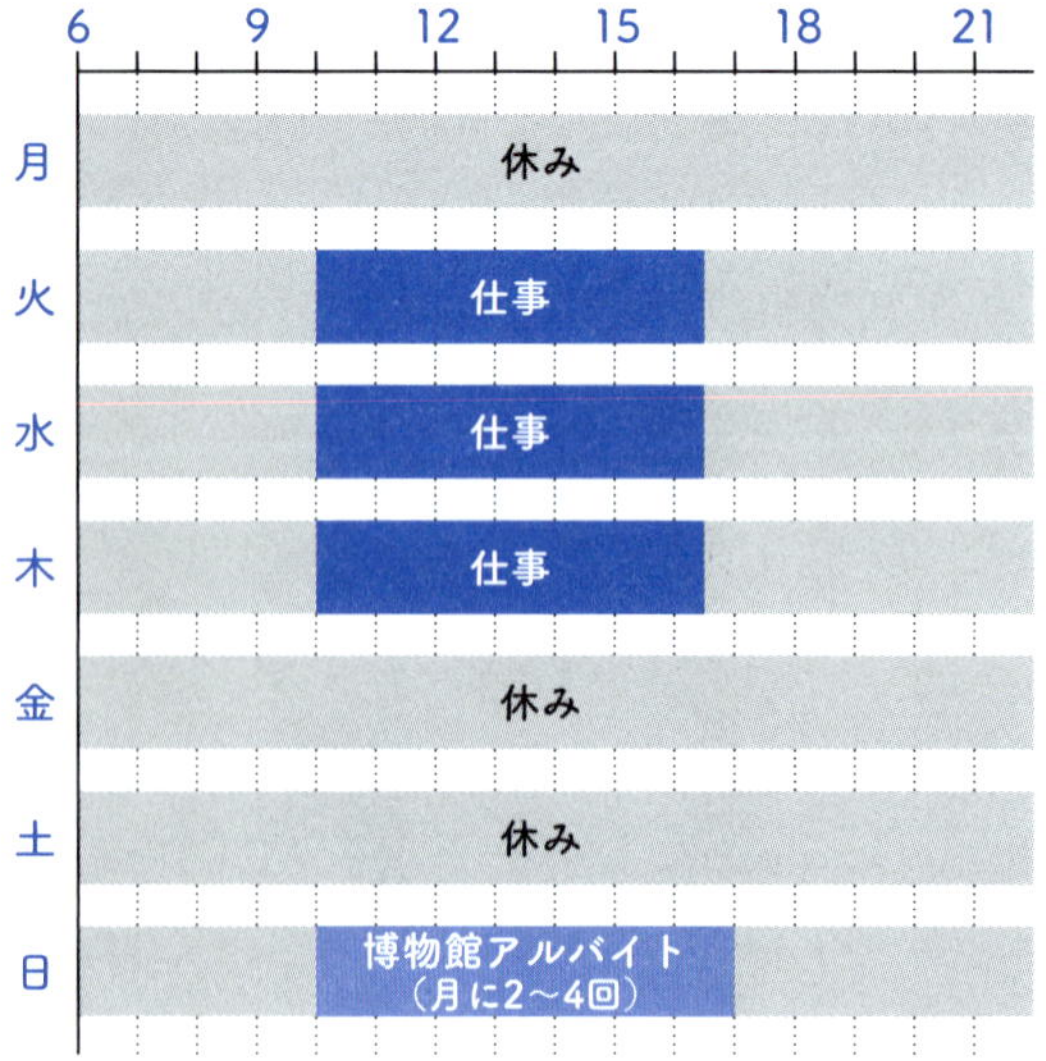

65歳から倉庫でピッキングのアルバイトを始めて5年になります。今の職場では働く日を柔軟に決められ、土日は完全に休み。1週間のうち火〜木の3日間出勤して残り4日は休むサイクルですが、前もって言えば休みを調整することもできます。私は色々と趣味を持っているので、その活動があるときなどは本当に助かっています。

仕事は物流倉庫で大きめの貨物を出荷指示に従って取り出し、送り状を貼って発送するというもので、1日5〜6時間ほど勤務しています。

実は定年前も同じ物流会社にいたのですが、業務内容はまったく違いました。航空貨物部門で車での運搬、お客様との折衝、集金、経理など、幅広い業務をこなしていました。忙しかったですが、自分で動けるぶん充実感がありましたね。

現役時代と比べると現在の仕事は単純ですが、今は仕事に達成感を求めているというわけでもないので納得しています。現役時代のような仕事内容だとフルタイムでないと難しいですし、ある程度体を動かしながら収入が得られればいいなと。充実感は趣味のほうで十分に得られていますので。

運搬

幅広い趣味を通じてコミュニティーに所属

趣味のひとつは仕事になっていて、月に2〜4回、博物館で展示説明のアルバイトをしています。元々鉱物が好きで、50歳頃から車であちこち行っては、石を割って鉱物を見つけ、観察してラベルを作って保管するフィールドワークを重ねてきました。博物館の会員になって一生懸命活動しているうちに、展示説明のアルバイトをさせていただけるようになったという流れです。

博物館のアルバイトは充実感があります。来館者との会話から勉強するきっかけをもらえますから。年をとって体力的には衰えても、精神的には自分が刺激されるものを求めていくことはできるのだと実感しています。

もうひとつの趣味はアイドルグループの応援です。鉱物とはまったく違う分野なのですが、YouTubeであるメンバーが努力したり葛藤したりする舞台裏の姿を見たのがきっかけで応援したくなりまして。割とディープなコミュニティーもあり、あちこちに人との交流の場があるのはいいことだと思っています。

定年退職後は職探しに苦戦

選択定年で物流会社を退職したのが63歳頃。ちょうどその頃大きな病気が見つかって闘病生活を送りました。しばらくして体が動くようになったので、家計のためにアルバイトを始めたいと思ったのですが、職探しには苦戦しました。

そんな中、インターネットの求人検索で定年前にいた会社が倉庫のアルバイトを募集しているのを見つけ、思い切って応募したところ雇ってもらうことができました。職探しのルートをひとつに絞らず、ほかに方法がないか模索したり、インターネットで広く情報収集したりしたことが奏功したのかなと振り返っています。

清掃員

体を動かす仕事No.1。
作業量は多めだが
短時間で働ける

平均年収

98.4万円 ★

（19職種中18位）

平均労働時間

20.6時間／週 ★★★★★

（19職種中2位）

65歳以上の就業者数

43.0万人 ★★★★

（19職種中5位）

65歳以上の比率

36.1% ★★★★★

（19職種中3位）

女性が働きやすい

男性が働きやすい

清掃の仕事は**労働時間が短いのが特徴**である。65歳以上の就業者における労働時間の分布をみると、週に15～21時間働く人が33・3％と最も多く、週に15時間未満働く人が29・1％と2番目に多かった。週に2～3日、1日2～3時間といった勤務形態が非常に多いと考えられる。

職種別にタスクを調べたデータをみると、清掃は調査した職種のうち「体を動かす割合」と「くり返し同じ仕事をする割合」が最も高かった。**仕事の負荷は高め**で、18・3％の人が「処理しきれないほど仕事がある」と答えた。労働時間は短いが限られた時間内でやるべき作業が多く、仕事の密度が高いとみられる。一方、**ストレスは低め**で、精神的に不調をきたす人は少なかった。

清掃員に対して行ったアンケート調査では、仕事の良い面として「身体を動かすので健康によい」「労働時間が短い」などのコメントが多かった。また、「清掃してきれいになるのは気持ちいい」「気持ちよく利用してくれるとやりがいを感じる」という意見も多く、**目に見える成果が上げられるのが仕事の特徴**である。一方、悪い面として「社会的地位が低い」と指摘するコメントが複数みられた。

清掃員

男女比

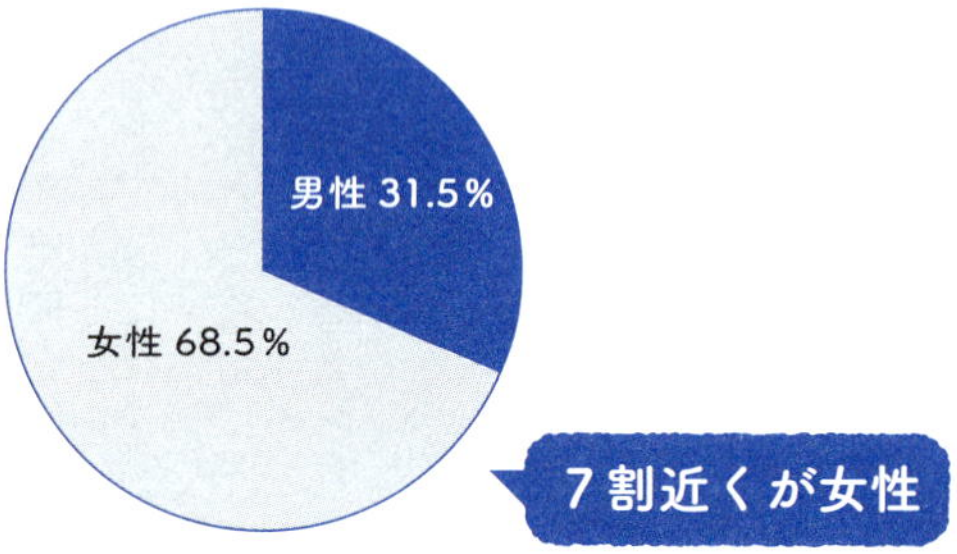

性・年齢別就業者数

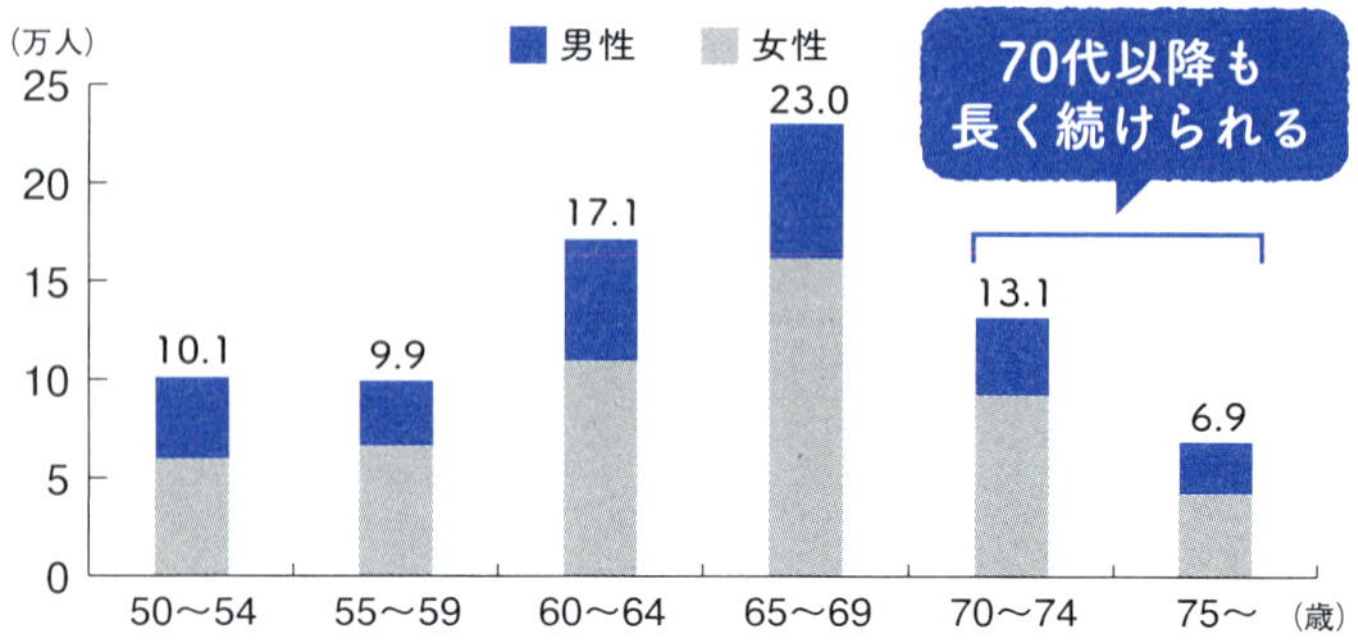

年収の分布

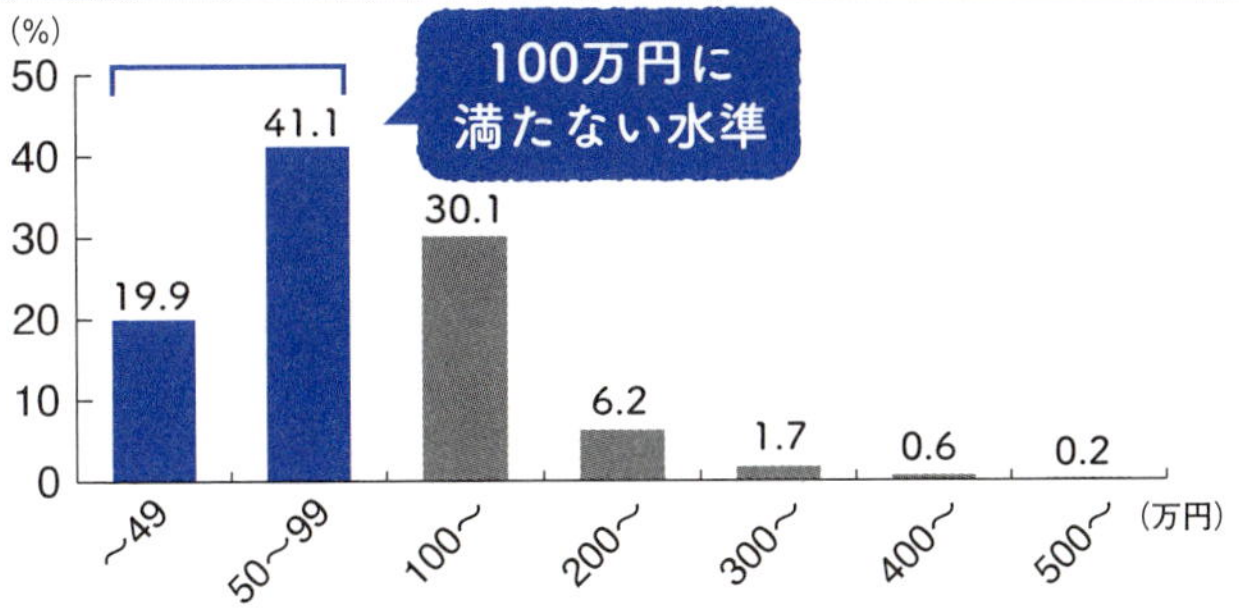

週労働時間の分布

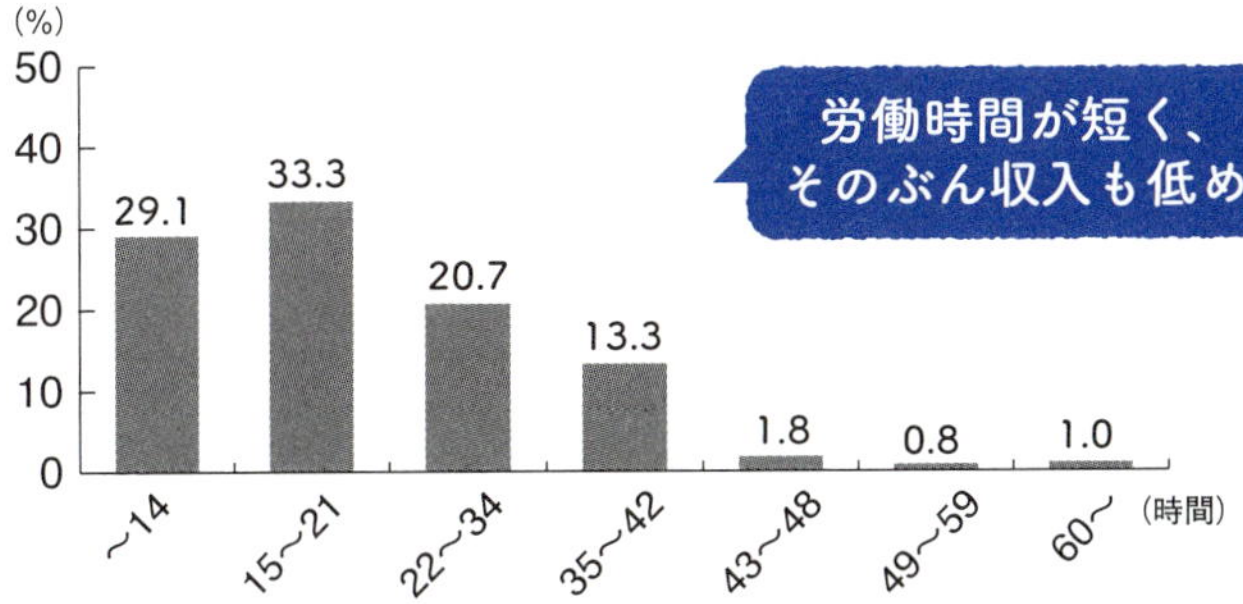

就業形態の割合

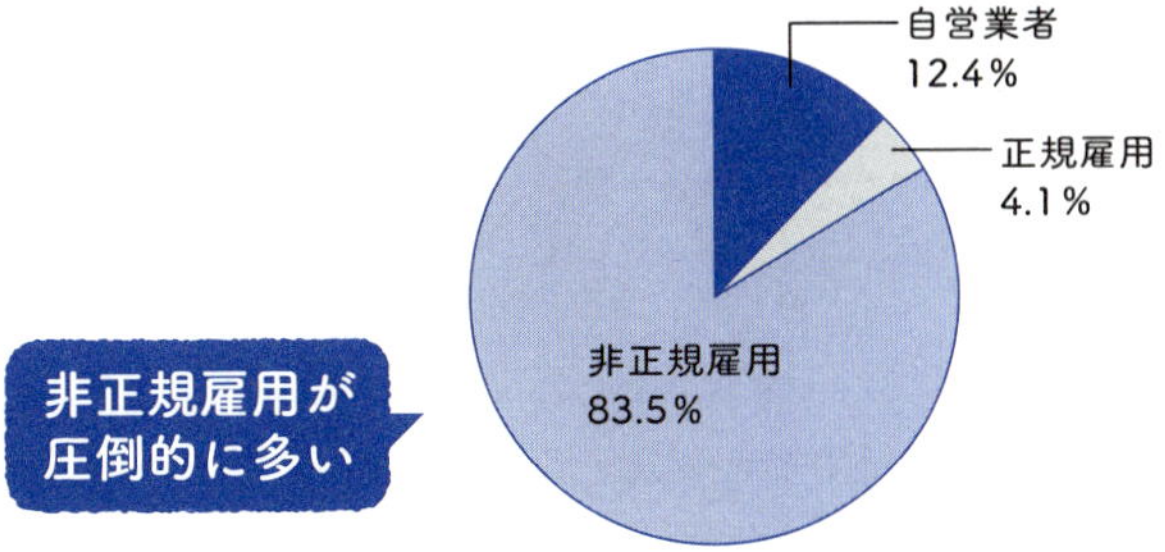

清掃員

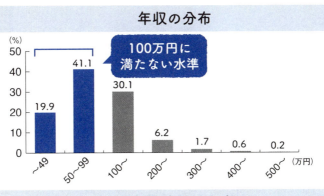

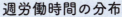

［ビル・建物清掃員］

オフィスビルや公共施設、福祉施設、病院、学校などで、専用の道具を使い建材に適した方法で清掃を行う。主な業務として、ゴミの収集、床や階段の清掃、建物周りの道路の清掃、トイレの清掃、ペーパー類・洗剤の補充などがある。窓ガラス清掃員など室外の清掃のみを担う仕事もある。一般的にはビルの管理会社や清掃会社に所属して、清掃を担当する建物へ直接出勤して業務を行う形になる。シフト制で短時間勤務の働き口が多く、中高年の就業者も多い。キャリアアップにつながる資格として国家資格である「建築物環境

衛生管理技術者」や国家検定資格の「ビルクリーニング技能士」がある。

［公園・道路などの清掃員］

公園や道路の清掃業務に従事する。主な業務として、巡回・清掃、除草などがある。シルバー人材センターを通じて紹介される仕事としても比較的多くみられる。

［ハウスクリーニング職］

主に一般家庭へ出向き、利用客の家庭を清潔に保つための清掃業務を行う。清掃箇所として、キッチン、バスルーム、ガラス窓、エアコンなどがある。エアコンやシステムキッチンなどの設備は専門的な知識が必要とされるため、入職後に研修や指導を受けることが多い。実績を積んだのち、独立し個人で事業を行うこともある。清掃会社によっては、入居前・退去後の空室物件に出向き、原状回復の一環として清掃を行う仕事も手掛ける。

［廃棄物処理作業員］

一般のゴミや粗大ゴミ、し尿、産業廃棄物などの収集や処理作業に従事する。未経験でパート・アルバイトとして働く場合、ゴミ収集ドライバーのサポートや、産業廃棄物の管理・選別、し尿処理施設の受付や管理補助などの仕事がある。

［その他清掃員］

電車の清掃員、船の清掃員、車の清掃員、害虫駆除作業員、墓苑の清掃員などがある。電車の清掃業務には、窓ガラスやつり革、手すりの掃除や、床下機器の掃除などがある。

インタビュー①

退職後デイトレーダーを経て、清掃バイトを開始

サイトウ シゲルさん（仮名）
70歳男性　東京都

profile

現役時代の仕事	小売業→デイトレーダー
定年後の仕事	事務所の清掃
家族構成	子どもとふたり暮らし

月収		
	年金	14～16万円
	勤労収入	6万円
	計	20～22万円

schedule

1週間のスケジュール

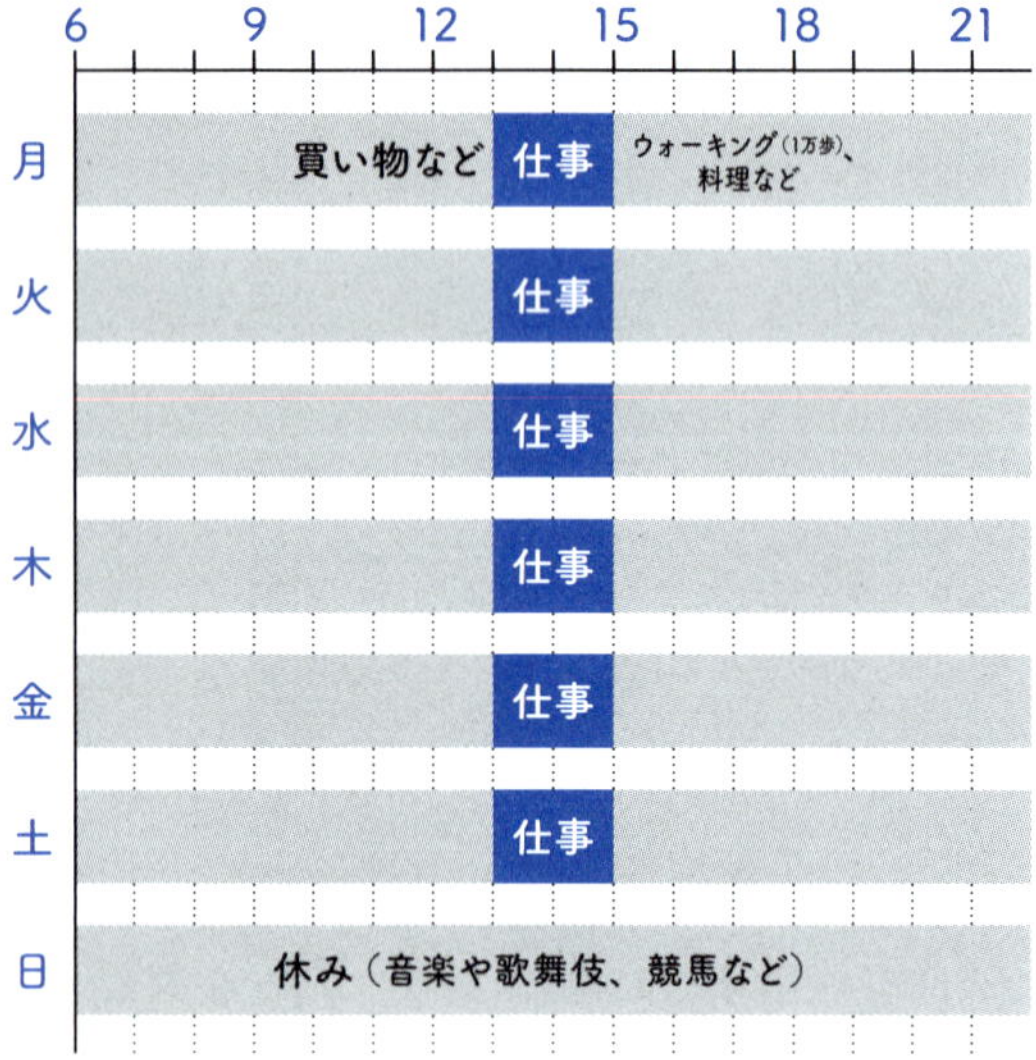

日曜日を除いて月〜土曜までの6日間、2階建てオフィスで清掃アルバイトをしています。会社の事務所が10軒ほど入ったビルで、私の担当は共用部分のみ。業務は主にゴミの収集と、トイレ掃除、廊下・階段・駐車場の掃除です。

13時〜15時の2時間勤務のうち、だいたい1時間半はルーティンで仕事をこなし、残り30分で気になるところを掃除するという流れです。

ビルに着いたら、まず1階トイレのトイレットペーパーを補充し、給湯室のゴミを分類してゴミの集積所へ持って行きます。2階も同じようにしたら、上下階のトイレ掃除に移ります。男性用トイレは個室がふたつ、小便器が2基、洗面台があるので、それぞれ清掃します。頭が痛いのは、ビルに配送業者の方が大勢出入りするのですが、和式便器が「どうしたらこんなに汚れるのかな」というような汚れ方をしているところが週に数回あることです。汚れがついてすぐなら簡単に落ちますが、時間が経っているとなかなか落ちません。それをなんとか終えると、あとはハンドソープの補充、桟の拭き掃除、床のモップがけ、ガラスの拭き掃除をします。女性用トイレは個室がひとつだけで、同じく清掃したらトイレは完了です。

次に廊下のモップがけと外階段の掃き掃除、その次に駐車場の掃き掃除をしたらルーティンは終了です。残り30分は植木の剪定など、その日気になるところを重点的に行います。このように説明すると忙しそうに思われるかもしれませんが、自分のペース・裁量で仕事ができていると感じています。

投函されたチラシを見て清掃バイトに応募

清掃の仕事を始めてちょうど1年。アルバイトを始めたきっかけはまったくの偶然でした。以前はデイトレーダーをしていたのですが、ちょうど仕事を休もうと思ったタイミングで郵便ポストに清掃員募集のチラシが入ったのです。2時間という勤務時間もちょうどいいし、清掃ならやれるだろうと思って応募しました。

清掃の仕事は実際始めてみるとそんなに難しいことはないし、雇用先の担当者も月に1度くらいしか巡回に来ないので、自分の思う通りに仕事ができています。この仕事はトイレ掃除が敬遠されてなかなか人が集まらないそうです。ただ私自身は

仕事にいいも悪いもない、一生懸命頑張れるかどうかだと思います。

会社に掛け合って洗剤の種類を増やすなど、そこまでやるのかと言われることもありますが、「2時間でこのお金がもらえたらそれでいい」という考え方でやるほうがしんどいでしょうね。汚れが落ちてピカピカになったり、会社の担当者から「便器が光っていて、丁寧にしてくれますね」と言ってもらえたり、そんな小さなことがやりがいだし、私はそれが仕事だと思っています。

インタビュー②

定年後地元にUターンし、公園の仕事をしながら本格的な家庭菜園に励む

イナダ ヒロシさん（仮名）
75歳男性　岡山県

profile

現役時代の仕事	建設会社
定年後の仕事	公園の清掃・管理
家族構成	配偶者とふたり暮らし

月収	年金	25万円
	勤労収入	3万円
	計	28万円

schedule

1週間のスケジュール

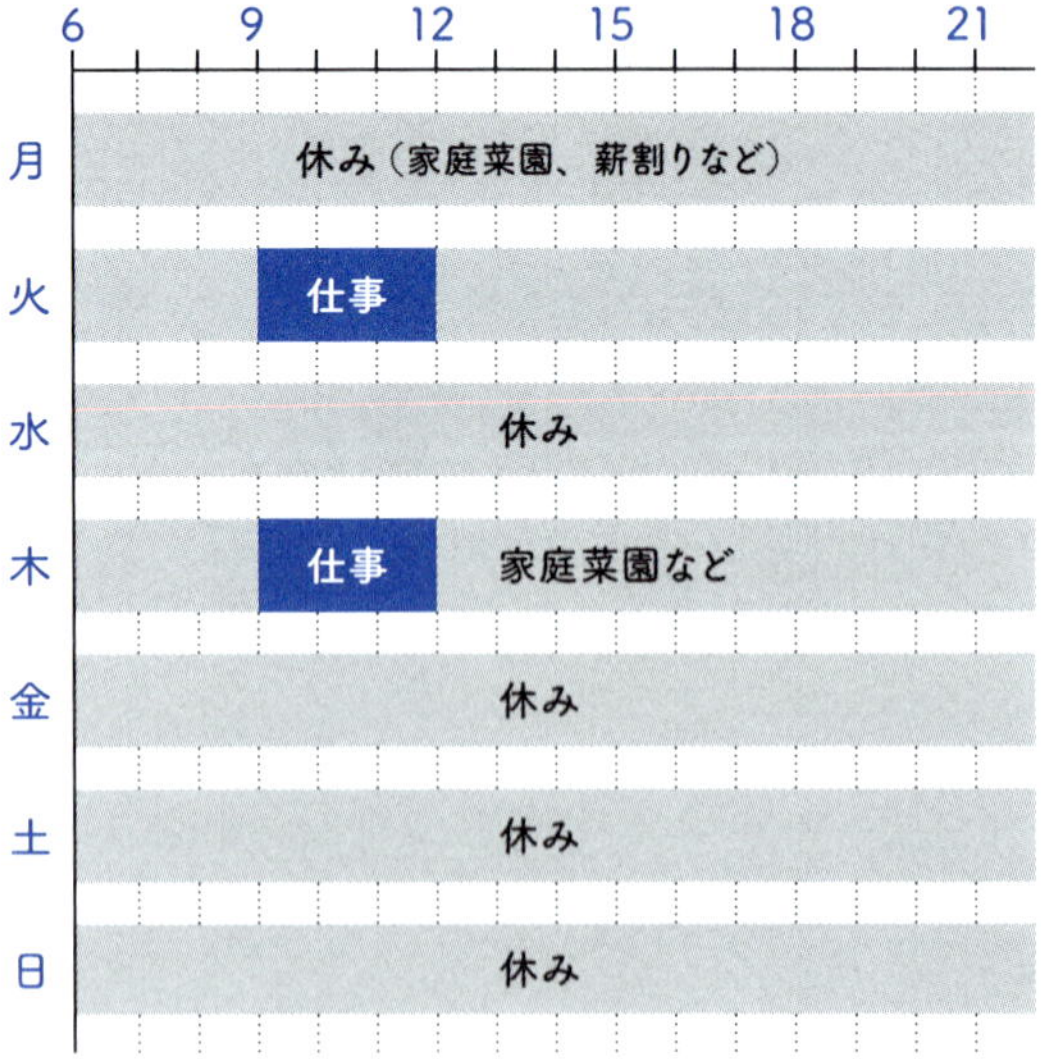

大手建設会社で定年まで働いたのち、親の介護などを理由に地元へUターンしました。今は改修した古民家に暮らし、家庭菜園や果樹栽培をしながら、週に2回ほど自然公園の清掃・管理の仕事をしています。

公園の清掃は始めて8年ほど経ちます。田舎でお金もかからないので、夫婦の年金だけでも十分やっていけるのですが、定年後をどう過ごそうかと考えたときに「働かないのもなんだな」「縛られない、気ままな仕事がしたいな」と思いまして。シルバー人材センターに登録して今の仕事に就きました。

人に管理されないぶん、自分たちで仕事を見つける

管理しているのは園内に湖や古墳のある市営公園です。4人でシフトを回していて、基本はペアで仕事を行っています。

毎日の仕事は、管理事務所で仕事の相棒と「今日は何をしようか」と相談することから始まります。利用者からの各種申請の受付もありますが、一番時間を割くの

は草刈りや樹木の剪定、掃き掃除などです。トイレがあるのでペーパーの補充をし、汚れているときは掃除も行います。湖に漂流物があったら見栄えが悪いので回収したり、季節に応じて雪かきや落ち葉の掃除、植物の植え替えなども行います。

要するに公園に来た人が快適に過ごせるように、自分たちで仕事を探すようなところがありますね。上長はおらず私が一応班長ということになっていて、具体的な仕事内容は現場に委ねられています。

私は前職の関係で造園施工管理技士という国家資格を持っているので、公園の仕事が回ってきたのはその経験を期待されてのことかもしれません。草刈機を使ったり、梅やサザンカといった少し難しい樹木の剪定もあったりするので。ただひとりひとりができる範囲で調べながら仕事をすればよいので、未経験でもやる気があれば問題なくできる仕事だと思います。

雇用形態は業務委託で、社会保険などはありません。給料も最低賃金です。その代わり時間的な拘束が少なく、シフトを自由に組めます。病気をしたときや、何か予定があれば、２週間でも１ヶ月でも休むことができます。

田舎暮らしを満喫

公園の仕事は週2回、午前中だけなので、それ以外の時間は家庭菜園で忙しくしています。家の近くに2000㎡の畑を持っていて、40種類ほどの農作物を作っています。自宅の庭でも果樹を育て、山ではシイタケ栽培もしています。野菜作りはほとんど素人ですが、今はYouTubeなどで作り方はみんな出てきますから。失敗も多いですが、うまくできると「やった」という楽しみがあります。

古い家を改修したときに薪ストーブを作ったので、冬の間は薪割りもします。チェーンソーで山の木を切り倒し、割って薪にしていくので、田舎に帰ってきてから体が絞れましたし、現役時代より体力がつきました。

田舎暮らしは大変なこともありますが、生まれ育った土地で同級生も近所の人もみんな側にいて、色々な付き合いができます。頼まれて公民館の館長をしたり、菩提寺の役員をしたりもしました。都会にいたら定年後何をするか困っていたかもしれませんので、歳を取ったら田舎も悪くないなと思います。

包装

女性が7割以上を占める。
短い時間で
無理なく働ける仕事

平均年収

92.1万円 ★☆☆☆☆

（19職種中19位）

平均労働時間

23.9時間／週 ★★★★☆

（19職種中5位）

65歳以上の就業者数

4.8万人 ★☆☆☆☆

（19職種中19位）

65歳以上の比率

14.8% ★★★☆☆

（19職種中10位）

女性が働きやすい ●—|—|—|—|—| 男性が働きやすい

包装の仕事は女性比率が高く、**65歳以上の就業者のうち76・1%が女性**である。仕事の性質上、重い荷物を持つなどの業務が少ないことが背景として考えられる。

この職種の就業人口はそこまで多くないが、その構成をみると、65～69歳の就業者は3・2万人と多い。一方、70～74歳は1万人と、3分の1以下まで減少する。**60代後半までは無理なくできる仕事**だ。

労働時間は比較的短く、週に15～21時間働く人が37・7%で最も多い。それに伴って収入帯も低めで、**年収が100万円未満の人が6割弱**である。雇用形態は非正規雇用で働く人が大半となっていることから、多くがパート・アルバイトとして雇用されて働いているものと考えられる。

機械化・自動化が急速に進む領域であるが、人の手による作業も依然として残っている。EC市場の拡大によって小ロットの物流需要が高まり、倉庫作業員の需要は今後も大幅に減ることはないと考えられる。

包装

男女比

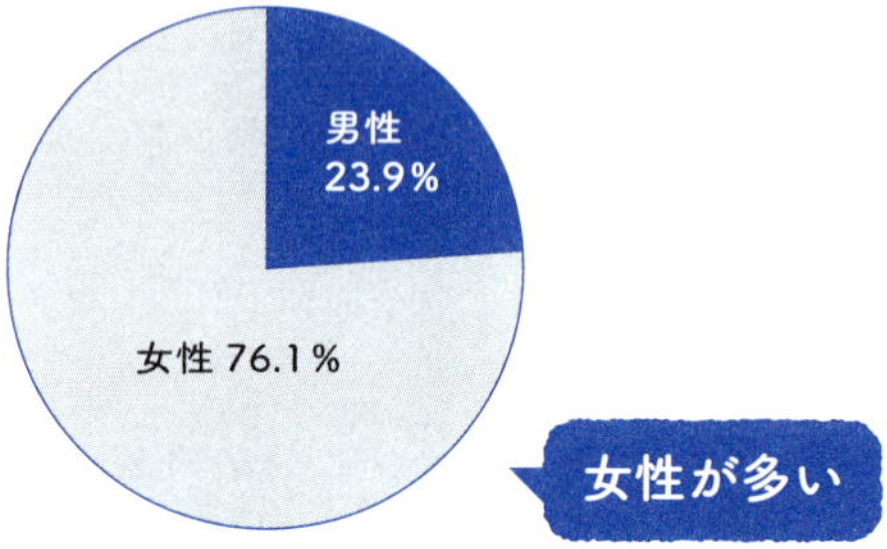

性・年齢別就業者数

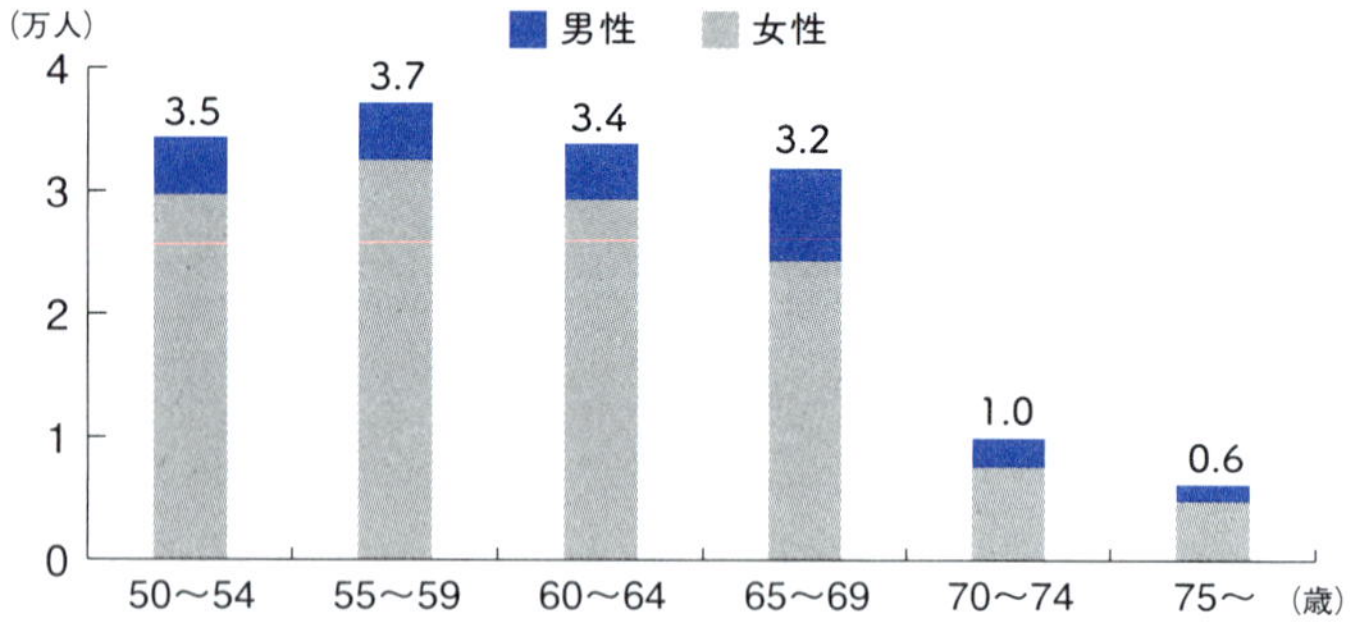

年収の分布

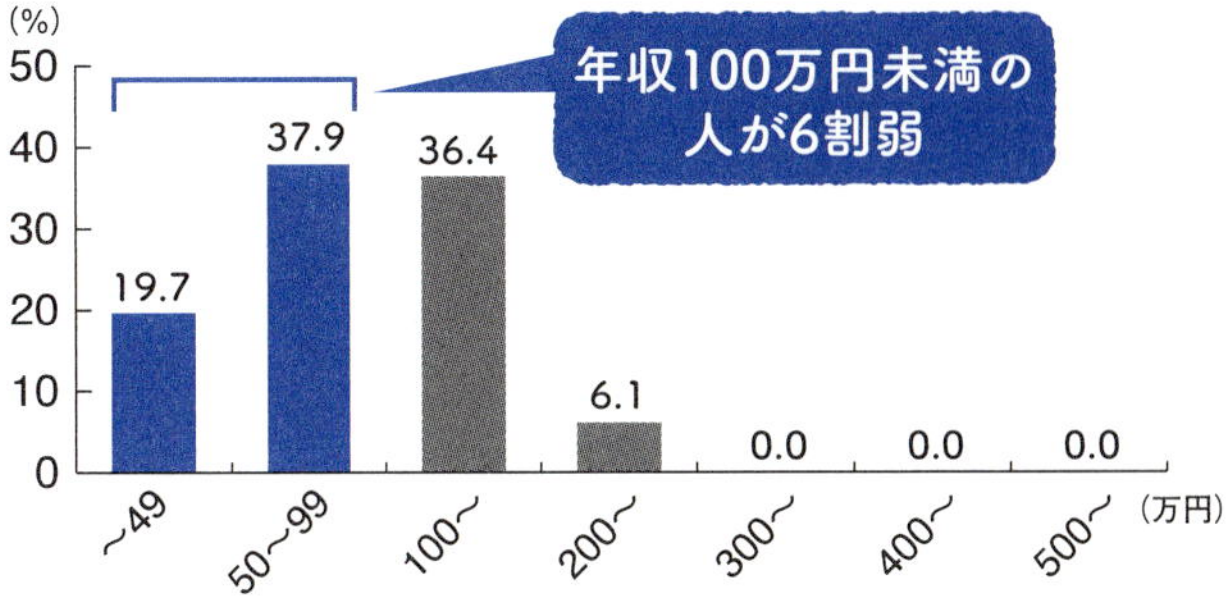

週労働時間の分布

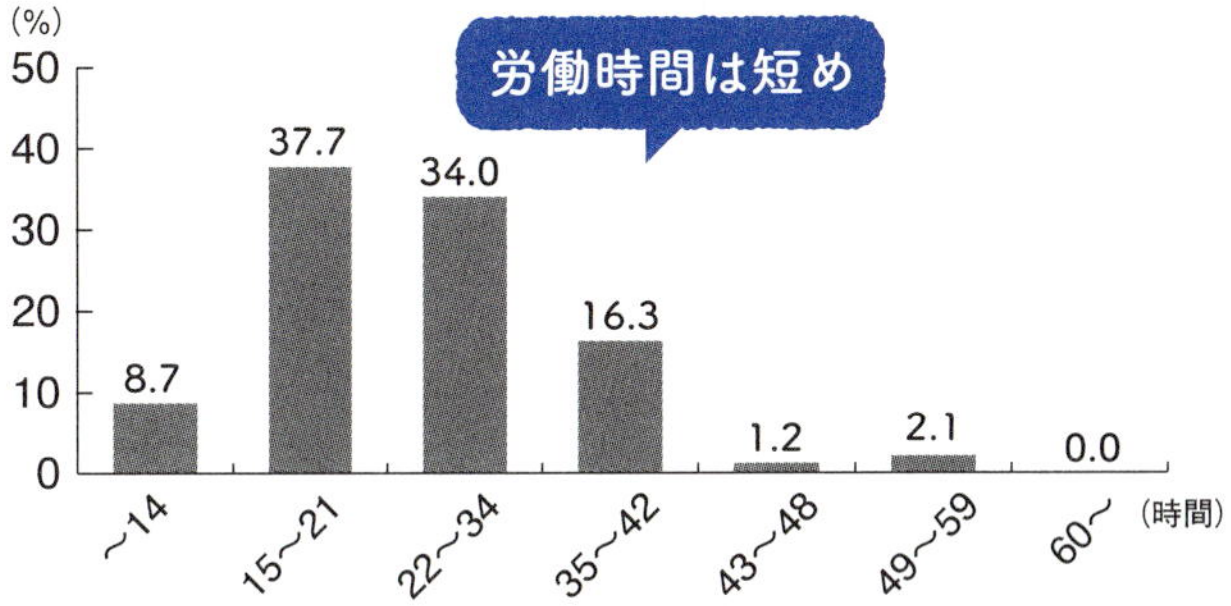

就業形態の割合

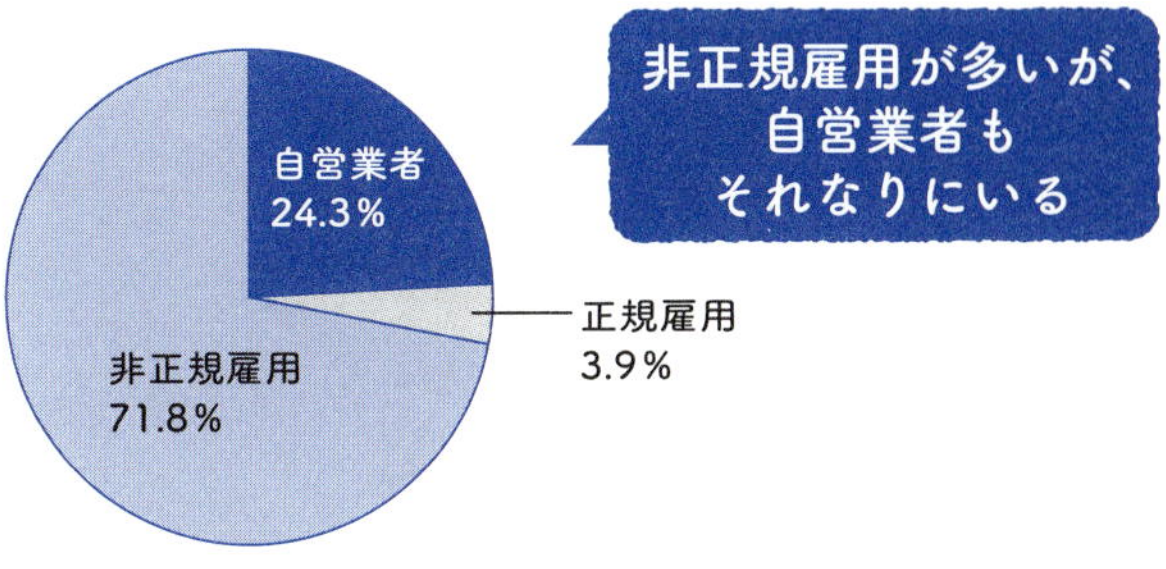

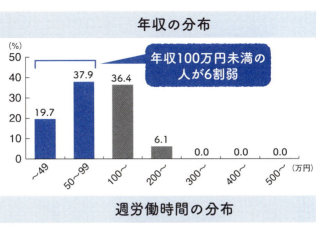

［製品包装作業員］

薬品、食品、菓子、日用品、衣類などの品物を保存・保護し、持ち運びを便利にするために各種材料で包装する。主な業務は品物の状態の確認、袋詰め・箱詰め、ラベル貼りなど。オートメーション化された工場においては、機械の管理や包装資材の補充、包装後の品物の移動などを中心に行う。

［シール貼り作業員］

工場や倉庫において、梱包された荷物に伝票などのシール貼りを行う。

［スーパーのバックヤード作業員］

スーパーのバックヤードにおいて野菜や果物、鮮魚、精肉、惣菜を袋やパックに詰めて値札シールを貼るなどの作業を行う。店舗によっては果物を食べやすい大きさにカットする、精肉を加工するなどの作業を伴う場合もある。

［ギフト包装作業員］

食品会社や百貨店の配送センターなどで、贈答用の製品を箱にセットし包装する。包装紙やリボンを使って体裁を美しく整え、利用者の求めに応じてのしやメッセージカードに名入れを行う。

包装

コラム①

1馬力と2馬力の「年金額」の違い

現在の高齢夫婦2人世帯の場合、男性がフルタイムで働き、女性は専業主婦もしくは短期就労をしてきたケースが多い世代となる。家計の観点で言えば、夫婦ともに働く場合と片方だけが働く場合とでは生涯の家計収入には大きな違いが生じる。

総務省「労働力調査」によると、2022年時点の「共働き世帯数」は1262万世帯で、「男性雇用者と無業の妻からなる世帯」、つまり専業主婦世帯の539万世帯の2倍超となる（図5−1）。この数値からもわかるように、現在の高齢世帯が現役だった20年ほど前と比較すれば、いまの世代では共働き世帯が大きく増えている。

国の年金保険については、厳しい財政事情のなか、将来的に給付水準の抑制がさらに進んでいくことになるだろう。しかし、男性・女性を問わず働いているこれからの世代においては、高齢期にも男女かかわらず働くことが当たり前になると予想されることから、おそらく高齢期の家計収入も増えていくことになるとみられる。

図5-1 共働き世帯数の年次推移

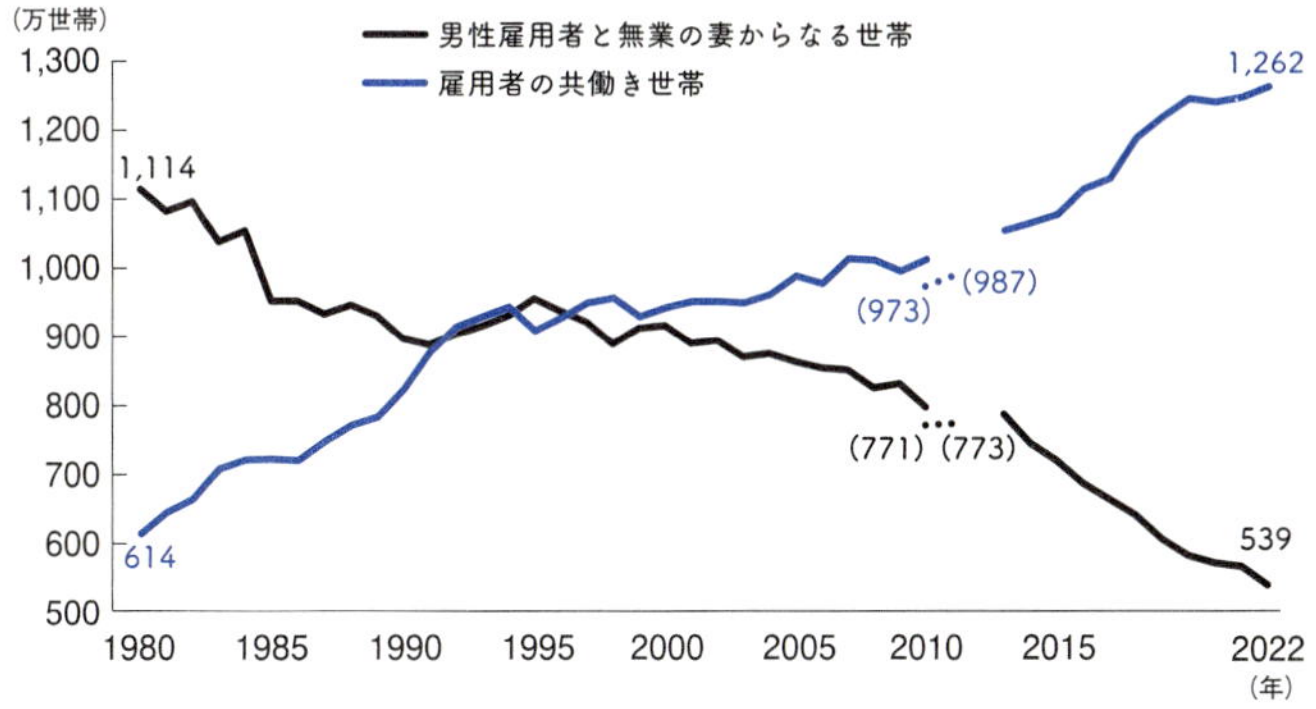

（出所）総務省「労働力調査」

年金の額も、2馬力の場合には、1馬力の場合と大きな差が出る。夫婦共働きであれば年金は世帯でどのくらいもらえるのだろうか。

これは働き方によっても異なってくるが、どちらも現役時代を正社員中心で過ごした場合、男性の年金受給額が16～20万円程度、女性の受給額が8～12万円程度となる。これらを合わせれば、世帯の年金収入は24～32万円ほどの水準になる。

夫婦どちらかの1馬力の世帯や単身世帯は、私的年金の積み立てや年金の繰下げ受給を考えるなどして対策を講じる必要があるだろう。

第2部

月10万円稼ぐ「定年後の仕事」厳選100

第6章

女性が活躍する仕事

——販売員・調理・接客・給仕

販売員

利用客と接することが
好きな人に最適。
75歳を過ぎても続けやすい

平均年収

152.2万円 ★★★★☆

（19職種中8位）

平均労働時間

33.5時間／週 ★★☆☆☆

（19職種中13位）

65歳以上の就業者数

50.4万人 ★★★★★

（19職種中4位）

65歳以上の比率

11.4% ★★☆☆☆

（19職種中14位）

女性が
働きやすい

男性が
働きやすい

販売の仕事は**シニアの中でも75歳以上の就業者数が13・7万人と多い**のが特徴だ。就業形態をみると自営業者が57・6％と半数以上で、小売店主・店長として長く働き続ける人が多いとみられる。一方、非正規雇用も32・5％で、パート・アルバイトなどで雇用されて働く人も少なくない。年収と労働時間の分布をみると、収入水準・労働時間ともに二極化しており、就業形態による働き方の違いが顕著に現れている。

職種別にタスクを調べたデータをみると、仕事の特色としては負荷が高いこと、体より頭を使う割合が比較的多いことが挙げられる。**やるべき作業が多く、自分で考えて仕事をする**側面がある。

販売員に対して行ったアンケート調査では、仕事の良い面として「人と接することが楽しい」「幅広い年代の人と接することができる」、悪い点で「マナーの悪いお客様もいる」「理不尽に怒られる」など、利用客に関する内容が多くを占めた。

小売業界ではセルフレジの導入が広がっている。販売員の仕事も、案内やトラブル対応など、**よりコミュニケーションが求められる仕事に変化していく**だろう。

販売員

男女比

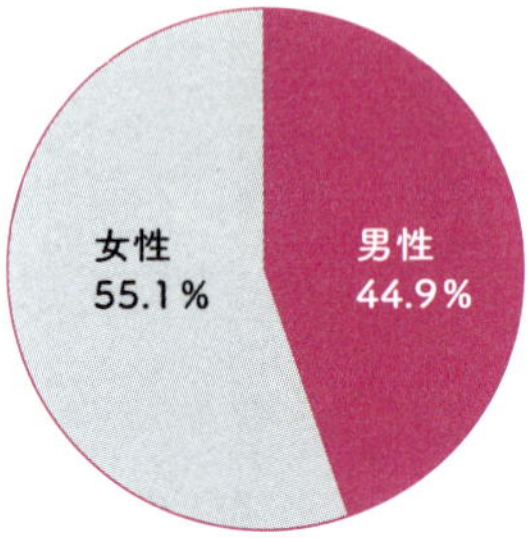

性・年齢別就業者数

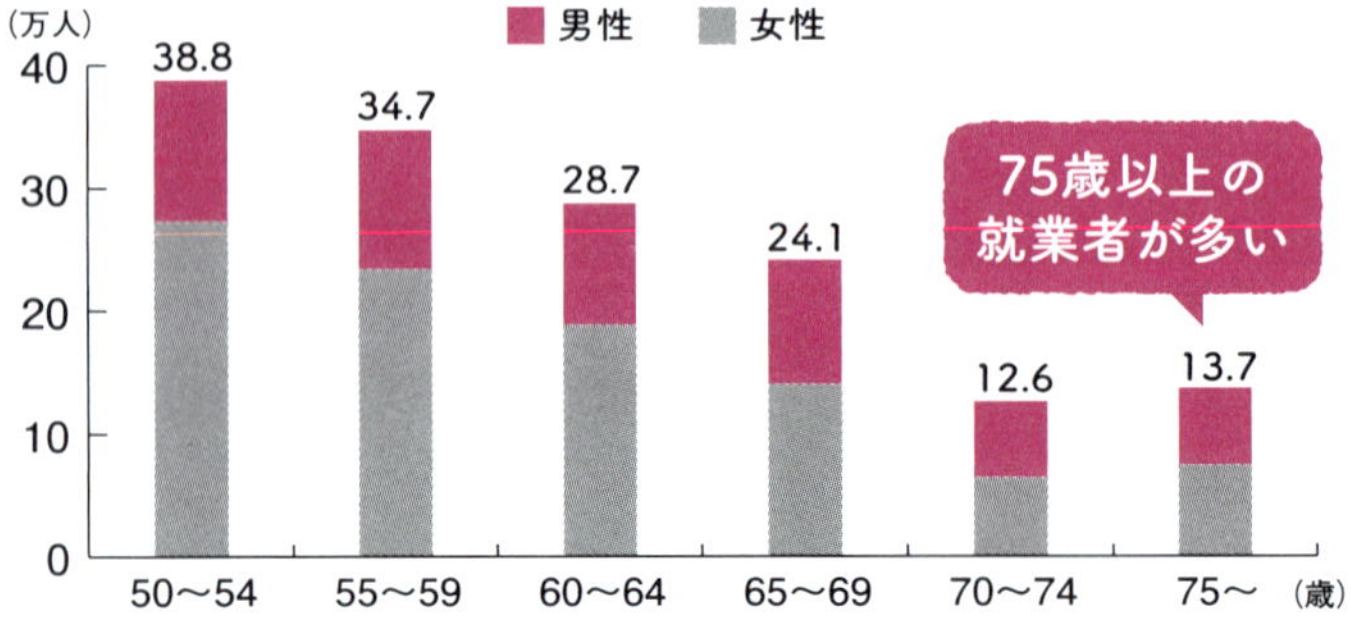

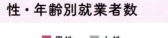

年収の分布

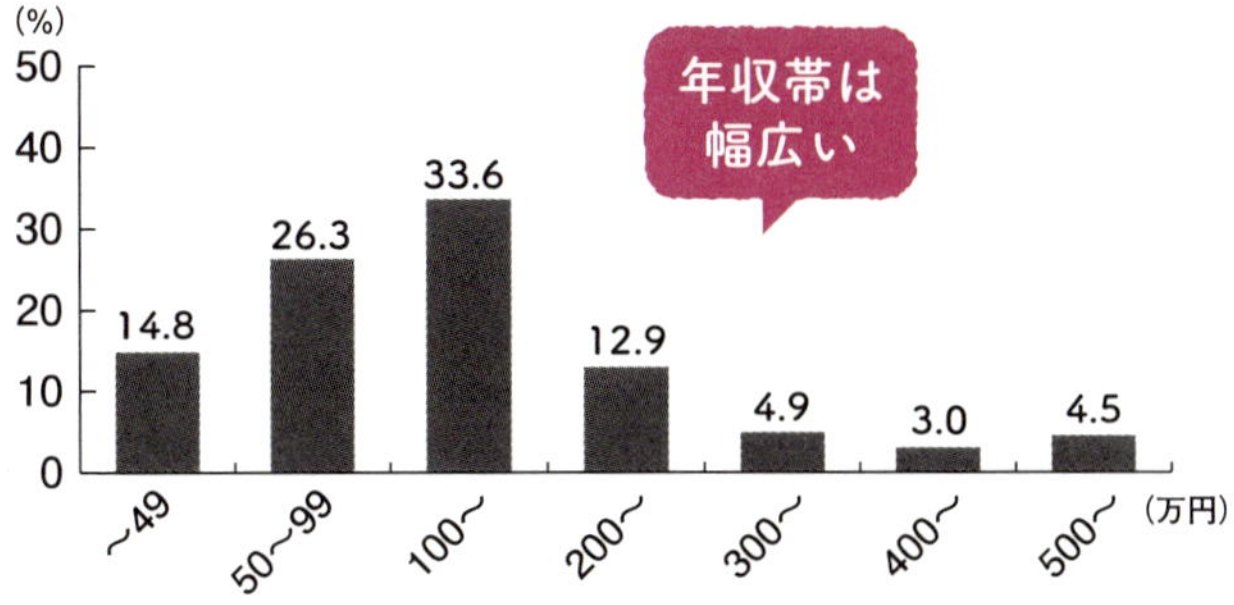

週労働時間の分布

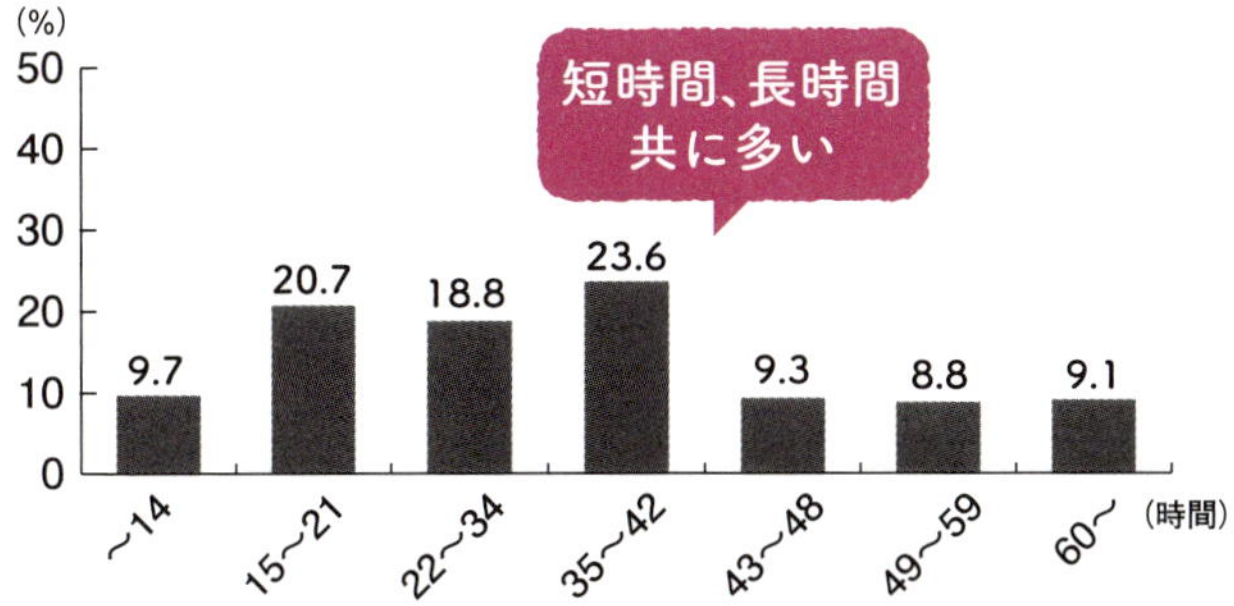

就業形態の割合

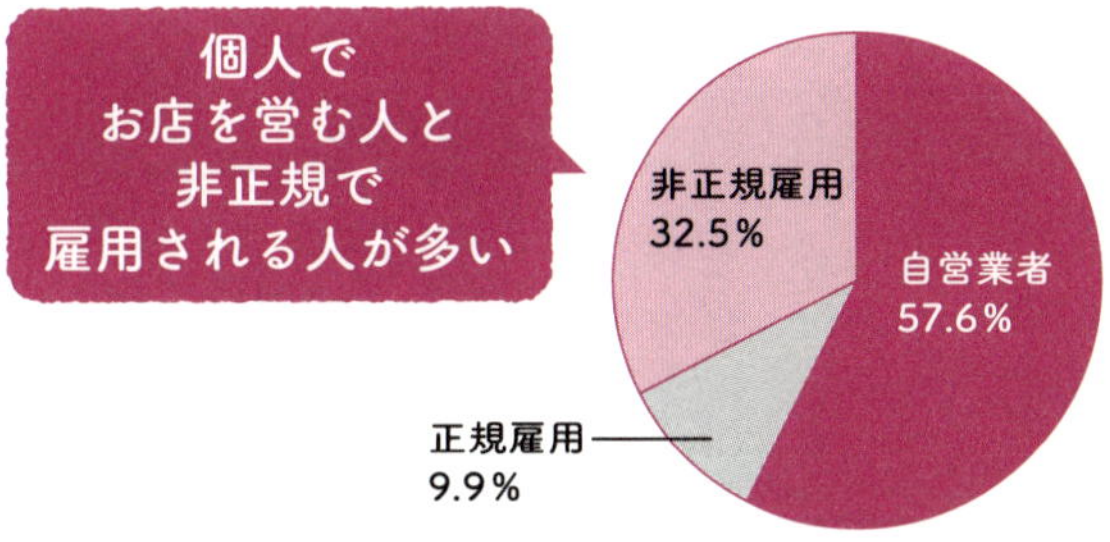

仕事内容

［スーパー・コンビニ・ドラッグストアの販売員］

スーパーマーケットやコンビニエンスストア、ドラッグストアで販売の仕事に従事する。店舗数が多く、業務のマニュアル化が進んでいるが、こなすべき仕事や覚えるべき業務も比較的多いのが特徴である。

スーパーやドラッグストアではレジ係を専従で募集することもある。コンビニは商品のほか各種サービスも提供するため、公共料金の代金収納や宅配便の受付、カウンターフードの準備などさまざまな業務がある。

［デパート・衣料品店の販売員］

店舗の売場に立ち、接客、商品の補充・陳列、包装、レジ操作、ディスプレイ変更を行う。販売する商品の知識や顧客の情報を有することも重視されることから、経験豊富なベテラン社員が継続雇用で働き続けることもある。

［電器店・家電量販店の販売員］

電器店や家電量販店で販売担当店員として、主に接客、レジ業務、商品の陳列・補充を行う。資格は問われないが、電化製品の特徴や使い方を聞かれることも多いため、商品知識を身につける必要がある。

［青果店・食品店などの販売員］

青果店や生花店、精肉店、鮮魚店、菓子店、酒店、弁当店、書店など地域に密着した商店で販売の仕事に従事する。個人で店を営む人が長く働き続けることが多い。

［ガソリンスタンドスタッフ］

ガソリンスタンドで燃料の販売を行う。フルサービス式の店舗では給油のほか、フロントガラスや灰皿の清掃、車の誘導など幅広い業務を行う。セルフ式の店舗では利用客が安全に給油できるように見守ったり、機械操作を案内したりすることが主な業務となる。セルフ式の店舗ではシニアや60代以上も応募可とする求人が比較的多くみられる。普通自動車免許が必須とされる場合もある。

［売店の販売員］

駅構内や学校、病院に設置された売店で品出しやレジ業務を行う。駅構内売店は急いでいる利用客が多くスピーディな対応が求められる、病院内の売店は扱う商品の種類が多いなど、設置場所ごとに特徴がある。

インタビュー

配偶者を亡くし、80歳で洋服販売スタッフとして働き始める

イトウ アヤコさん（仮名）

85歳女性　福岡県

profile

現役時代の仕事	専業主婦→洋裁の講師など
定年後の仕事	洋服販売員
家族構成	社会人の子どもとふたり暮らし

月収		
	年金	8〜10万円
	勤労収入	4〜6万円
	計	12〜16万円

schedule

1週間のスケジュール

	6〜21時
月	休み（家事、美術館や映画館へ足を運ぶなど）
火	休み
水	仕事（11〜16時）／買い物など
木	仕事（11〜16時）
金	休み
土	休み
日	休み（姉妹で教会へ行く）

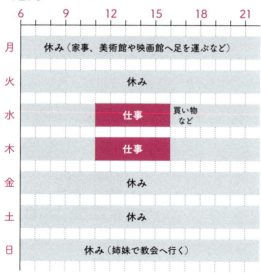

現在85歳。幅広い年齢層に支持される洋服ブランドの店舗で販売スタッフとして週に2回働いています。高齢なので勤務時間は融通していただいて、11時～16時と短めです。出勤日も以前は週3日でしたが、80代半ばになった今は週2日に減らしていただいています。

応募したのは80歳のとき。長年連れ添った夫を亡くし「自分自身でなにかやり始めなくちゃいけないな」という思いがありました。そんなとき、愛読する雑誌の折り込みページに「年齢は問いません」と書かれた求人広告を見つけ、心が動いたのが応募したきっかけです。

仕事内容は接客がほとんどです。お洋服の販売は初めてでしたが、もともと服が好きで洋裁の知識も持ち合わせていたので苦になりませんでした。むしろお客様とファッションのお話をするのが楽しくて。いらしたお客様には商品をご案内し、仕立てに関することやアフターサービスについてお伝えしたり、「お似合いになります」「あちらのお洋服よりこちらのほうがいいかもしれませんね」など、私自身の考えをお伝えしたりすることもあります。レジ業務は担当していないので、購入を

販売員

決められた際はレジカウンターへのご案内だけ行っています。

専門知識より「洋服に興味があるかどうか」が大事

接客業といえばクレームや理不尽なことが思い浮かびますが、私は勤務時間が短いせいか、幸いトラブルや嫌な思いを経験することはあまりありませんでした。立ち仕事も慣れれば問題なくできています。同僚の方もファッション好きで趣味が似ているので、一緒に食事をしたり、美術館に行ったりと楽しい交流もありました。唯一大変なことと言えば、シーズンごとに展開するお洋服が変わるので高齢になるとだんだんとついていくのが難しくなることですね。

小さな頃から洋服に関心があり、洋裁学校を卒業して、子どもが手を離れたあとは週に1〜2回洋裁教室で講師として働いていました。そのあとも70歳頃まで知人の経営する服飾雑貨店で仕入れや接客を手伝っていたので、ファッションに関する知識は人並み以上にあると思います。

ですが、専門知識がないと洋服の販売員ができないというわけではありません。必要なのは着ることが好きで、ファッションに興味があること。自分で店舗のお洋服を見て、わからないことは質問して内容を把握していけば無理なくできますから。反対に「服はなんでもいい」という方にとっては向かないお仕事かもしれませんね。やはり「服に興味を持っている」ということが一番大事だと思います。

調理

収入水準は低めだが
働く時間が選びやすく
ストレスの少ない仕事

平均年収

136.0万円

（19職種中12位）

★★☆☆☆

平均労働時間

30.8時間／週

（19職種中11位）

★★★☆☆

65歳以上の就業者数

35.4万人

（19職種中6位）

★★★★☆

65歳以上の比率

16.7%

（19職種中8位）

★★★★☆

調理の仕事はシニア世代の就業者が多く、65歳以上比率が16・7％で、中でも65～69歳が20・9万人と最も多い。就業形態は販売員（178ページ）と同じく**非正規雇用と自営業者で二分している**。

職種別にタスクを調べたデータをみると、仕事の特徴としては「ほかの人と一緒に行う」割合が2番目に高い。同僚と手分けして調理をする、接客係と連携を取りながら調理をするといった場面がかなり多いとみられる。仕事の自由度は高く、勤務日や勤務時間は選びやすい。仕事の負荷やストレスも総じて低かった。**働く時間を調整しやすく、精神的な疲れの少ない仕事**であると言える。

調理師を対象に行ったアンケート調査では、仕事の良い点として「自分の作った料理をおいしいと食べてもらえることがうれしくやりがいがある」など、**料理で人に喜ばれる、褒められるとうれしい**というコメントが多かった。一方、悪い点としては、「立ち仕事なので足腰に負担がかかる」「夏は暑くて体力の消耗が激しい」「長時間労働、賃金が低い」といったコメントがあった。一定の体力が必要とされる仕事であり、**料理が好きで楽しめるかどうか**が大きなポイントと言える。

男女比

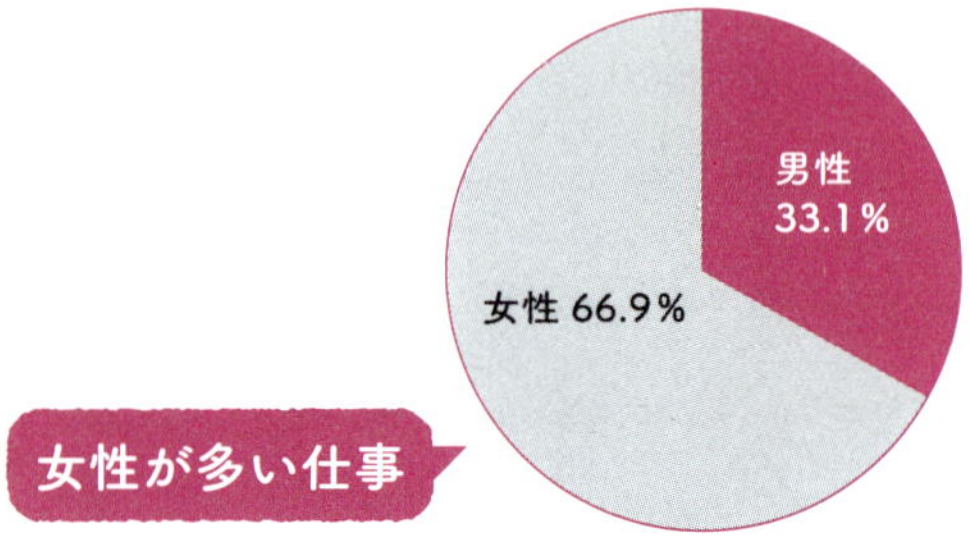

性・年齢別就業者数

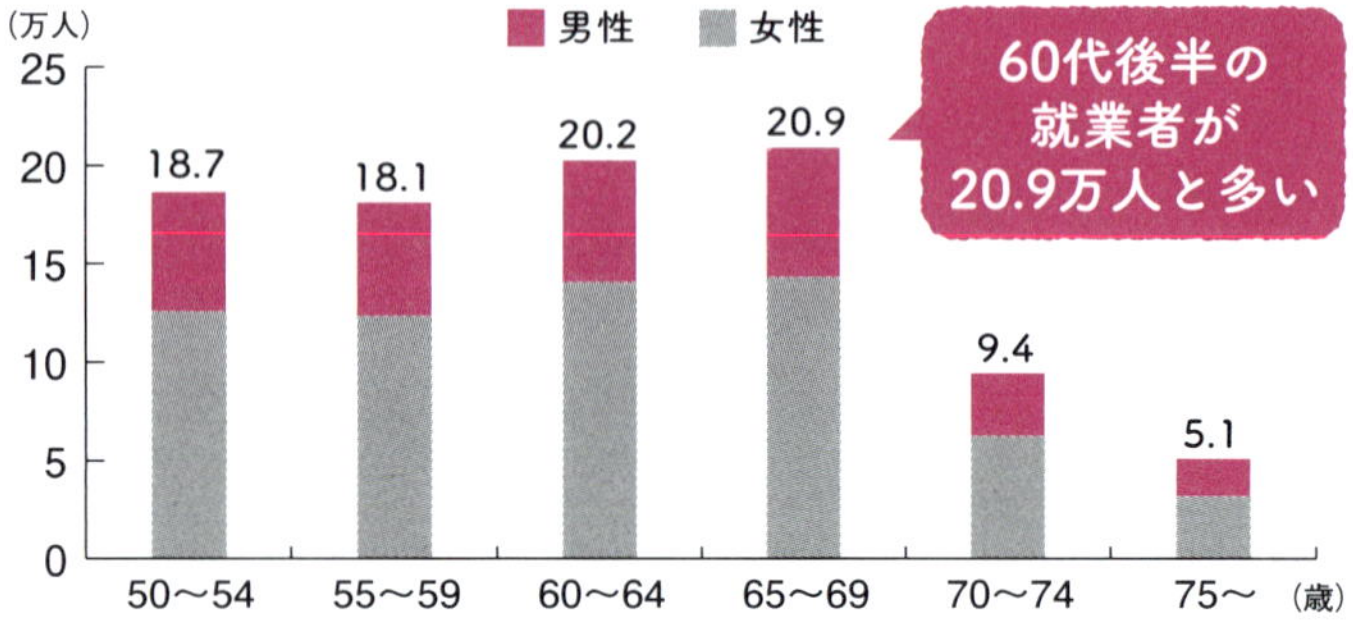

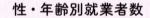

調理

年収の分布

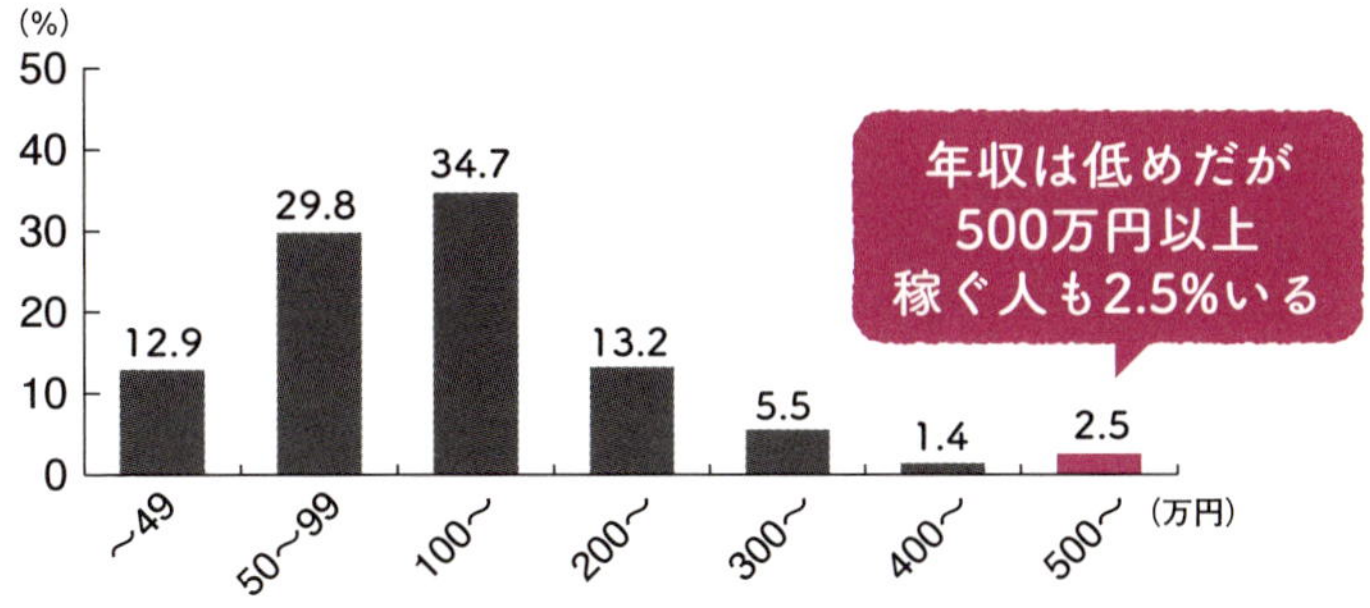

週労働時間の分布

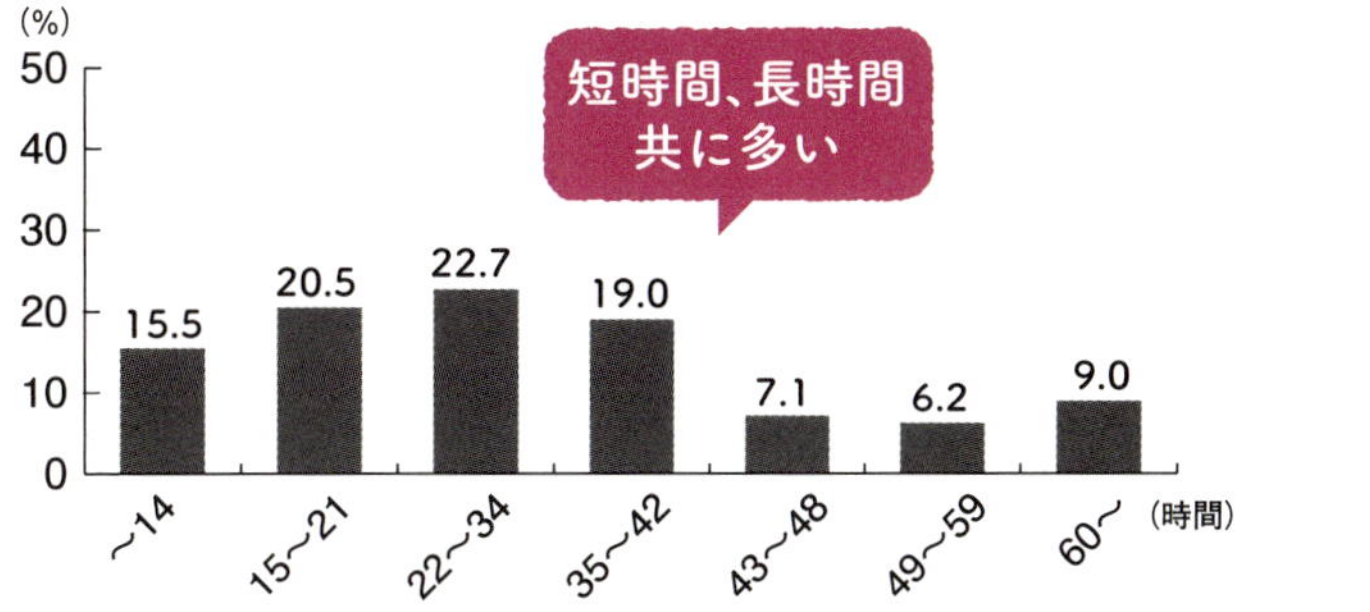

就業形態の割合

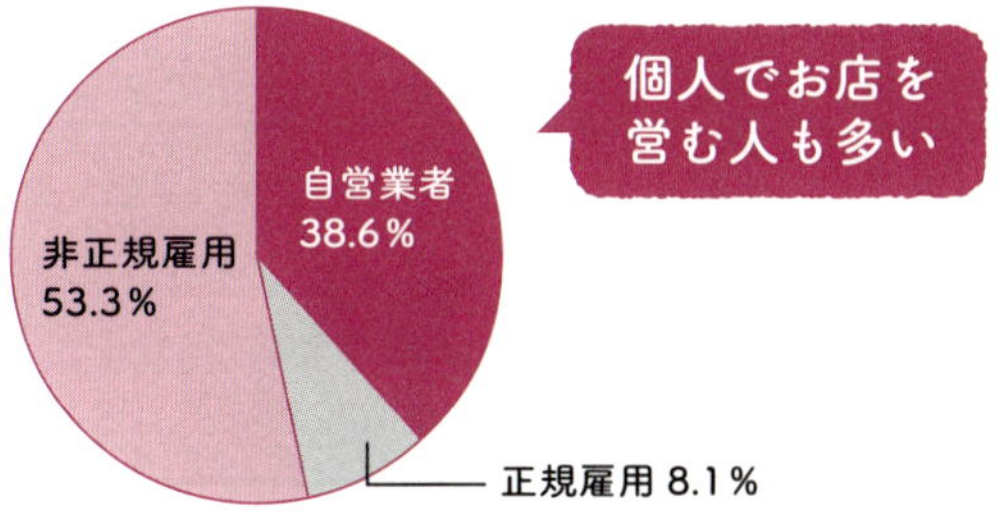

［飲食店・宿泊施設の調理人・調理補助］

飲食店や宿泊施設で調理を担当する。未経験・無資格で始める場合は、食材の下処理や盛り付けを行う調理補助の仕事や、マニュアルに従って簡単な調理を担当する仕事などがある。ファミリーレストランや居酒屋、ファストフードなどの飲食チェーン店は大規模に展開し、店舗数・従業員が多いことから求人数も多く、未経験でも始めやすい。

〔給食調理人・調理補助〕

小中学校や保育所、病院、福祉施設、企業などの給食施設で給食を調理し提供する。献立に従って食材の検品や仕込み、調理、盛り付け、配膳、食器洗浄を行う。病院や介護施設で治療食を作る場合は、医師や栄養士の指導のもと調整された献立の調理を行うため、一定の経験年数が必要となる。調理師や栄養士の免許を持ち働く人が多いが、補助的な業務を担当する未経験・無資格可のパート・アルバイト募集も多くみられる。

調理

［スーパー・ベーカリーなどの調理スタッフ］

スーパーマーケットの食品部門やベーカリーで調理や盛り付け、陳列を行う。スーパーは揚げ物の調理や弁当・惣菜・寿司の調理など、店舗によってさまざまな業務がある。ベーカリーの場合、焼き上がったパンの仕上げ作業や、サンドイッチや惣菜パンを作るなどの業務がある。

［皿洗いスタッフ］

飲食店や給食施設で食器の洗浄に専従する。食洗機が導入されている場合は、予洗いや食洗機のセッティング、拭き上げや食器の収納などを主に担当する。

［バーテンダー］

バーやパブ、ホテルのバーラウンジなどで酒類のドリンクを作り提供する。資格は不要だが、一定の経験と訓練が必要とされる。個人でバーを経営する人もいる。

インタビュー①

長く続けた仕事が少なくなり、老後を見据え別の仕事へ

サトウ フミコさん（仮名）
73歳女性　鳥取県

profile

現役時代の仕事	和裁の業務委託
定年後の仕事	特別養護老人ホームで調理補助
家族構成	配偶者とふたり暮らし

月収		
	年金	15万円
	勤労収入	7〜8万円
	計	22〜23万円

schedule

1週間のスケジュール

	6〜10	10〜22
月	仕事	料理など
火	仕事	手芸など
水	休み	休み
木	仕事	パン作りなど
金	仕事	手芸など
土	休み	休み
日	休み	休み

パートタイムで週に平均4回、特別養護老人ホームで朝食づくりの補助をしています。勤務は朝6時~10時の4時間。入居者約100人分の朝食を調理師さんと私のふたりで用意します。朝食メニューは基本的におかゆとおかず1品、漬物か果物、ヨーグルトと決まっているので、ふたりでなんとか回っています。

私の仕事は業務用の大きな食洗機をセットし、前日に乾燥庫にしまわれた食器を取り出して使いやすいようにダーッと並べていくところから始まります。調理師さんがおかゆを作り始めたら、その間に私は牛乳やジュースなどの飲み物、ヨーグルトをセットし、パンを指定されている方のお皿に食パンを並べていきます。おかゆができたら盛り付けをし、配膳車に入れます。

配膳車1台には60人分のせられるので、2台準備ができたら入居者さんの部屋近くまで引っ張っていきます。まず西側、次に東側、と決まった順に所定のポイントまで運ぶと、介護士さんが配膳してくださいます。

私が配膳車を引いているのを見て「重いのに大変だね」と言ってくださる方もいるのですが、電動なのでさほどではありません。もっとも重く感じるのは、乾燥庫

調理

に入っている大きなトレーを１００人分出す作業です。次の昼食の準備として出しておく必要があるのですが、力がいるので小分けにして何度も往復しています。

朝食が済むとふたりで皿洗いです。洗い場は一番大変かもしれません。作業台が少し高いのでエプロンをしていても水が飛んで服がびしょびしょになってしまいます。業務用食洗機に入れるだけなら早いのですが、私は汚れが残るのが気になるのでスポンジで全部下洗いをして、汚れの取れないものは漂白剤で浸け置きしています。そのぶん時間はかかりますが、次の当番の方に「汚れてる」と思われるのがすごく嫌なので。私も食器を並べるときは汚れが残っていないか確認しますし、気持ちがわかるのです。

和裁の業務委託を経て調理補助のパートに

今の仕事を始めるまでは約50年、和裁の仕事をしていました。呉服屋さんから請け負って着物を縫う仕事です。「私は死ぬまで縫う」と思っていたのですが、腰が痛くなったり、和裁の仕事が少なくなったこともあって、老後を見据えて別の仕事を探したほうがいいと考えるようになりました。

チラシで求人広告を見て、最初は産婦人科の仕事が候補に挙がりました。けれど1度研修に参加してみたところ、新生児を取り上げた後の産湯から何からすべて担当する仕事で、もう60代半ばでしたから責任が重すぎて無理だなと。次に今の調理補助の仕事を見つけました。4時間という時間もちょうどいいし、時給も朝9時までは1200円と高く、この仕事が見つかってよかったと思っています。

今の仕事に就いてもう10年ほどです。施設では一番年上になり、同僚から「年齢の記録を作ったら?」と言われています。定年がないので、体さえ動いたら雇ってくださるようです。朝の時間帯は特に人手不足なので、力になるためにも、自分の老後のためにも、少しでも長く続けていけたらいいですね。

調理

インタビュー②

年金の不足分を補うため自宅近くのスーパーで働く

ナカニシ イチロウさん（仮名）
64歳男性　福井県

profile

現役時代の仕事	自営業
定年後の仕事	スーパーの惣菜作り
家族構成	単身

月収		
	年金	7万円
	勤労収入	6〜7万円
	計	13〜14万円

schedule

1週間のスケジュール

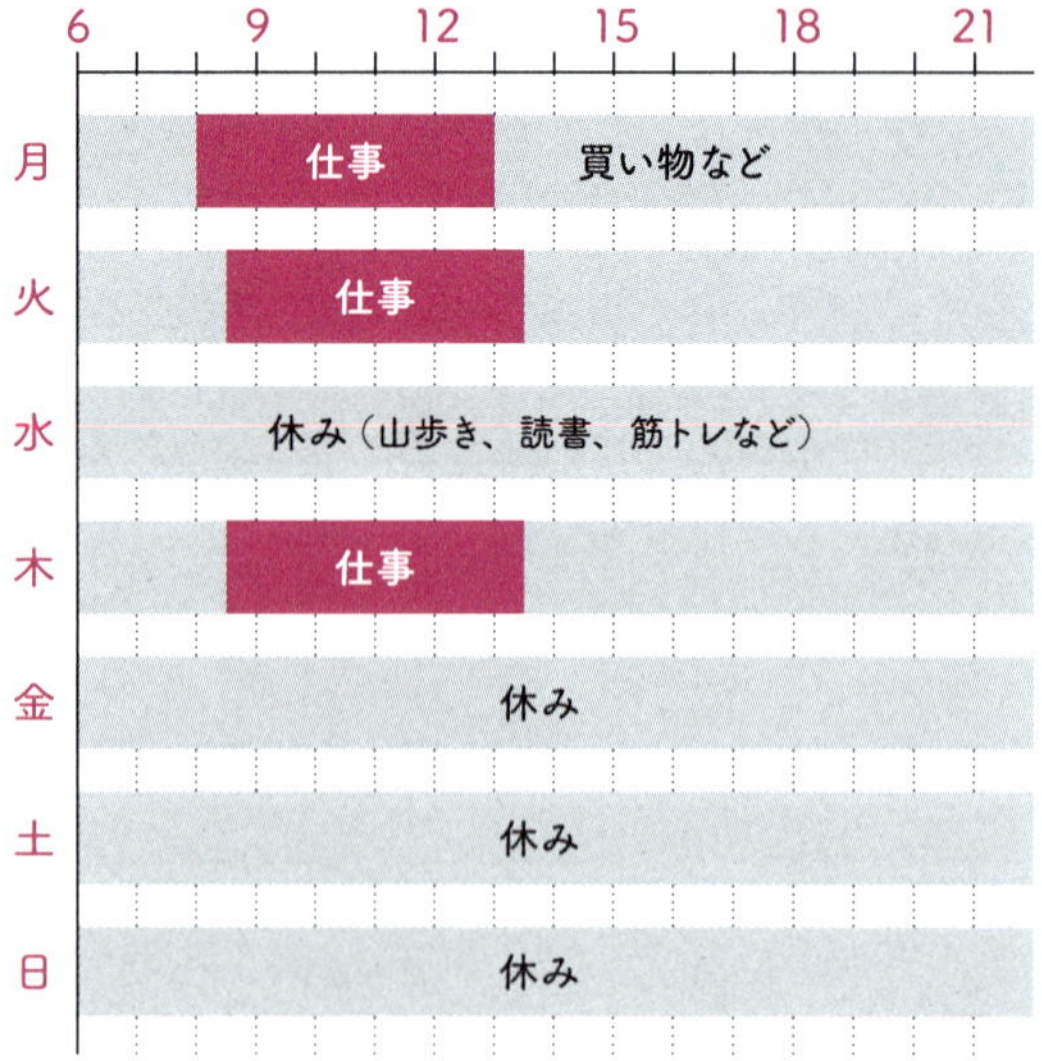

応募のきっかけは店舗の求人広告

週に3回、スーパーマーケットで惣菜作りのパートをしています。

惣菜作りといっても、例えばお寿司ならシャリの上にネタをのせて保存容器に詰めるといった作業であり、魚をさばくなど本格的な調理はありません。職場は40～50代の女性がほとんどで、作業所ごとに12～13人で入っています。私を含め、全員が時給制のパートタイム勤務です。

勤務時間は8時～13時頃まで。早いときは朝6時からの勤務もあります。会社から1ヶ月単位でシフトが出されるので、それに従って勤務をする形です。大きめのスーパーなのでパートタイマーが大勢いるんです。

働き始めたきっかけは店舗で見かけた求人広告でした。私はスーパーが好きで1日5軒くらい回るのですが、その中でも家から数分のスーパーだったので通いやすいなと思って。年金生活を始めてから節約のために車に乗るのをやめたので、家からの近さを第一に決めました。

調理

仕事は特別楽しいわけでもないが、大変なこともない

仕事のない日は朝5時に起き、午前いっぱい山を散歩するのを習慣にしています。午後は読書をしたり、植物園や図書館に行ったり。あとはTikTokの動画を見ながらの筋トレや、趣味の勉強もしています。でも一番楽しいのは、夜にお酒を飲みながら自作のつまみを20品くらい食べる時間ですね。

私は魚が好きで、目当ての魚を求めて毎日スーパーをはしごします。買ってきた魚は自分でさばいて、毎日4~5品のメニューを作る。あとはつくりおきを十分なぐらい冷蔵庫に入れてあるので、それらを組み合わせると20品くらいになるんです。

毎日自分で新鮮な魚を調理して食べるので、スーパーの惣菜作りには正直なところ楽しさは感じていません。解凍された魚などを扱うと「もっとおいしい魚があるのに」と思ってしまいます。

逆につらいことや大変だと感じることもないので、お金を得る手段として割り

切っていますね。現役時代は自営で商売をしていた期間が長く、国民年金は受給額が低くて仕事を続ける以外に選択肢はないので。

接客・給仕

人とのコミュニケーションが好きで
職場の人間関係がよければ
楽しく働ける

平均年収

112.2万円

（19職種中17位）

★☆☆☆☆

平均労働時間

29.2時間／週

（19職種中9位）

★★★☆☆

65歳以上の就業者数

17.1万人

（19職種中14位）

★★☆☆☆

65歳以上の比率

9.5%

（19職種中17位）

★☆☆☆☆

女性が働きやすい ●――――――――― 男性が働きやすい

接客・給仕の仕事は女性が多いのが特徴で、**65歳以上の就業者のうち73・0％が女性**である。本書で取り上げる19職種の中でも3番目に女性比率が高い。

接客・給仕の仕事は人とかかわる側面が非常に強い。職種別にタスクを調べたデータでは、「ほかの人と一緒に行う」と答えた人の割合が最も高かった。**利用客だけでなく、ほかの従業員とも多くかかわりながら進める**仕事である。

アンケート調査では、仕事の良い面として「お客さんと会話ができてありがとうと言ってもらえるとうれしい」など、利用客に喜んでもらえる、フィードバックをもらえるのがうれしいとする意見が多かった。

一方、悪い面としては、「泥酔のお客さんが厄介」「色々な性格の人がおりストレスがたまりやすい」などいわゆるカスタマーハラスメントを指摘するコメントが多かった。ほかに「お給料が安い」「立ち仕事で疲れる」などの意見もあった。

昨今は飲食店でテーブルオーダーやロボットによる配膳を導入する店舗が増え、宿泊業界でも予約システムの導入など機械化が進んでいる。そうした中で**接客業の仕事内容も機械操作を覚えるなど、少しずつ変化していく**とみられる。

男女比

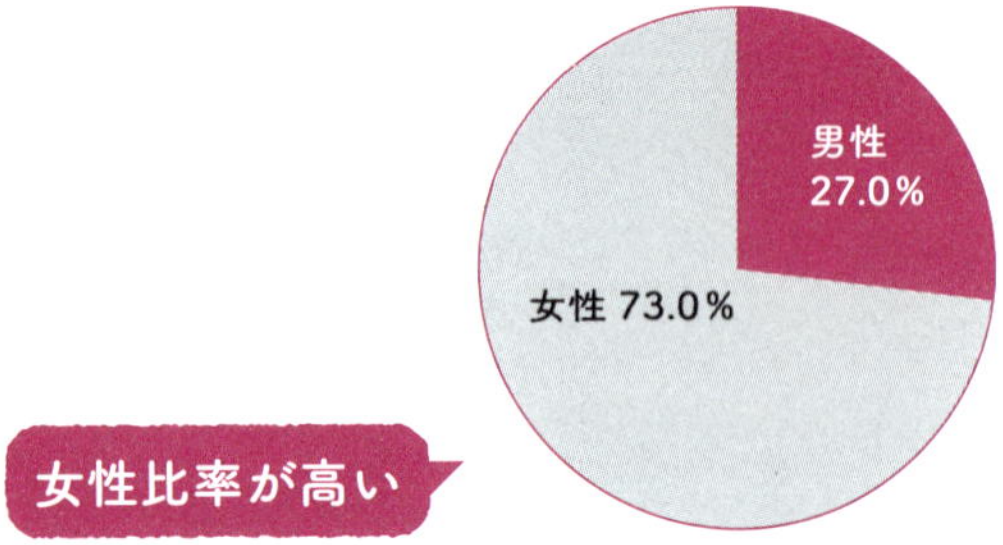

性・年齢別就業者数

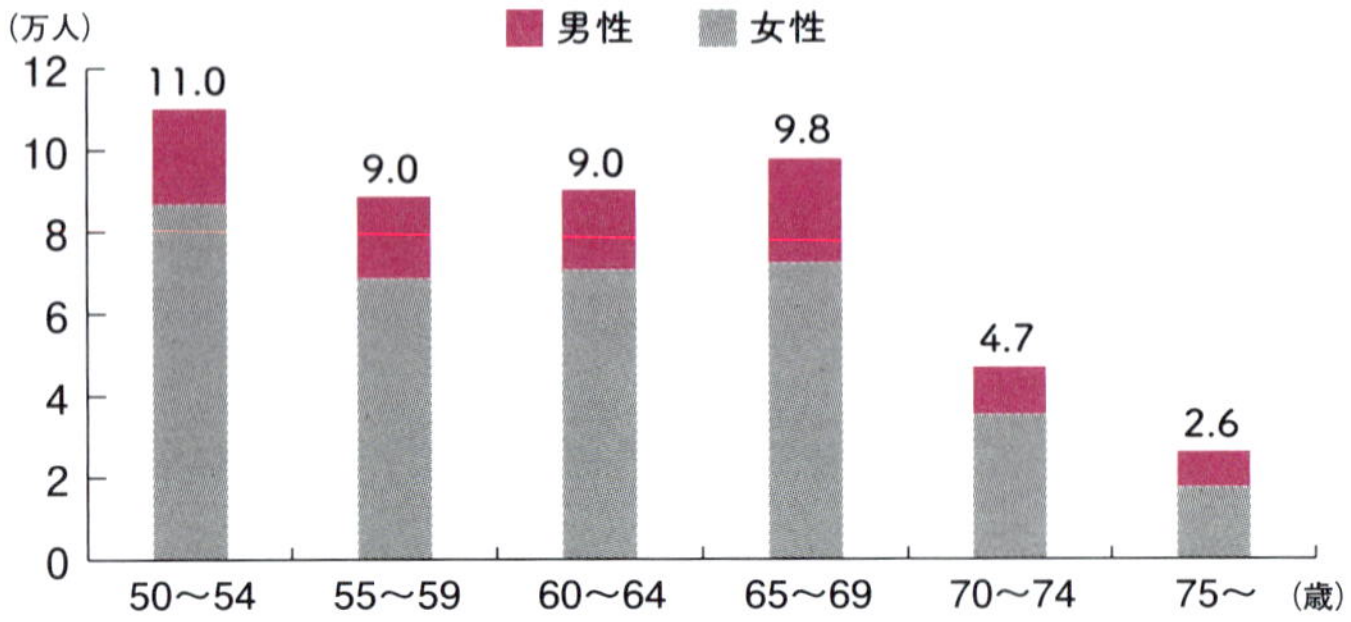

年収の分布

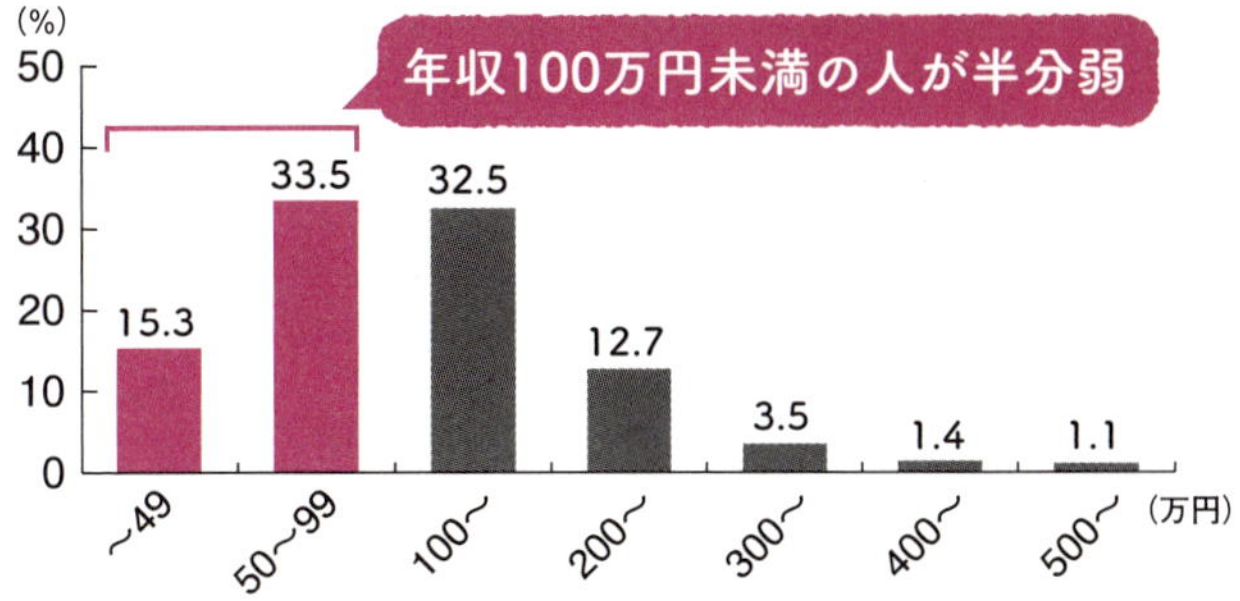

週労働時間の分布

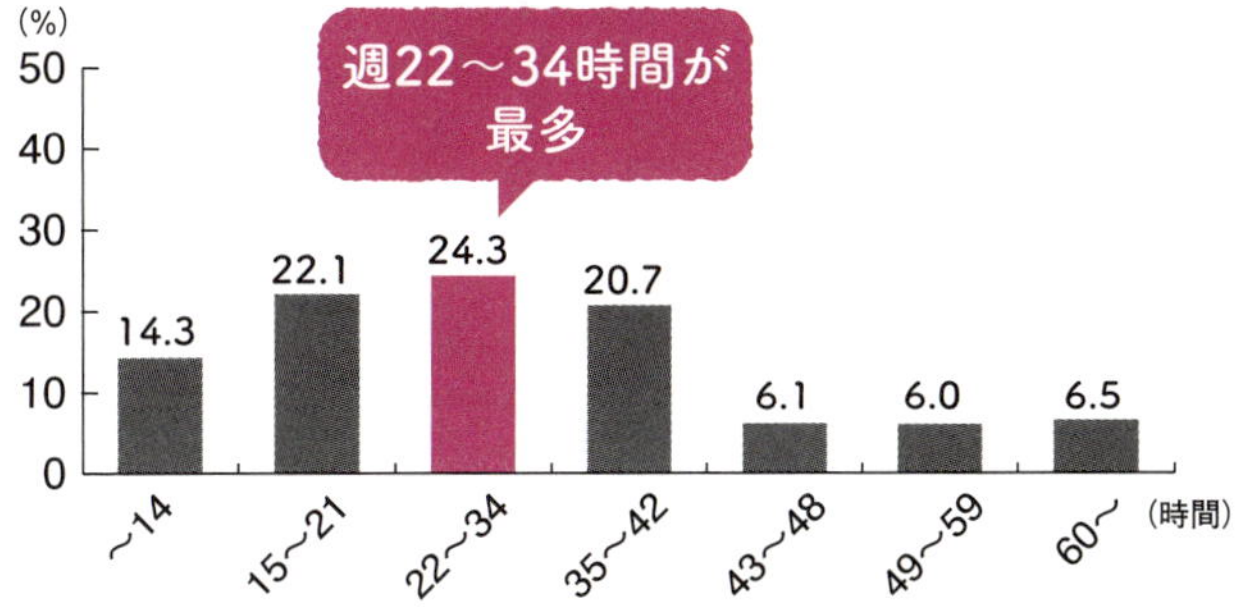

就業形態の割合

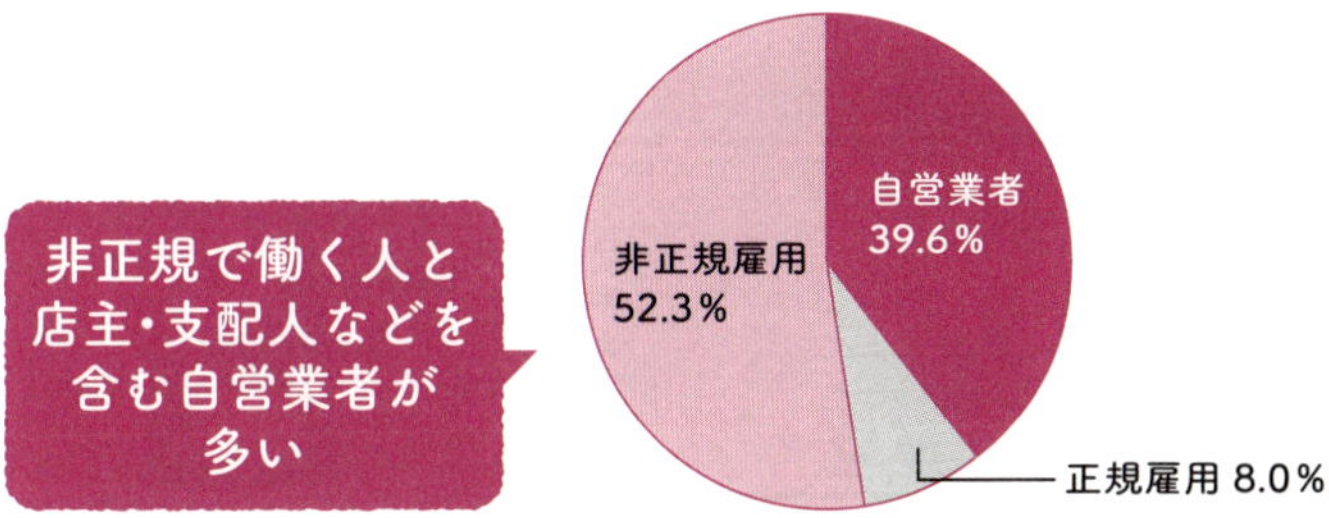

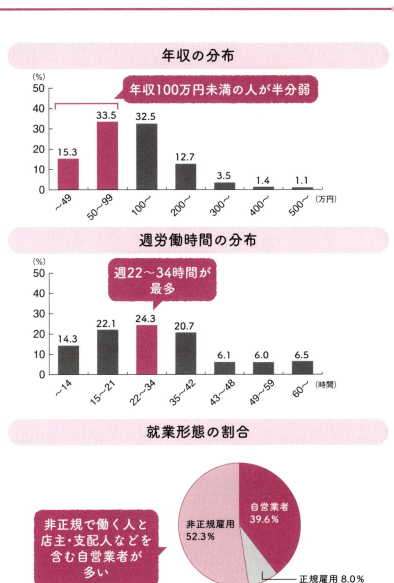

仕事内容

［飲食店のホールスタッフ］

飲食店において利用者へサービスを提供する。主な業務に、来店案内、注文の取りまとめ、配膳・下膳、会計、テーブルの片づけ、電話の受付などがある。店舗によっては注文用タッチパネルの使い方を説明する場合もあり、いずれの業務もマニュアルに従って行われる。

［ホテル・旅館のフロント係］

ホテルや旅館のフロントカウンターで宿泊客への接客を行う。主な業務に、チェックイン・チェックアウトの手続

き、予約管理、ルームキーの管理、精算・会計、荷物の一時預かり、ホテル近辺の案内などがある。

［ホテル・旅館の接客担当］

ホテルで宿泊客の荷物を運び客室まで案内する「ベルスタッフ」、宿泊客への細やかなサービスに対応する「コンシェルジュ」、旅館で接客や給仕を担当する「仲居」、部屋の清掃サービスを行う「客室清掃」など業務ごとに担当が分かれる。

［娯楽施設などにおける接客員］

映画館、劇場、博物館などの娯楽施設において、整理券の出札や入場券の販売、来場者の案内・誘導あるいは解説、電話の問い合わせ対応などを行う。

経験を活かし ホテルのナイトマネージャーに

ヨシダ シロウさん（仮名）

71歳男性　島根県

profile

現役時代の仕事	サービス業→コンビニ経営
定年後の仕事	ホテルのナイトマネージャー
家族構成	配偶者とふたり暮らし

月収	年金	12万円
	勤労収入	13万円
	配偶者収入	5万円
	計	30万円

schedule

1週間のスケジュール

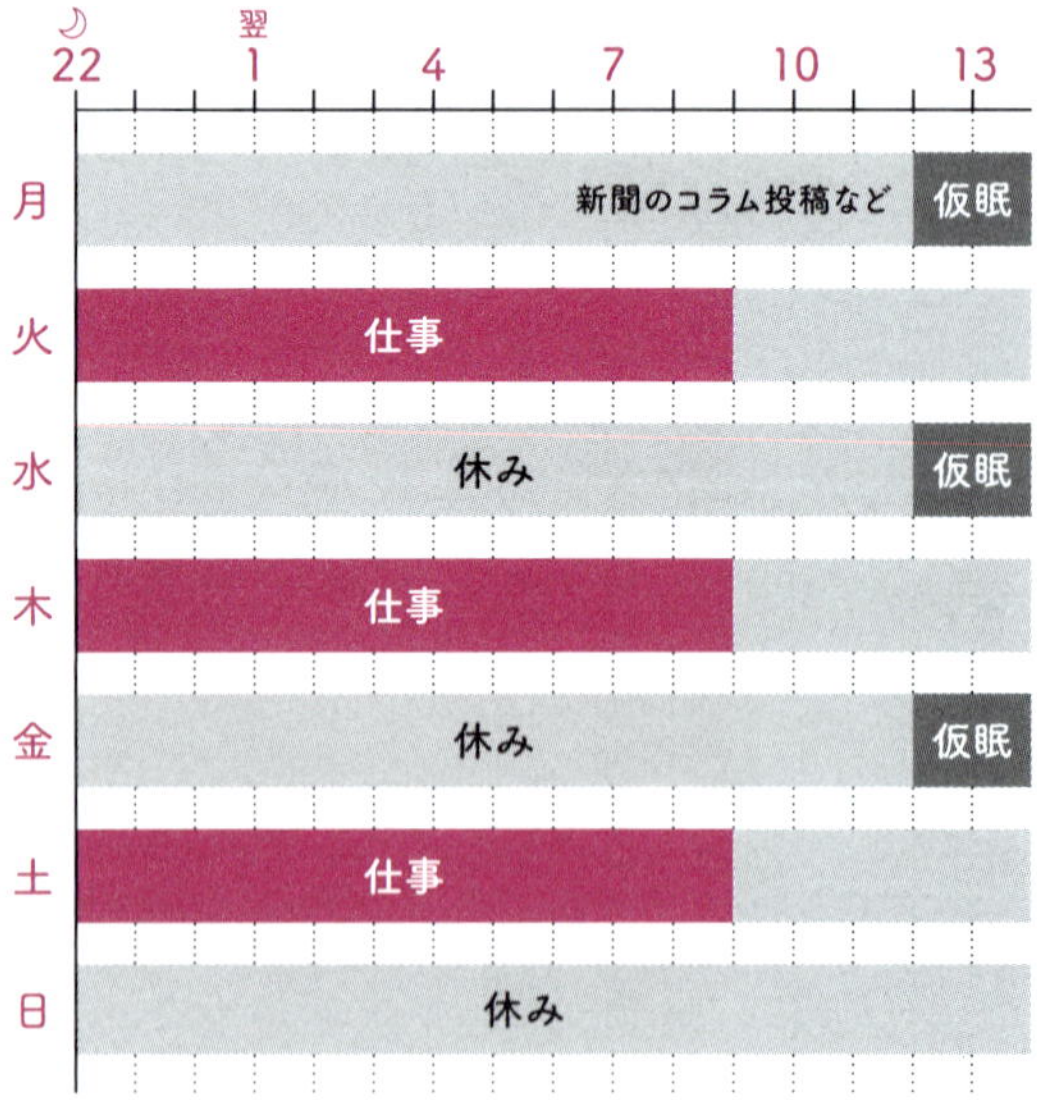

コンビニ経営を経て、ホテル勤務を再開

65歳を超えてからビジネスホテルのナイトマネージャーとして採用され、勤続6年ほどになります。元々30年以上ホテルで働いており、その後コンビニ経営を経て今の仕事に就きました。コンビニ時代も時給が高くなってしまう夜勤は自分で入るようにしていたので、夜間働く生活を続けてもう10年くらいになりますね。

勤務は22時から翌朝9時まで。拘束時間11時間のうち、休憩時間は平均1時間ほどです。本来は3時間休憩ということになっていますが、サービス業の成り立ち上現実的には難しく、残りの2時間は残業扱いで残業代が出ています。

業務のメインは接客です。チェックイン、チェックアウトの手続きをするほか、車で来られたお客様を駐車場へ案内したり、深夜帯に出入りされるお客様と鍵の受け渡しをしたりします。都会のホテルと違いアナログのやり取りが結構多いです。

ほかには予約の処理、売り上げ管理、現金管理、レジ締め、駐車場の管理、昼食準備の手伝いなども行っています。ナイトマネージャーという立場上、防火管理者

の資格も保有し、店舗管理の責任も負っている状況です。

事務仕事に関してはマイペースで進められますが、接客面ではお客様の動向次第で忙しくなったり暇になったり、コントロールできない面があります。

予約システムの処理に難渋

現在71歳。接客業をしていて年齢が有利に働くと感じたのは場数の多さです。サービス業の経験が50年近くありますから、お客様の主張を受け入れつつクレームにならないよう対応する心得があります。また、お客様に「支配人かと思った」と言われることもあり、年齢がメリットになることもあると感じています。

ホテルでは経費削減のため効率のいいシステムが次々に導入されるのですが、新しいことを理解して覚えていくのは労力がいります。そもそも予約システムというのが、海外を含め10社以上のエージェントがあり、ひとつずつ自社のシステムに反映させる必要があります。さらに海外の予約サイトを使われたお客様が変更手続きをする場合はさまざまなイレギュラーがあり、即時対応するのはなかなか大変です。あとは英会話が必須ですね。私の場合「勉強します」ということで採用していただいたのですが、なかなか思うように進まず、という状況です。

コンビニ業界もシニアの雇用が増加

ホテルでの仕事の前にはコンビニ経営をしていましたので、コンビニ業界で働くことについてアドバイスしたいと思います。未経験のシニアを積極的に採用しようという店舗も増えています。コンビニはスーパーと違って商品が大きな塊で運搬されることはなく、多品種で少量という業態のため、体力面は問題ないでしょう。ただ業務はカウンター商品の管理や宅配便など多岐にわたり、覚えることが多くあります。シニアであれば社会経験が長く、それなりの立場だった方も多いでしょうから、過去の経歴にとらわれず、自分より若いスタッフに教えてもらったり指示されたりすることに耐えられるかどうかも大きなポイントです。

インタビュー②

人とかかわるのが好き。定年後ホームヘルパーを経て居酒屋アルバイトに

ハヤシ オサムさん（仮名）

75歳男性　福島県

profile

現役時代の仕事	製造業
定年後の仕事	ホームヘルパー→居酒屋のフロア係
家族構成	配偶者とふたり暮らし

月収	年金	25万円
	勤労収入	4〜5万円
	計	29〜30万円

schedule

1週間のスケジュール

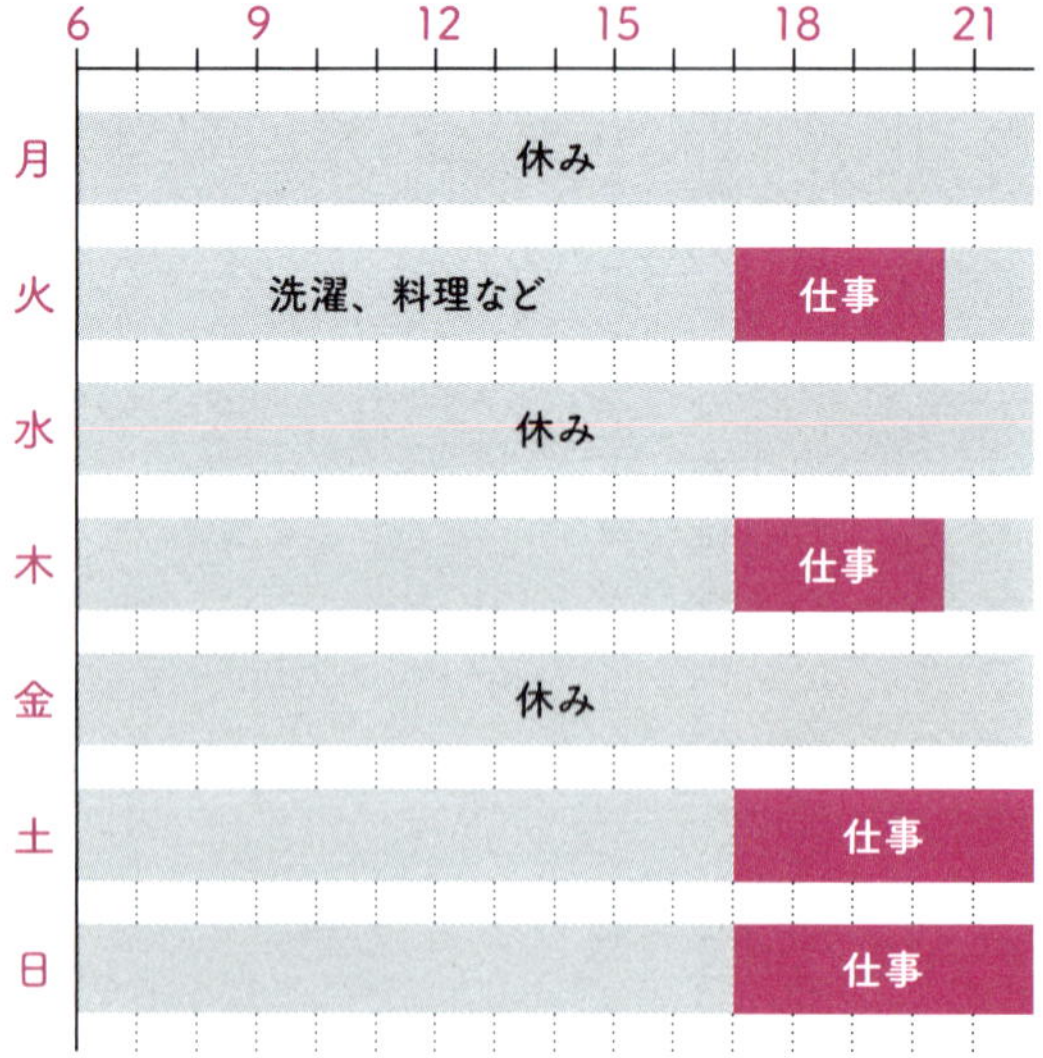

75歳で初めての飲食店バイト

老後に転入した地域で居酒屋のアルバイトを始めて約半年になります。

当初は定年後に経験したホームヘルパーの仕事を探していたのですが、どこにも勤め先がなくて。そこでアルバイトの求人サイトに登録したところ、ローカルチェーンの海鮮居酒屋から面接のお呼びがかかり、勤めることになりました。78歳のアルバイトさんもいるし、副店長も60歳超えとのことで、年齢問題は心配事ではなくなりました。

今はフロアが中心で、注文を取り料理を運ぶのが主な仕事です。それだけで忙しいときはもう目が回るほどです。うちの店は日によって仕入れる魚が違うため、タッチパネルがなく紙で注文を取るものですから。仕事の合間に洗い場もやるのですが、洗浄機で洗った食器を片付けるのがまたひと苦労です。メニューが多いので料理によって器が違い、100種類くらいの器の収納場所を覚えて片づけないといけません。飲食業は初めてで、こんなに忙しいのかとびっくりしていますね。

接客・給仕

私は酒が飲めないので、最初はサワーの区別がつかずに間違えてオーダーを取ったりしてずいぶん怒られました。今は慣れてきてドリンク作りも少しずつ任されています。ゆくゆくは網焼きや揚げ物なども担当することになりそうです。

年のせいかお客さんには優しくしてもらえます。「急がなくていいですよ」と気を遣ってもらったり、酒について聞かれて「飲めないので、すみません」と言うと「よくこの仕事をしていますね」と驚かれたり。

苦情で多いのは「料理が遅い」ということ。少人数で回しているので、混んでいるときは本当にお待たせしてしまうことも多いのです。予め「時間がかかります」と断っておくのですが、それでもなかなか難しくて。ただ9割方は優しいお客さんで、クレームをつける方は10人にひとりいるかどうかですね。

居酒屋の前はホームヘルパーを経験

定年までは大手電機メーカー関連会社でサラリーマンをしていました。退職後す

ぐに道の駅で2年ほど働き、その後病気が見つかってしばらくは静養生活を送っていました。ホームヘルパーの仕事を始めたのは、元上司が訪問介護の事業所を開かれて「手伝ってくれないか？」と誘われたのがきっかけです。3ヶ月半学校に通ってホームヘルパー2級（現「介護職員初任者研修」）を取得し、働き始めました。想像以上にハードな仕事でしたが、私は人とかかわることが好きで、やってみると意外といい仕事でもありました

さまざまな仕事を経験してきて、高齢になっても社会とかかわりを持ち続けることのメリットを感じています。私も体の動く限りは仕事をしたいと考えています。

コラム②

人手不足で賃金は上昇。「働くことが得な時代」に

これまで、役職定年制や再雇用制度によって、その人が生み出す成果にかかわらず定年後の収入水準を一律に下げる企業が多くあった。

しかし深刻な人手不足の中、企業のシニア社員に対する向き合い方は近年大きく変わりはじめている。一部の有名企業を除けば、近年、多くの企業で優秀な若手社員の確保が難しくなっており、シニア社員に活躍してもらうために「活躍できる人には」しっかりと報酬を支払うという方向性で人事制度改革を行う企業も増えてきているのである。今後、若者人口のさらなる減少が確実視されるなか、シニア社員に対して成果や役割に応じた報酬体系を設定しようとする動きはますます広がっていくとみられる。

また、本書で紹介している高齢期の「小さな仕事」についても、賃金水準は近年

図6-1 賃金水準の推移（雇用形態別）

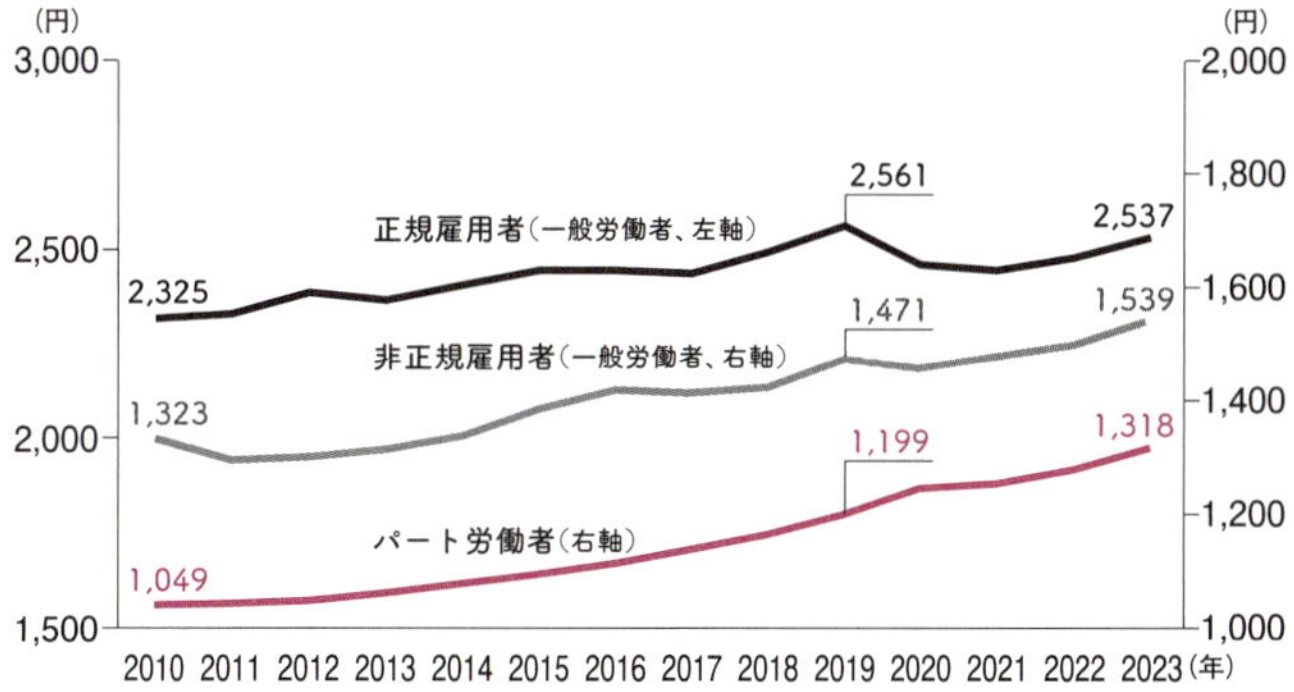

（出所）厚生労働省「毎月勤労統計調査」、「賃金構造基本統計調査」

上がりはじめている。短時間労働者の時給の推移を追ったところ、２０１０年で平均時給が１０４９円だったものが、２０２３年では１３１８円まで増えた（図６－１）。この10年余りで２～３割程度名目の時給水準は上がっている。近年の人口減少に伴う深刻な人手不足の影響から、企業も従来の賃金水準では採用がままならなくなっており、時給を引き上げざるを得ない状況に追い込まれているのである。

　こうしてみると、昔の「パートやアルバイトでは時給６００～７００円くらいしかもらえないだろう」という時代から、実態は大きく変わっていることがわかる。時給が1300円、あるいは今後さらに時給水準が上がることになれば、「少しなら働いてもよい」と考える人は多く出てくるだろう。

最低賃金に関しても、現政権は2020年代後半に全国平均1500円を目指す目標を掲げている。実際に目標達成となるかどうかは不透明だが、政府の経済政策として、最低賃金を引き上げていく方針で進むことは間違いない。今後ますます賃金水準は上がっていくことが予想され、年齢にかかわらずスキルに応じて高い賃金で働ける状況になっていくだろう。

もちろんこれは良いことばかりではない。人件費の上昇に伴って物価が上昇していくなかで、働かない人にとっては物価だけが上がっていく状況に置かれることになる。ただ、これからの時代においては賃金水準が上がっていくことになることから、働かないことの機会費用が上がっていくことになり、働いたほうが得になることは間違いない。こうした観点からも、今後ますますシニアの就業率は上昇していくことになるだろう。

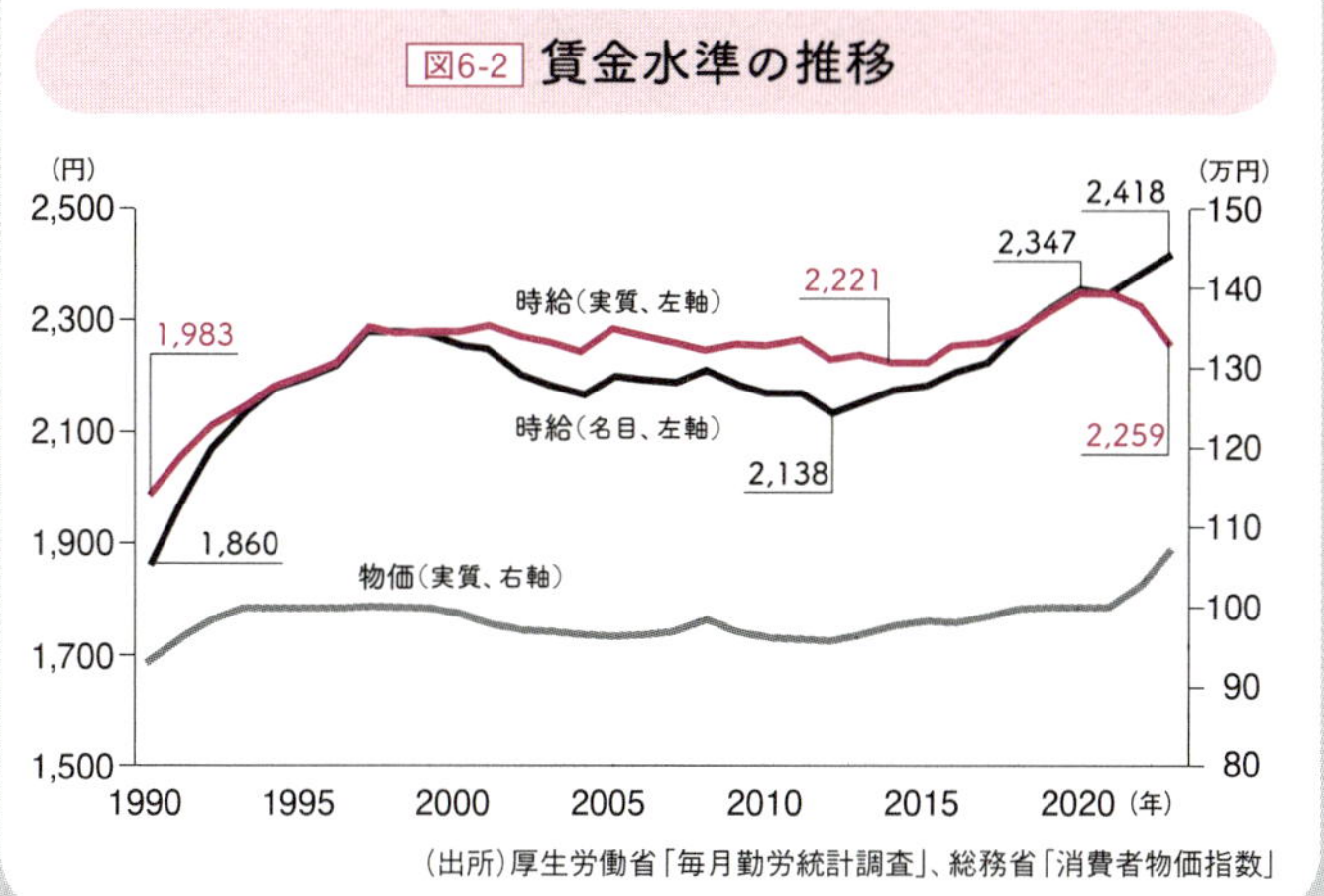

図6-2 賃金水準の推移

(出所)厚生労働省「毎月勤労統計調査」、総務省「消費者物価指数」

今後の経済情勢を考えるとき、人口減少や人手不足が引き起こす物価高やこれに伴う年金の実質的な支給額の減少などネガティブな面に焦点が当たりがちではある。しかしその一方で、労働市場の需給がひっ迫することでシニアの賃金水準も上昇し、高齢期の就業機会も拡大することとは明らかである。個々人としては、こうした環境変化の両面を捉えながら、戦略的にこれからの働き方を考えていくことが必要になる。

第 2 部

月10万円稼ぐ「定年後の仕事」厳選100

第7章

人とつながる仕事

——介護・保健医療サービス・生活衛生サービス・生活支援

介護・保健医療サービス

気力・体力がいるが高い需要があり
利用者や家族に感謝される

平均年収

145.3万円 ★★★☆☆

（19職種中10位）

平均労働時間

25.5時間／週 ★★★★☆

（19職種中6位）

65歳以上の就業者数

21.4万人 ★★★☆☆

（19職種中10位）

65歳以上の比率

9.8% ★☆☆☆☆

（19職種中16位）

女性が働きやすい ●――――――――― 男性が働きやすい

介護・保健医療サービスの仕事は女性比率が87・6％と本書で取り上げる職種のうち最も高い。雇用されて働く人が大半。

職種別にタスクを調べたデータをみると、仕事の性質として「繰り返しの仕事が少ない」「ひとりで行う割合が高い」という特徴がある。自由度はいずれも高く、**勤務日や勤務時間は非常に選びやすい**。負荷は比較的高いものの、精神的な不調をきたす人は少なかった。

介護士に対して行ったアンケート調査では、仕事の良い面として、「『ありがとう』と感謝され、頼りにされるとうれしい」など、**「人に感謝される」「人の役に立てる」**という内容のコメントが非常に多かった。一方、悪い面では、「人員が不足していて忙しい」「仕事内容の割に給料が安い」などのコメントもあった。70歳以降は就業者が減少することからも、一定の体力を要することは間違いない。

高齢化が進む国内では**介護士の需要は高まる一方**である。先進的な介護施設では介護ロボットや情報管理アプリなどＩＣＴの導入も進むが、直接的な介助業務は代替が難しく、人の手が必要な業務は今後も高い割合で残っていくとみられる。

男女比

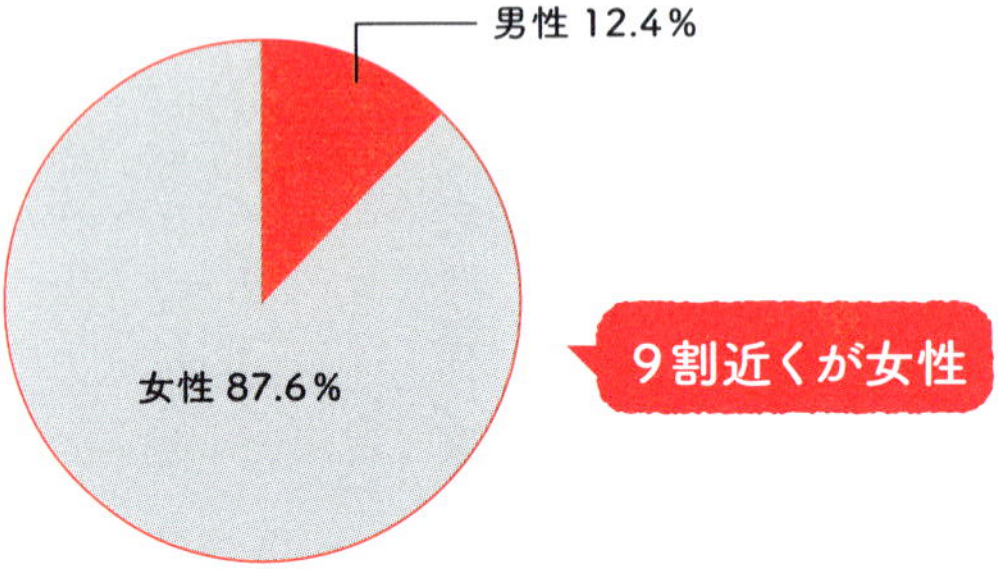

性・年齢別就業者数

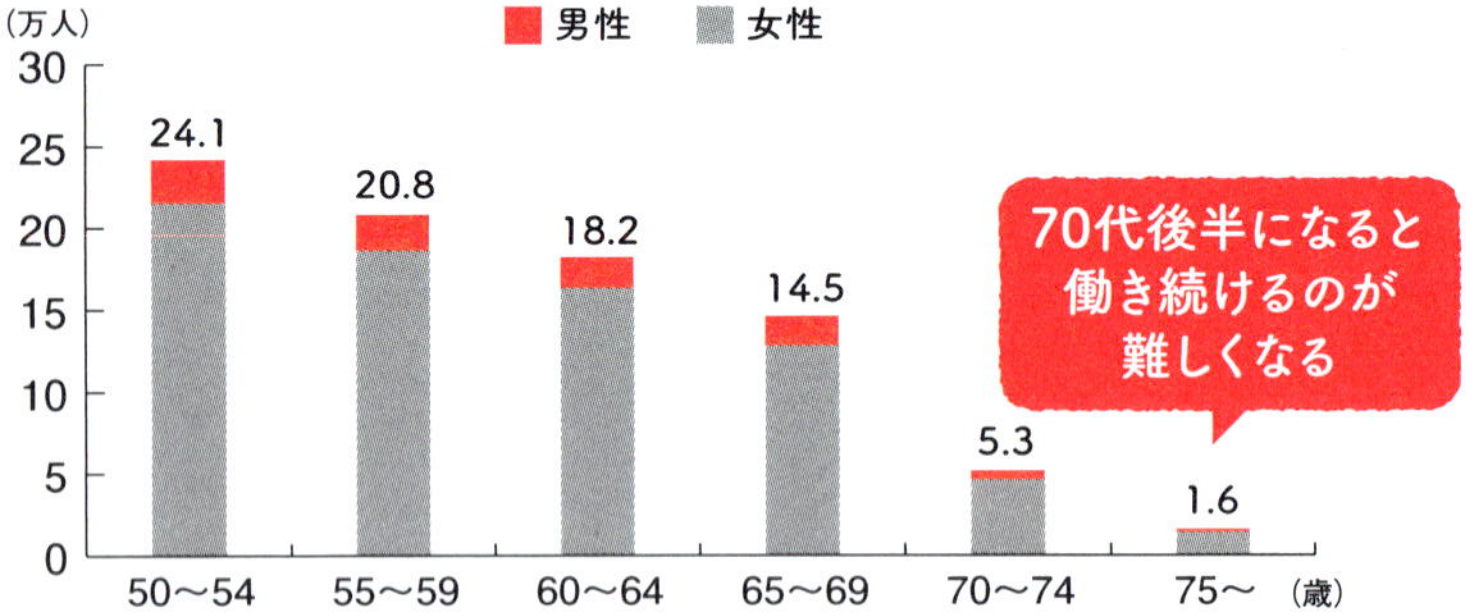

年収の分布

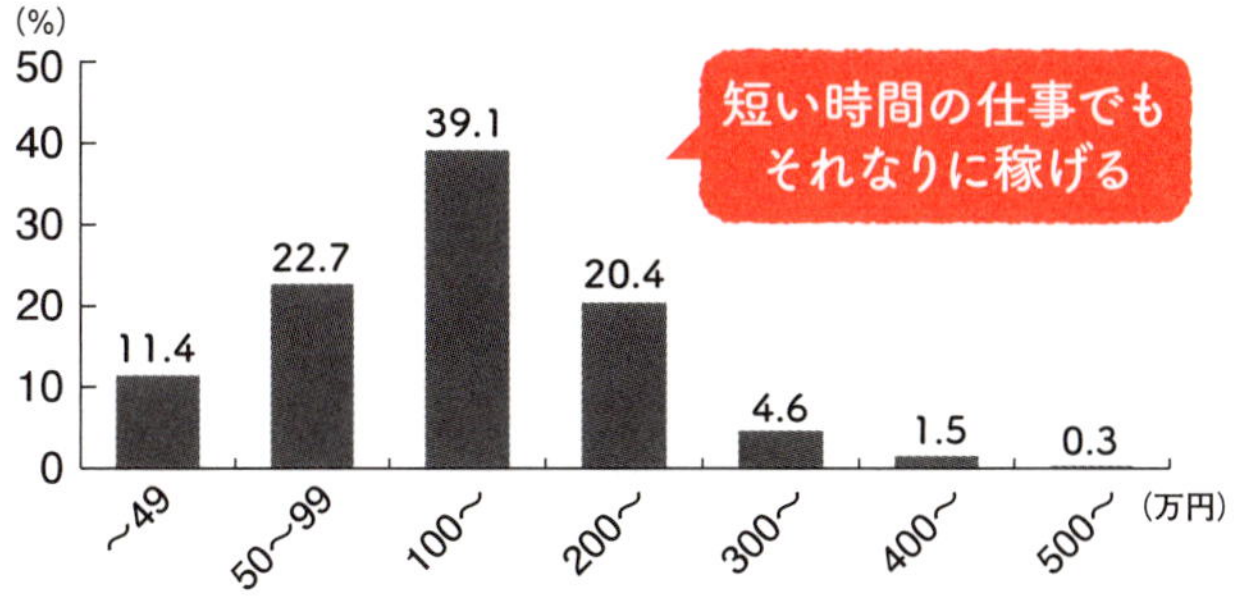

週労働時間の分布

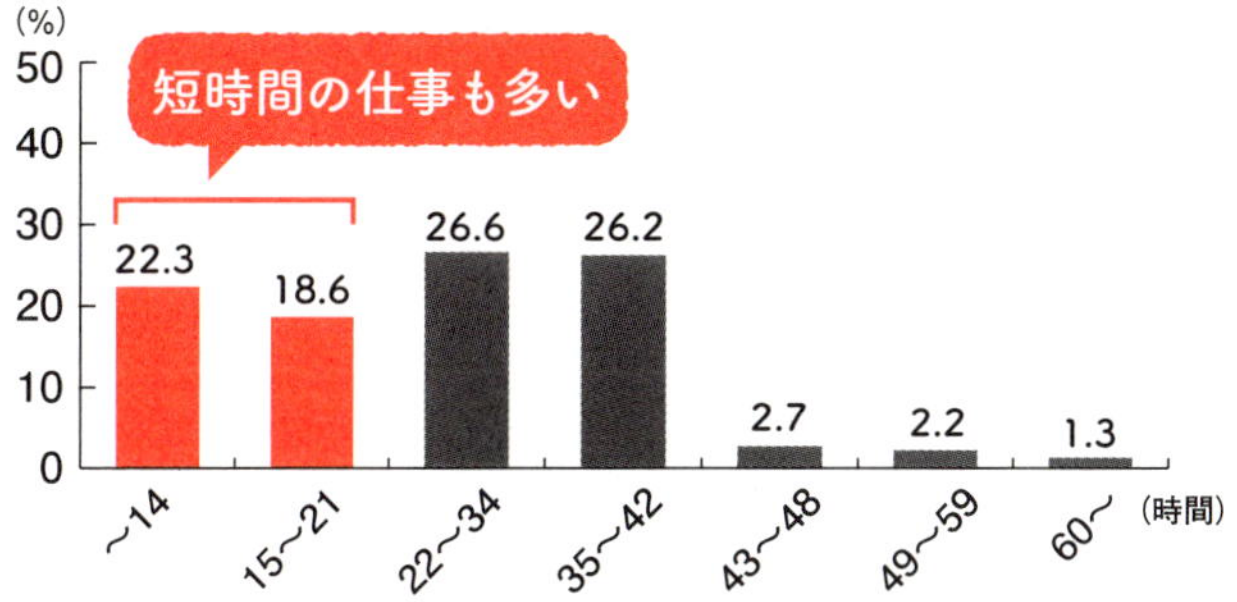

就業形態の割合

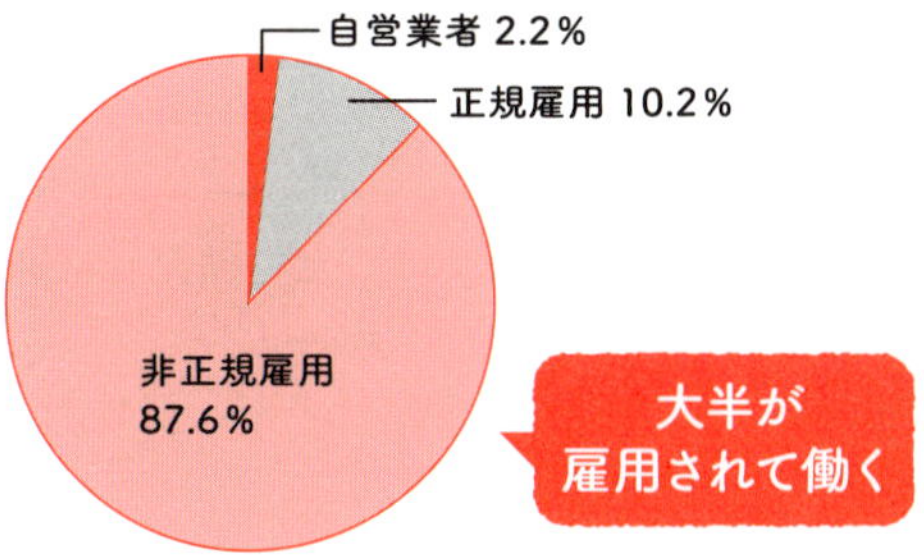

介護・保健医療サービス

仕事内容

［訪問介護員（ホームヘルパー）］

地方自治体が営む社会福祉団体やNPO、民間企業など、在宅介護サービスを提供する団体に所属し、介護を必要とする高齢者や障害のある人の自宅を訪問して生活援助や介護を行う。主な業務に入浴の介助や体の清拭、着替えや歯磨きの介助、排泄の介助やおむつ交換といった身体介護、ベッドからの寝起きやトイレへの出入りの介助、車椅子の乗降の介助といった移動介護、調理や洗濯、掃除、買い物といった生活援助がある。介護保険法にもとづく専門職であり、仕事を始める前に介護職員初任者研修課程※を修了する必要がある。家事支援も業務に含まれることから、料理などの基本的な家事能力が求められる。3年以上の実務

経験を積み、研修を受講して国家試験に合格すれば介護福祉士の資格を取得することもできる。

※2012年度まで実施されていた「訪問介護員養成研修（ホームヘルパー1級～3級）」と「介護職員基礎研修」が一元化されたもの

［施設介護職員］

特別養護老人ホームや介護老人保健施設、医療機関、障害者施設、グループホーム、デイサービスなどで働く介護職員。入所者や通所者に対して介護を提供し生活全般を援助する。業務には入浴や食事などの身体介護のほか、利用者の健康管理、レクリエーションの企画や実施、利用者とのコミュニケーション、利用者の家族への連絡などもある。看護師や理学療法士、栄養士、ケアマネージャーなどさまざまな職員と連携しチームで働く。入職にあたって学歴や資格は問われないが、就業者は専門学校や大学などで社会福祉について学び、介護福祉士の資格などを取得した者が多い。社会人や主婦から入職する場合は、無資格で始め就職後に資格取得を目指す人もいる。入居型の施設は夜勤を含むなど比較的勤務時間が長い傾向にあるが、施設によっては短時間のシフト勤務など働き方を選べる場合もある。

［看護助手］

病院や医院などにおいて、医療行為は行わず、医師や看護師の指示のもと患者のケアや周辺業務を行う。具体的な業務として、入院病棟では患者の食事の配膳・下膳、ベッドメイキングや清掃・リネン交換、患者の体位変換や排泄補助などがある。外来の業務では診療の補助や医療器具の洗浄などがある。無資格、未経験でも応募できることが多い。

［歯科助手・柔道整復師助手等］

「歯科助手」は、歯科医院などにおいて歯科医師の指示のもと診療の補助や事務作業などを行う。具体的な業務として受付・会計、診療器具の洗浄・消毒、診療中の唾液吸引、院内の清掃や整理整頓などがある。歯科衛生士と違って必要とされる資格はない。その他、柔道整復師助手、鍼師助手、あん摩マッサージ指圧師助手、動物病院助手などの仕事がある。

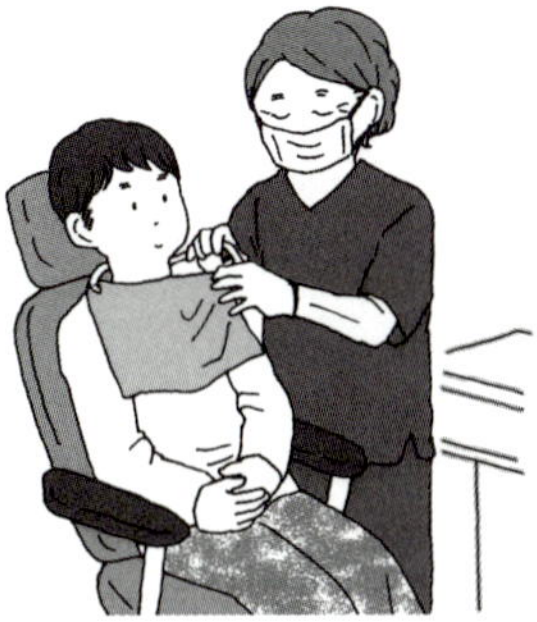

インタビュー

専業主婦を経て添削指導を20年、ヘルパーを15年続ける

ハシモト マユミさん（仮名）

67歳女性　広島県

profile

現役時代の仕事	専業主婦
定年後の仕事	ホームヘルパー＋添削指導員
家族構成	配偶者と子ども一家と二世帯暮らし

月収		
	年金	20万円
	勤労収入	6〜10万円
	計	26〜30万円

schedule

1週間のスケジュール

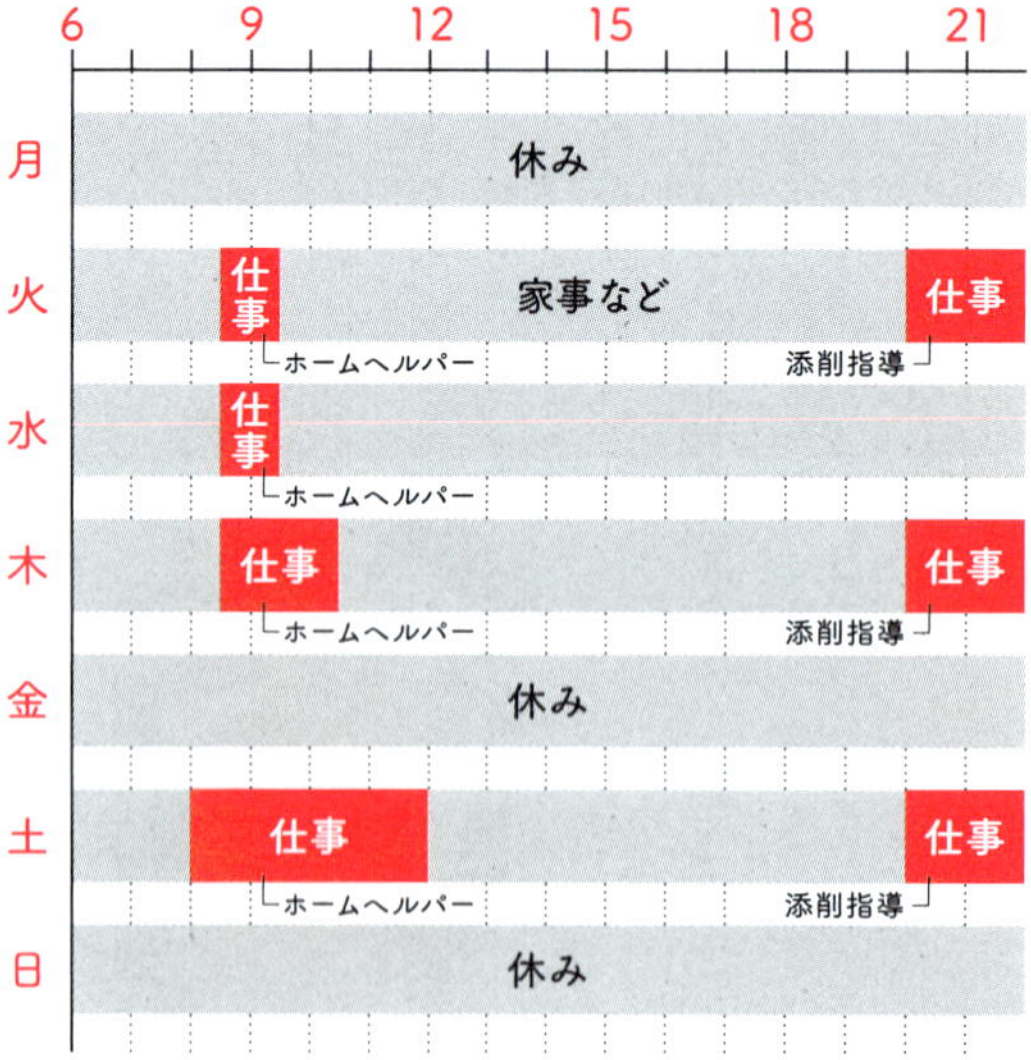

ホームヘルパーの仕事は15年目、添削指導の仕事は20年目になります。

ホームヘルパーを始めたきっかけは仲のいい友達でした。彼女が介護福祉士の資格を取って頑張っている姿に刺激を受け、「私もできるかもしれない、やってみよう」と。実際にやってみると利用者さんによっていろいろなことがありますが、人と直接会って話をするのが私は好きなんだと思います。

今はホームヘルパーの仕事は週に4回。火曜・水曜は午前中に1軒で、木曜は2軒、土曜は4軒というシフトです。

利用者さんからの無理な要望というのは滅多にありませんが、何かあったときは事務所の同僚や上長が優しく話を聞いてくださるので、ストレスは抱え込まずに済んでいます。長く続けられているのは職場の雰囲気のよさのおかげですね。

ヘルパーをしていて大変なのは、体を痛めやすいこと。利用者さんを抱えるときや移動させるときに腰を痛めては、何度も病院に通っています。体力・気力のいる仕事なので、ヘルパーを辞めた友達からは「あまり無理せずにがんばってね」とLINEをもらいました。本当にその通りだなと思っています。

うちの事務所は若い人が少なく、ほとんどが70歳近いので、私も気持ちと体が続くうちはまだ働いてみようかなと思っています。70になれば年金をもらおうと思いますが、友人と食事に行ったりということが大好きなので、そのためには年金だけではなくプラスアルファの収入も必要です。

パソコンで打ち込む添削指導を続けて20年

在宅で通信講座の答案にマルをつけ、アドバイスを行う添削指導員の仕事も始めてずいぶん経ちました。大学卒業後に専業主婦になり、自分の趣味にお金を使いたいと思ったのが始めたきっかけです。字にコンプレックスがあったのですが、パソコンに打ち込む添削員の募集を見つけて「これならいいかもしれない」と応募しました。採用にあたって筆記試験があり、めでたく合格して今に至ります。

今は添削指導の仕事は週に3回。朝パソコンで答案を受け取ったら、夜2時間ほどかけて添削し、納品しています。

直接子どもたちと話すことはありませんが、時々「先生の添削でよくわかりました」「こんな風にがんばっています」と、自分のちょっとしたことを書いてきてくれるとうれしいです。

無理なく続けられますが、正直なところ時給は高くありません。少子化のあおりを受けて生徒さんの数も年々減っているそうです。ヘルパーの仕事を追加で始めたのは収入を考えてのことでもありました。年に一度、会社から抜き打ちで添削内容にチェックが入るので、そこでダメだと言われるまでは続けようと思っています。定年も特にありませんから。

生活衛生サービス・生活支援

手に職で一生続けられる。
マイペースでできる仕事

平均年収

120.9万円

★★☆☆☆

（19職種中14位）

平均労働時間

35.7時間／週

★☆☆☆☆

（19職種中17位）

65歳以上の就業者数

21.6万人

★★★☆☆

（19職種中9位）

65歳以上の比率

26.0%

★★★★☆

（19職種中5位）

女性が
働きやすい

男性が
働きやすい

理美容師やクリーニングをはじめとする生活衛生サービス・生活支援の仕事は高齢就業者が多く、年齢構成をみると65～69歳が9・3万人、70～74歳が7万人、75歳以上が7万人となっている。**高年齢者の中でも比較的年齢が高くなっても続けやすい仕事**である。就業形態の比率をみると自営業者が8割近い。個人で長く店を経営する人のほか、中高年になってから独立する人、親から店を継承する人、あるいは個人事業主として働く人も一定数存在するとみられる。職種別にタスクを調べたデータをみると、ストレスはやや高めであるが、仕事の負荷は非常に少ない。**職場の人間関係が少なく、マイペースで進められる**のが特徴だ。

美容師と家政婦（夫）を対象に行ったアンケート調査では、仕事の良い点として「技術職なので健康であればずっと続けられる」「お客様の思い通りの髪型になったとき、お客様の笑顔も見られてとても喜ばれる」「これからの自分の生活に役立てていけそう」などのコメントがあった。悪い点としては、「労働時間が長い」「お客様に色々と合わせるのが大変」と答える人が多く、ほかに「キツい割にはボーナスや退職金など金銭面が悪い」というコメントもあった。

生活衛生サービス・生活支援

男女比

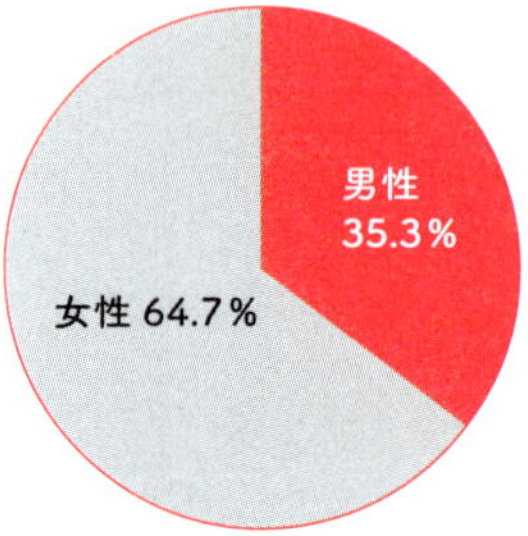

性・年齢別就業者数

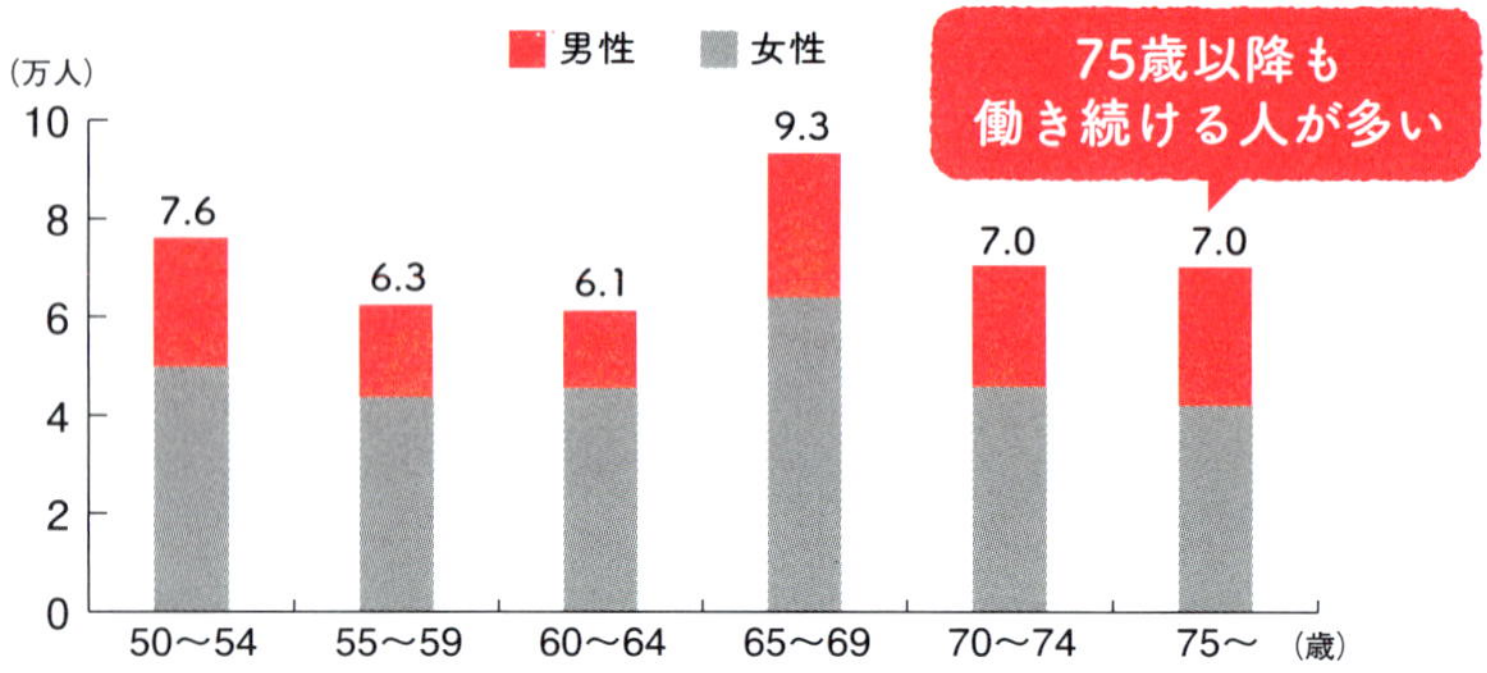

年収の分布

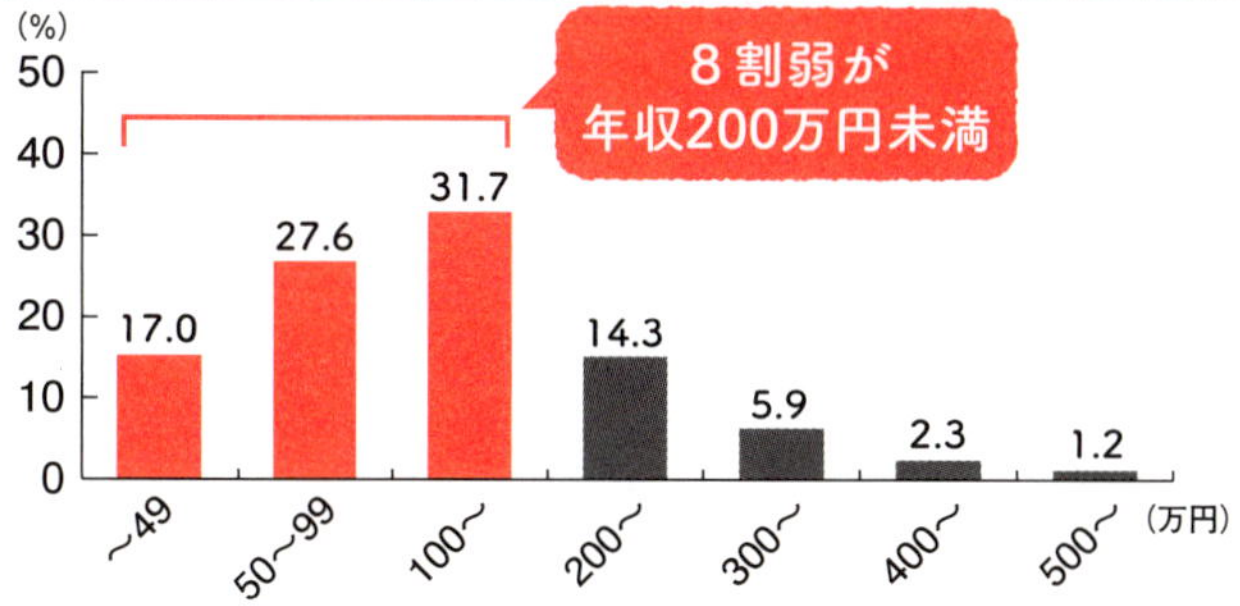

週労働時間の分布

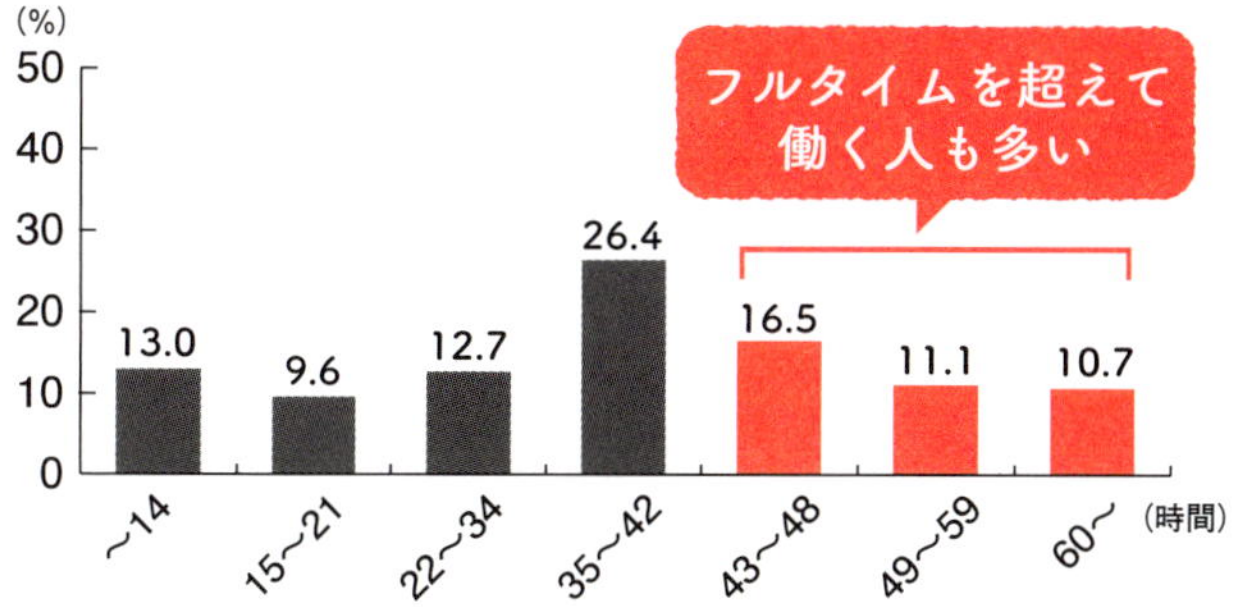

就業形態の割合

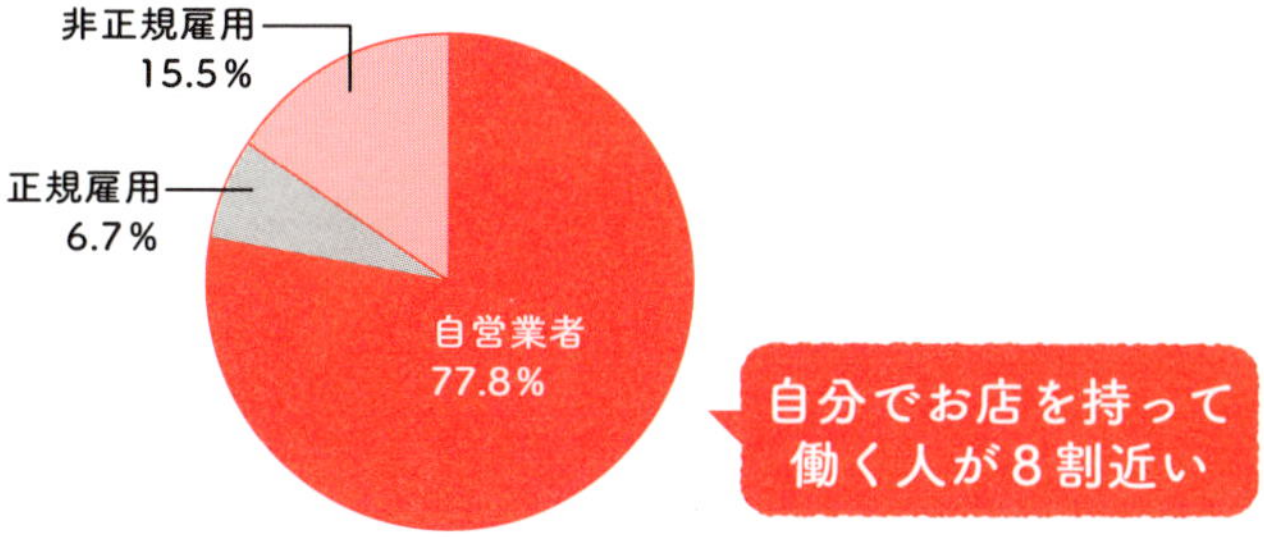

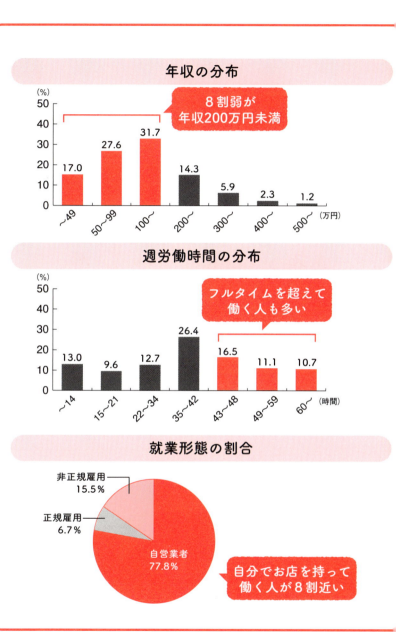

［理容師・美容師］

定められた養成課程を経て国家試験に合格し、理容・美容サービスを提供する。個人で店を経営し、高齢になっても長く働き続ける人が多い。社会の高齢化に伴い、個人宅や介護施設への出張調髪サービスなど、新たなニーズが生まれている。介助知識・技能を習得することで得られる福祉理美容士という認定資格もある。

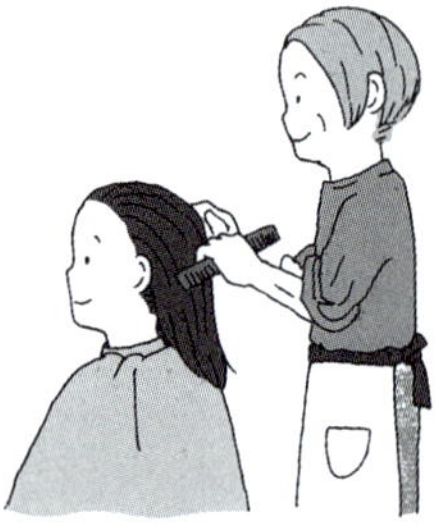

［クリーニングスタッフ］

クリーニング店、クリーニング工場、洗濯代行サービ

ス店などにおいて、被服類の水洗、ドライクリーニング、アイロン掛け、染み抜きなどを行う。着物の洗張《あらいはり》・湯のしを行う仕事もある。法令に基づく国家資格としてクリーニング師がある。

［家事代行・家政婦（夫）］

主に個人宅へ出向き、利用者の求めに応じて掃除、片づけ、料理、衣類の洗濯、生活用品の買い物など家事一般に従事する。「家事代行」の仕事を始めるには、家事代行サービス会社に雇用される方法と、家事代行専用のマッチングサービスに登録し個人事業主として働く方法、雇用主と直接労働契約を結ぶ方法がある。「家政婦（夫）」の場合は家政婦紹介所に求職申し込みをし、紹介所からあっ旋されたのち、雇用主と直接雇用契約を結ぶことが多い。

［ベビーシッター］

個人宅に派出されたり、商業施設で一時預かりするなどして、保護者に代わって子どもの世話をする。所属先はベビーシッター派遣会社や託児所の運営会社などがあり、近年はベビーシッター専用のマッチングサービスに登録し個人事業主として働く人も増えている。

［入浴施設スタッフ］

銭湯や温泉、サウナなどで清掃・サービス業務に従事する。番台・フロント受付、洗い場や脱衣所の清掃・整頓、備品やリネンの補充、設備管理などの仕事がある。

〔着付け師〕

着物を伝統的な方法で美しく着付けるサポートをする。所属先には美容室や呉服店、百貨店、冠婚サービス提供会社などがある。マッチングサービスの普及により、フリーランスで出張着付けを行う人もいる。

〔その他美容サービス〕

かつら師、美顔術師、ヘアメイクアップアーティスト、ネイリスト、髪結師、エステティシャンなどの仕事がある。

第 2 部

月10万円稼ぐ「定年後の仕事」厳選100

第 8 章

自然と触れ合う仕事

——農業・林業・漁業

農業

シニア就業者数No.1。
体を動かすので健康によく
高齢になっても続けられる

平均年収

167.3万円

（19職種中6位）

★★★★☆

平均労働時間

37.5時間／週

（19職種中19位）

★☆☆☆☆

65歳以上の就業者数

100.5万人

（19職種中1位）

★★★★★

65歳以上の比率

53.0%

（19職種中1位）

★★★★★

女性が働きやすい ├─┼─┼─┼─●─┼─┤ 男性が働きやすい

農業は**長く働ける仕事として有力な選択肢**だ。働く地域や技術面のハードルはあるが、遊休農地を借りるなど就農のチャンスは広がっている。

農業従事者はシニアの割合が非常に高く、**65歳以上比率が53・0%と過半数に達する**。年齢別に就業者数をみると、50代〜60代前半は比較的少なく、60代後半で急激に増加する。定年後に就農するケースや（定年帰農）、親から経営継承するケースも多い。75歳以上の就業者は39・8万人と全階層の中でも最も多く、長く続けやすい。夫婦2人で仕事をしている世帯もかなりの数存在する。

職種別にタスクを調べたデータをみると、仕事の特徴として**「よく体を動かす」「勤務日などの自由度が非常に高い」**ことがわかる。仕事の負荷は高めで作業量は多かった。

アンケート調査では、仕事の良い点として「自然の中で早朝から体を使うと気持ちがスッキリする」などのコメントがあった。一方、悪い点では「カッパを着て濡れながらする仕事もあるし、天気がよければ日に焼ける」など天候に関する内容が多く、労働量に対し対価が見合わないとするコメントも複数みられた。

男女比

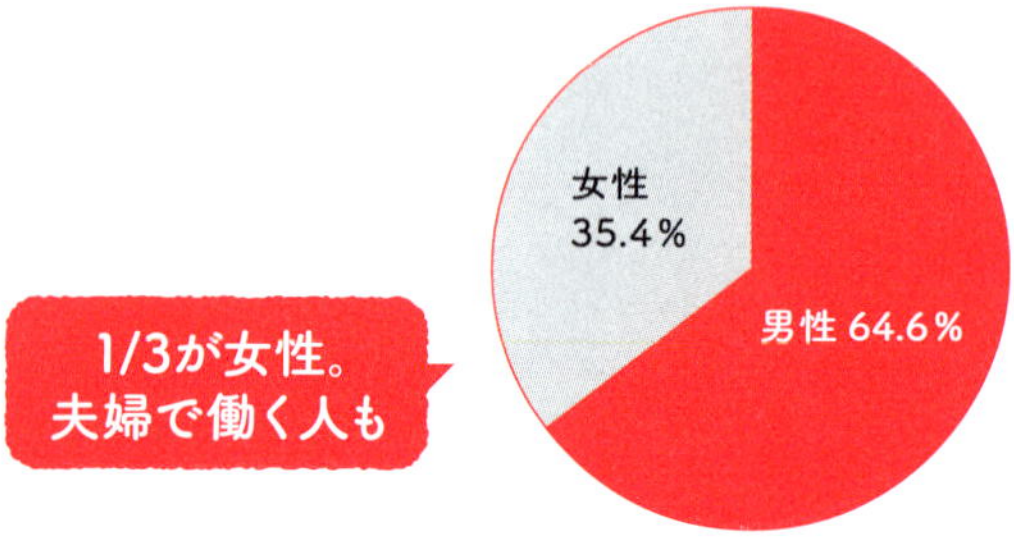

性・年齢別就業者数

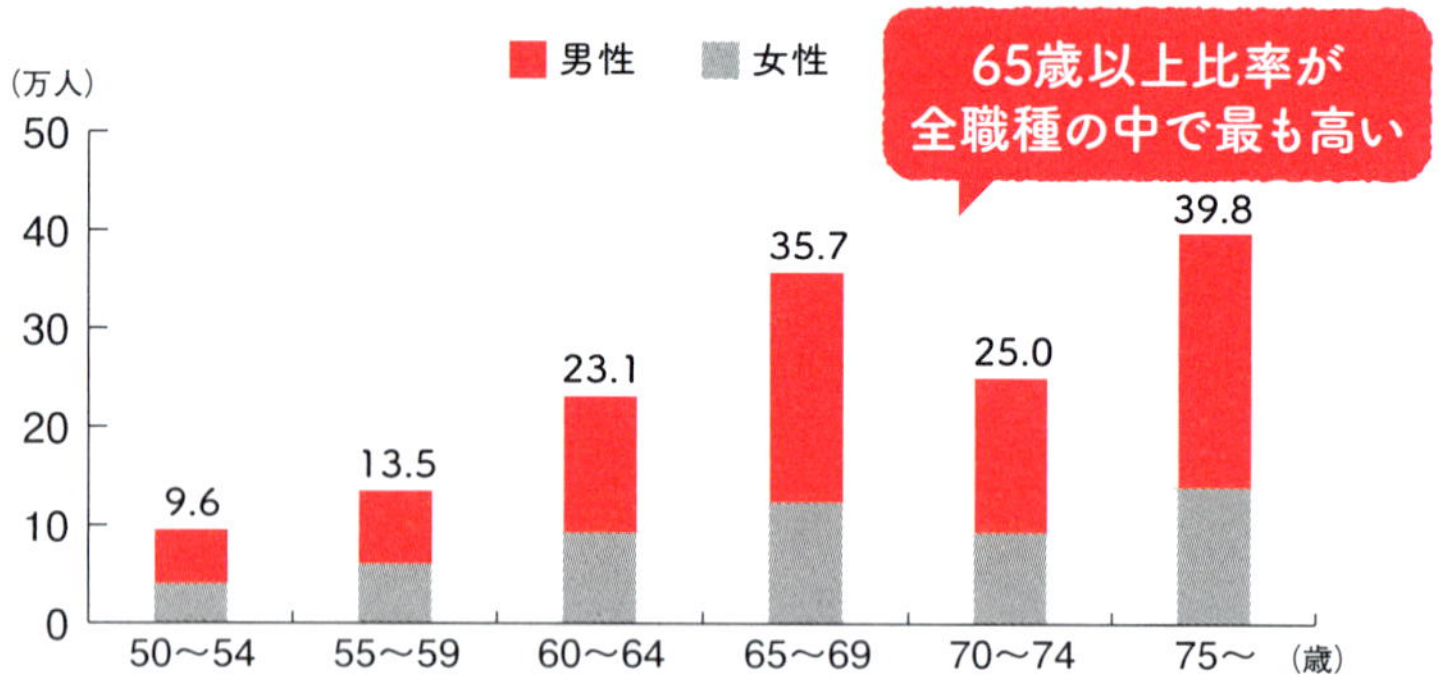

年収の分布

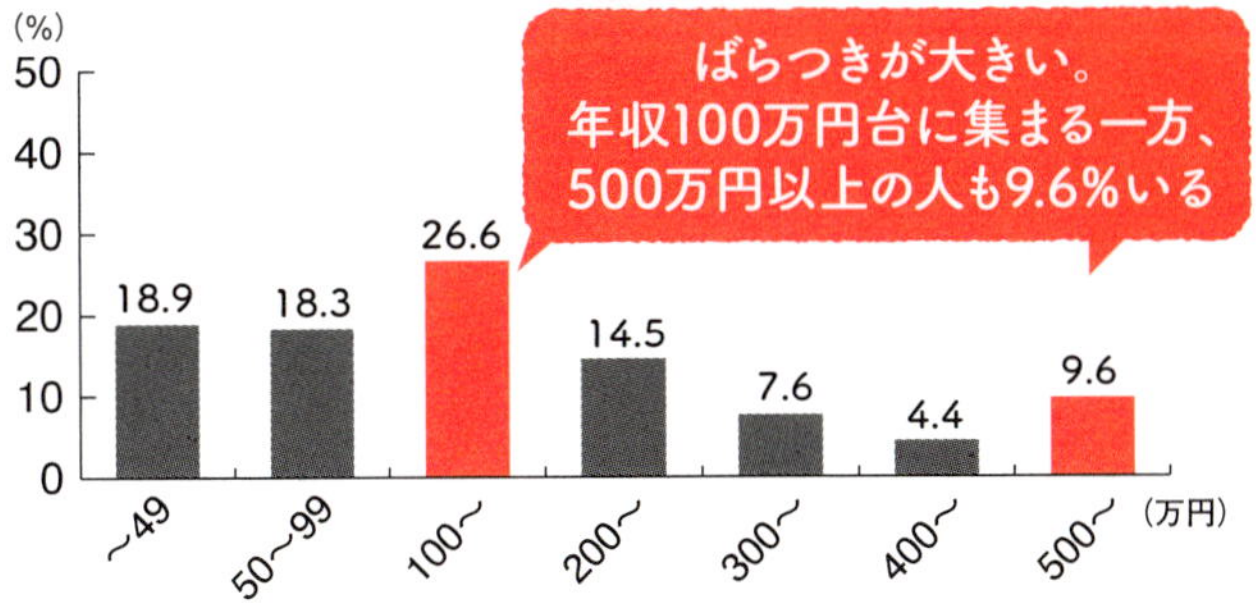

週労働時間の分布

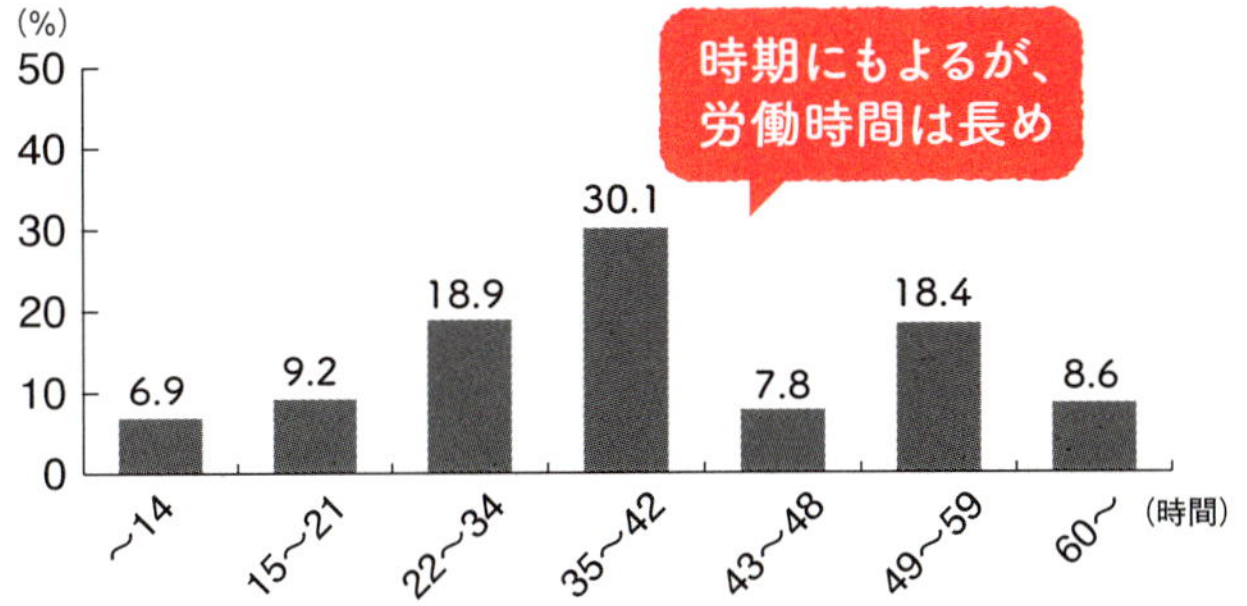

就業形態の割合

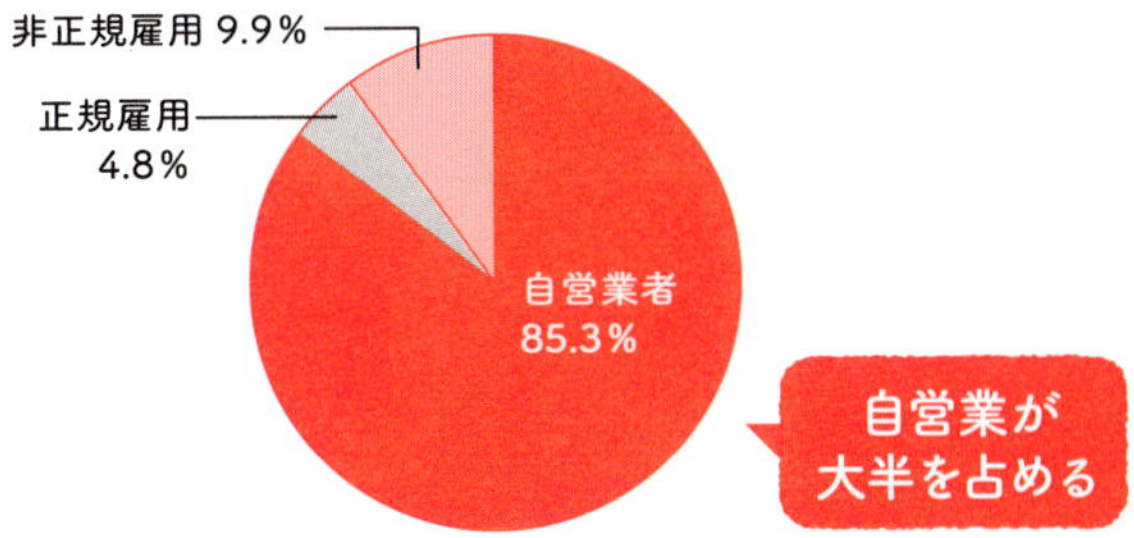

〔農業従事者〕

野菜、果樹、穀物、その他の作物を育てて収穫・選別・出荷をする。農家は家族経営が中心で、親や親戚から経営資源を継承することが多い。兼業農家として働くケースや、農業以外の職業に従事したのち親の高齢化などに伴って入職するケースもある。就業には独立就農する方法と農業法人に就職する方法があるが、大半が自営業で、体力が続けば高齢期まで働くことができる。家族から田畑を継承せず未経験で就農を目指す場合は、都道府県ごとに設置される新規就農相談センターや、「新・農業人フェア」などで就農に関する

相談をすることができる。一定の要件を満たす新規就農者に対しては市町村が支援措置を講じる制度もある。パート・アルバイトとして短時間で働きたい場合は、規模の大きな農園で収穫など一部の作業をサポートする仕事もある。

植木職人・造園師

公園や企業、個人宅などで庭や植え込みを美しくととのえ、樹木を健全に育てるために植木の剪定《せんてい》・伐採、草刈り、芝刈り、庭園の造成などを行う。造園や土木に関する経験・資格があると就職にあたって有利に働くが、補助的な仕事の需要もあり、必ずしも高度な専門性を要するわけではない。シルバー人材センターを通じて紹介される仕事としても比較的多く見られ、植木の剪定の仕方などの技能講習を開催する自治体もある。

酪農・その他養畜従事者

家畜の世話や飼育小屋の清掃、繁殖・育成・搾乳、飼料の栽培などを行う。農業と同じく家族や親族から経営資源を継承することが多く、新規就農の場合も継承者のいない農畜従事者から継承する。雇用されて働く場合は、農業法人や酪農ヘルパー※利用組合に所属する。短時間で働きたい場合、牧場で餌やりや搾乳など一部の世話を補助する仕事がある。このほか、動物園で動物を飼育する仕事や昆虫を飼育する仕事もある。

※酪農家が休みを取る際に代わって必要な作業を行う

農業

定年後に母から受け継いだ果樹園で果実栽培を始める

フルヤ サブロウさん（仮名）

69歳男性　和歌山県

profile

現役時代の仕事　大学技術職員
定年後の仕事　柑橘栽培
家族構成　配偶者とふたり暮らし

月収		
	年金	20万円
	勤労収入	3万円
	計	23万円

schedule

1週間のスケジュール

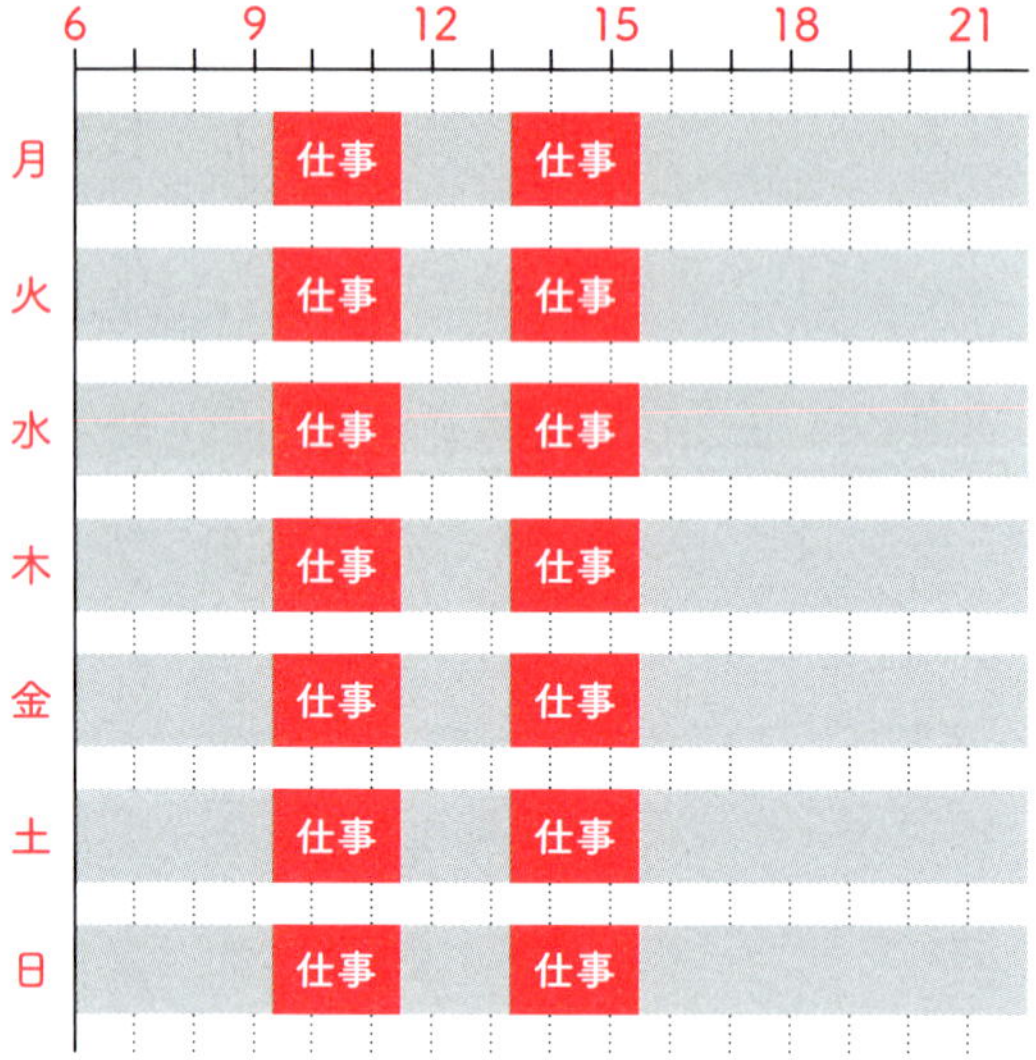

定年まで大学の技術職員として働いたのち、親から譲り受けた果樹園で柑橘栽培を始めました。親の代では斜面の多い広大な園地を持っていたのですが、母が私の定年に備えて少しずつ縮小し、2000㎡ほどの平らなところだけを残してくれました。「これなら息子にもできるだろう」ということで。

そういうわけで、本格的なお百姓とは違って非常にゆるやかで気楽な百姓をやっています。収益は年間で50万円ほど。農薬や肥料などの経費を引くと純粋な利益は30〜40万円くらいでしょうか。

労働時間はシーズンによって変わります。忙しいのは冬の収穫・選別・出荷の時期で、今年は正月も休みなく作業を行いました。柑橘は傷みやすいので、すべて手作業で摘み取り、ひとつひとつ選別を行うのです。比較的楽なのは出荷完了から4月くらいまで。あとは年間を通して防除や剪定、消毒などがあります。

柑橘栽培は丁寧に手をかければいくらでもやることがあり、逆に手を抜こうと思えばいくらでも手を抜けます。自分の意欲次第で労働時間が決まるところがあります。果実は正直なもので、手をかけただけ見た目も味もよくなります。

この仕事で喜びを感じる瞬間は、やはり果実の出来がいいときです。「今年のはよかった」「いいものができた」と思えると達成感がありますね。

反対に大変なのは運搬です。果物を入れるとコンテナが18kgほどになり、さまざまな作業で何百回と運ぶので、年を取るほどきつくなります。あとは経験が少ないので、剪定をする際にどの枝を切ってどの枝を残すのがいいかなど、細かいことの判断が難しいこと。農業の経験値はマニュアルに落とし込めないことが多く、同じようなやり方をしていても、母が作っていたようなものはとてもできません。

廃園になる果樹園を継承する道もある

柑橘農家はビジネスとして捉えても決して割の悪いものではありません。うちは昔ながらの品種を育てていますが、新しい品種を手掛ければ売り出し時に1箱2万円といった売り上げになります。知人の中には年間の収益が2000万円に届くという人もいます。その分投資も必要ですが、市場をしっかり見て新しい品種を選ぶ

才覚があれば、ビジネスとしても十分やっていけるでしょう。

　ブラック企業ですり減りながら働くくらいなら、廃園になる果樹園を安く買い取って人生をリスタートさせる道もあるのではないでしょうか。実際、私の友人は新規就農の方に家ごと農地を譲り渡しました。近年は後継者不足で廃園される農家さんがとても多くなっていますから、逆に言えばその分チャンスは広がっていると思います。

林業・漁業

自然に囲まれて働ける。
人の生活・環境に役立ち
70歳を超えても働ける

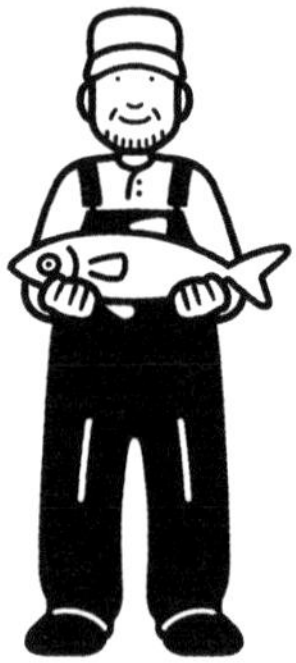

平均年収

193.7万円

（19職種中4位）

★★★★★

平均労働時間

36.5時間／週

（19職種中18位）

★☆☆☆☆

65歳以上の就業者数

6.4万人

（19職種中18位）

★☆☆☆☆

65歳以上の比率

31.6%

（19職種中4位）

★★★★★

女性が
働きやすい

男性が
働きやすい

農業と並び、**林業・漁業も高齢になっても働きやすい仕事のひとつ**である。年齢の分布も農業に近く、65〜69歳の階層で就業者が増え、75歳を超えても働く人が多い。就業形態は自営業者が約7割と多く、非正規で働く人も一定数存在している。林業と漁業で比較すると林業のほうが雇用されて働く割合が高かった。女性比率は21・1％と農業より低く、夫婦で働く形態が農業より少ないと考えられる。

労働時間の分布も農業と近い。週に35〜42時間働く層が最も多く、より長時間働く層もそれなりにいる。**年収水準は農業より高く、年収300万円以上の人も約3割存在する**。

林業・漁業の仕事に就く人を対象に行ったアンケート調査では、仕事の良い面として**「第一次産業は人々が生きていくのに必ず必要な仕事なのでやりがいを感じる」**、悪い面として「市場でのせりで価格が決まることが多いので価格が安定しない」とするコメントがあった。

林業・漁業も農業と同じ屋外で体を動かす仕事であり、人が生活する上で必要不可欠な材料・食料を出荷するという点でやりがいを得やすい仕事である。

林業・漁業

男女比

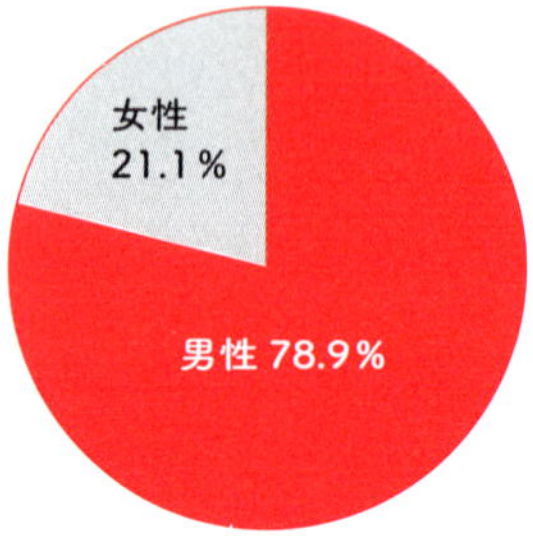

性・年齢別就業者数

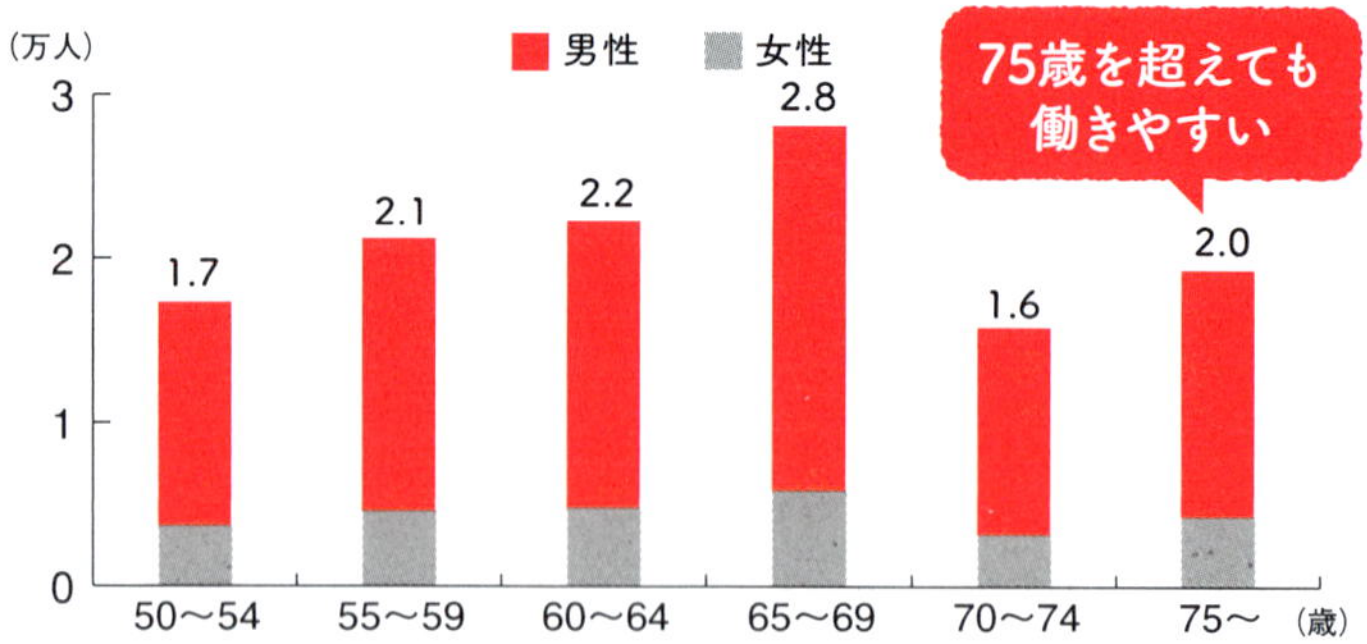

年収の分布

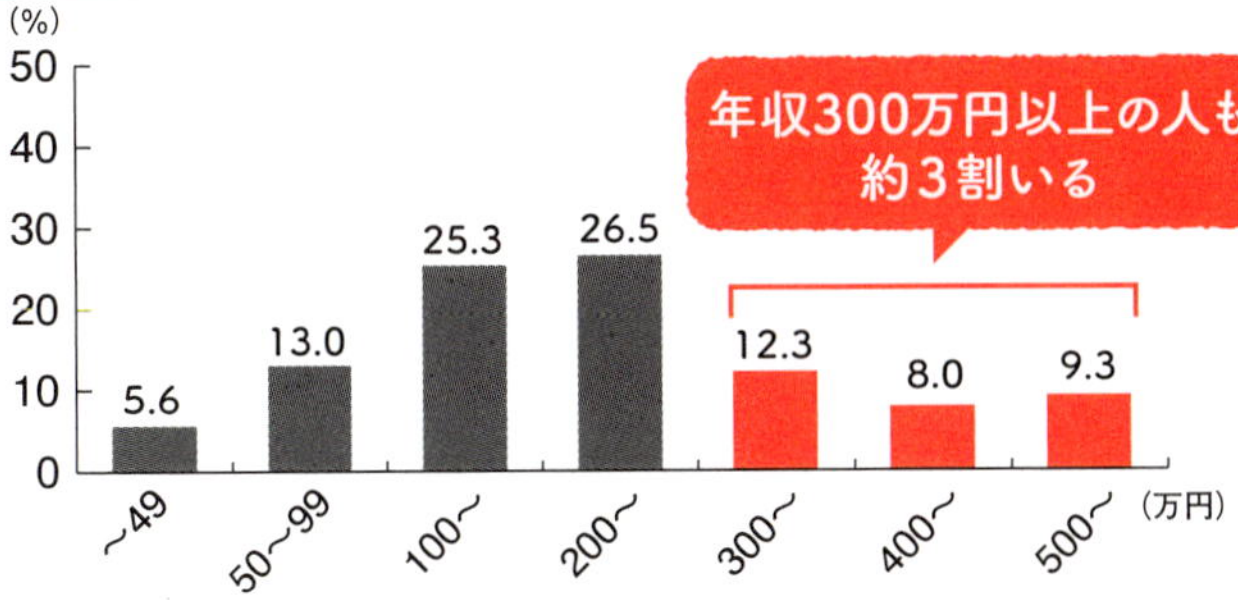

週労働時間の分布

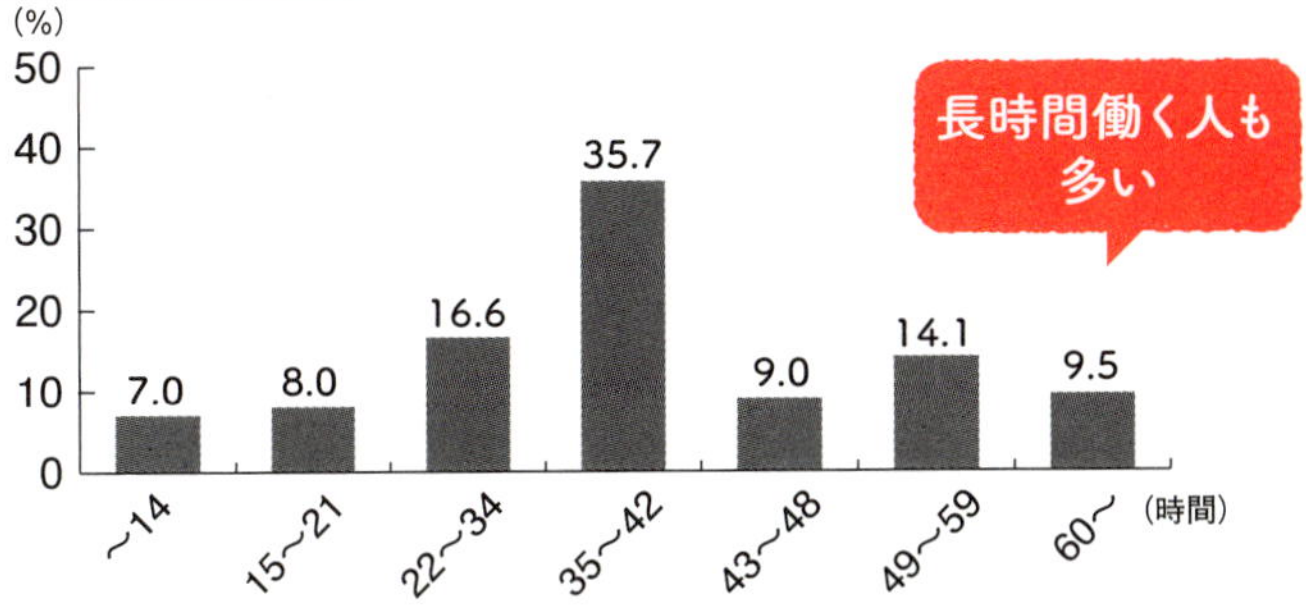

就業形態の割合

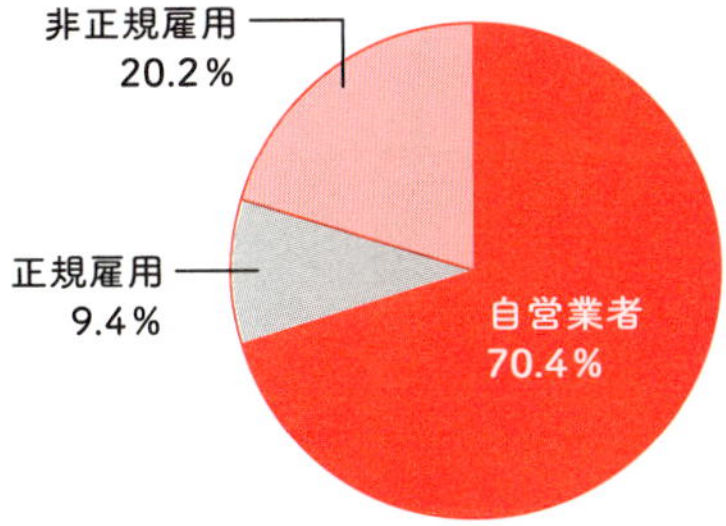

仕事内容

［育林作業者］

森林の維持管理・木の育成のための手入れを行う。主な仕事に、地ごしらえ（苗木を植えるための整地）、苗木の植え付け、下刈り（雑草の除去）、つる切り（林木にからまった植物の除去）、除伐・枝打ち（不要な木や枝の除去）、間伐（間引き作業）、寒伏せ（寒冷期に苗木を土に埋める作業）、雪起こし（雪により倒れた木を起こし固定する）などがある。急斜面での作業が多く、体力が必要とされるが、森林を健全に保ち、再生可能な資源を育てることに意義ややりがいを見出す人も多い。林業に従事するには、全国にある森林組合または

民間の林業会社に就業するのが一般的であり、その後独立する人もいる。また個人や少人数で持続的に森林を経営・施業する「自伐型林業」を行う人もいる。定年後に林業に従事する場合、森林豊かな地域にUターンまたはIターンし、ハローワークや林業労働力確保支援センター、移住相談窓口を通じて仕事を探すなどの方法がある。

〔伐木・造材・集材作業者〕

伐採時期を迎えた林木を木材資源として活用するため、伐木（木を切り倒す）、造材（枝や皮の除去）、集材・運材（収穫した木材を集め運搬する）を行う。作業にはチェーンソーやクレーン、フォークリフト、大型森林機械などが用いられる。

〔漁師〕

漁船に乗り水産動物を採捕する。漁業には、比較的小さな漁船で行う沿岸漁業と、大型の船に乗り込む沖合漁業・遠洋漁業がある。漁師のキャリアは親方漁師に弟子入りし独立を視野に入れながら経験を積むケースと、漁業会社の従業員になるケースがある。まったくの未経験から情報を探す場合は、各地で行われる漁業就業支援フェアや漁業就業セミナーに参加する、ハローワークで求人情報を探す、漁業体験に参加するなどの方法もある。

［水産養殖作業者］

あゆ、かき、えび、うなぎ、のり、わかめ、真珠など水産動植物を人工的に育成し収穫する。水産養殖業に従事するには、養殖業を営む会社に就職するのが一般的。餌やりや水質管理などのパート・アルバイトの求人も比較的多くみられる。

第2部

月10万円稼ぐ「定年後の仕事」厳選100

第 9 章

モノづくりの仕事

――生産工程

生産工程

モノづくりの喜びを
感じられる仕事。
人とのかかわりは少なめ

平均年収

209.4万円

（19職種中3位）

★★★★★

平均労働時間

33.9時間／週

（19職種中14位）

★★☆☆☆

65歳以上の就業者数

95.8万人

（19職種中2位）

★★★★★

65歳以上の比率

10.8%

（19職種中15位）

★★☆☆☆

女性が働きやすい ├─┼─┼─┼─●─┼─┤ 男性が働きやすい

職業分類上幅広い仕事を対象としていることもあり、**生産工程の仕事は就業者数が非常に多い**。シニア世代になると就業者数は減少するが、それでも65〜69歳で52・4万人とかなりのボリュームがある。70歳を超えるとさらに人数が減るものの、75歳以上が18・9万人存在しており、**長く続ける人も多い**。就業形態は自営業と非正規雇用がそれぞれ4割強で、個人で事業を行う人と工場などに雇用されて働く人が同じくらいの割合である。

実際に働く人を対象に行ったアンケート調査では、仕事の良い面として「モノづくりをして必要としている人に届けられる」「自分が作っている商品が店頭に並んでいたりCMで見かけるとうれしい」など、**ものを作り出すことに喜びを感じるというコメントが非常に多かった**。悪い面では、「職場が暑い」とするコメントが複数みられ、場所によっては環境があまりよくないことがうかがえる。ほかに「人とほとんど会話しない」「作業が単調」などの意見があった。製造の仕事は就業人口が多く、仕事自体は非常に多い。**人と接する機会が少ない職場で、ものを作ることにやりがいを感じられるかどうか**が向き・不向きを決定づけそうだ。

生産工程

男女比

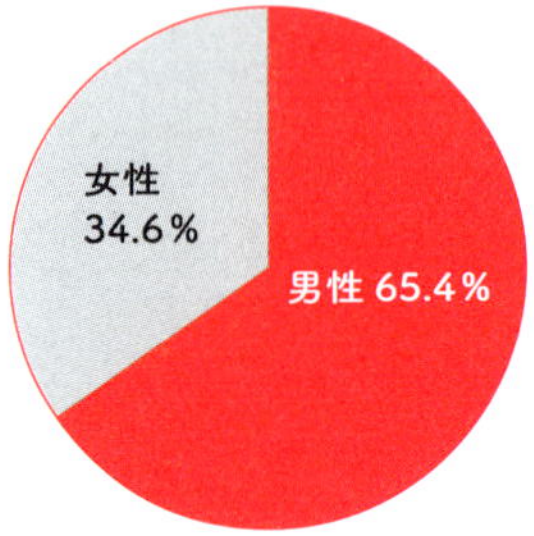

性・年齢別就業者数

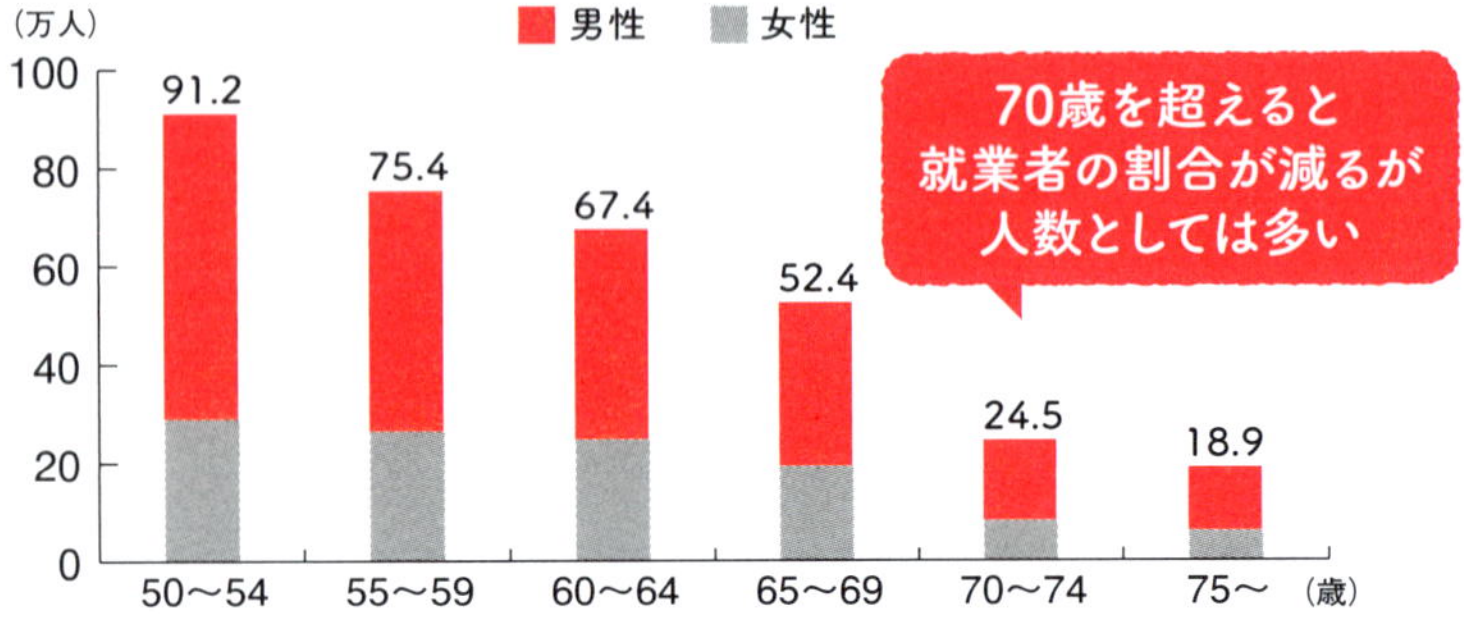

年収の分布

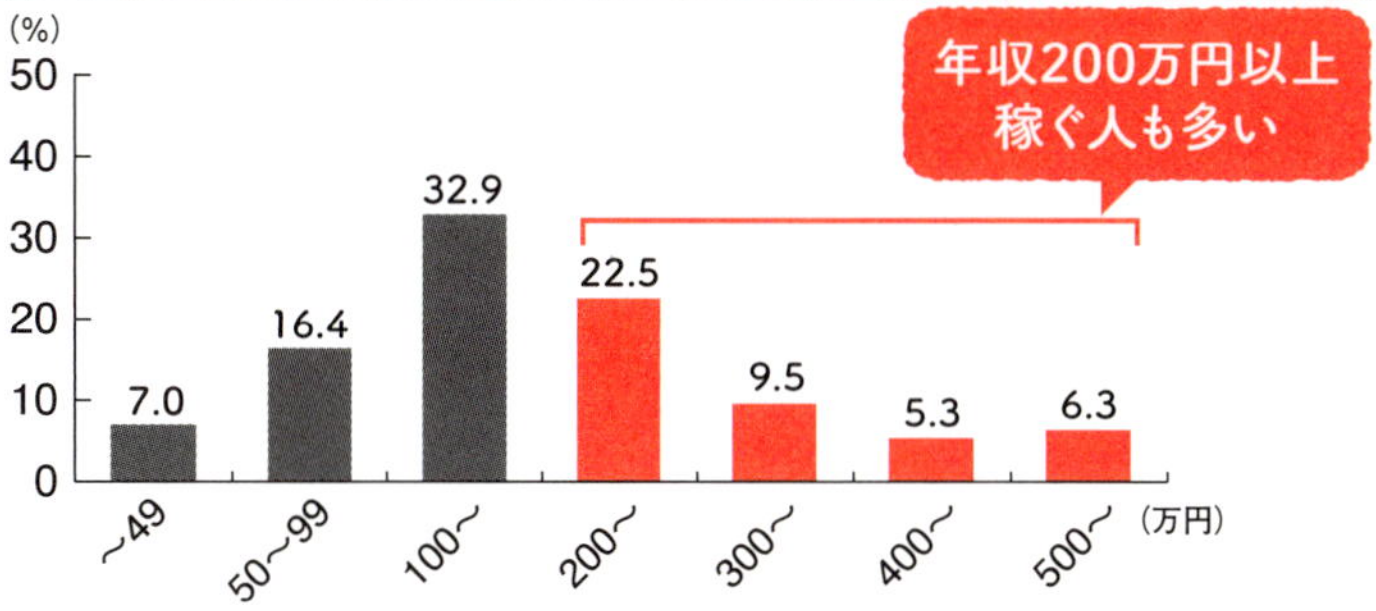

週労働時間の分布

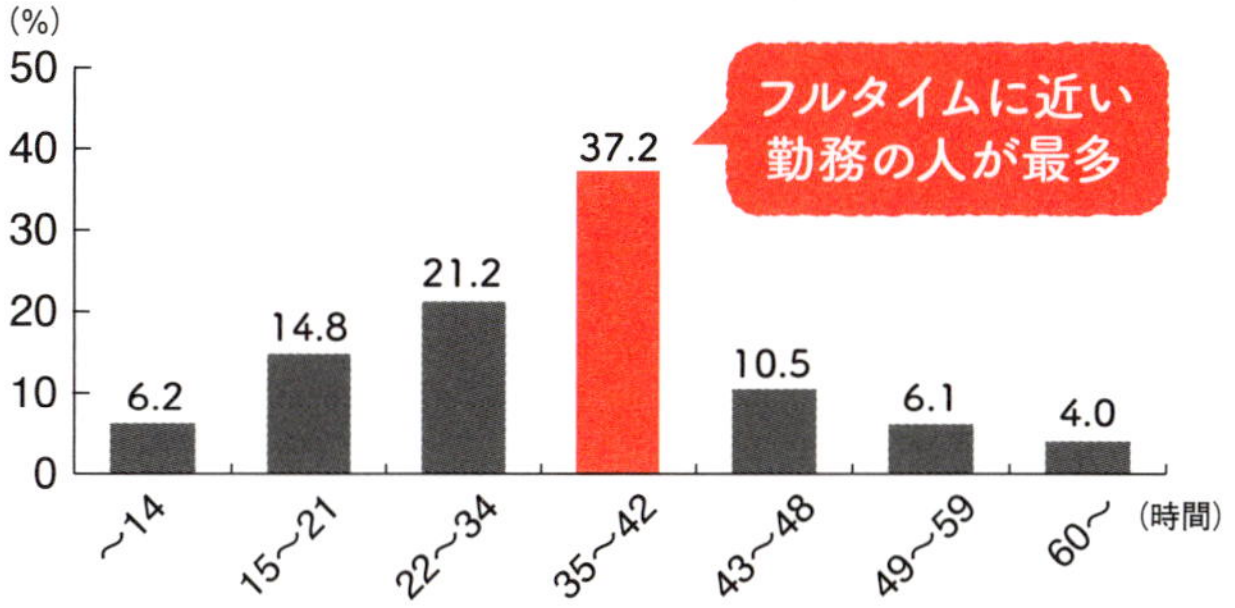

就業形態の割合

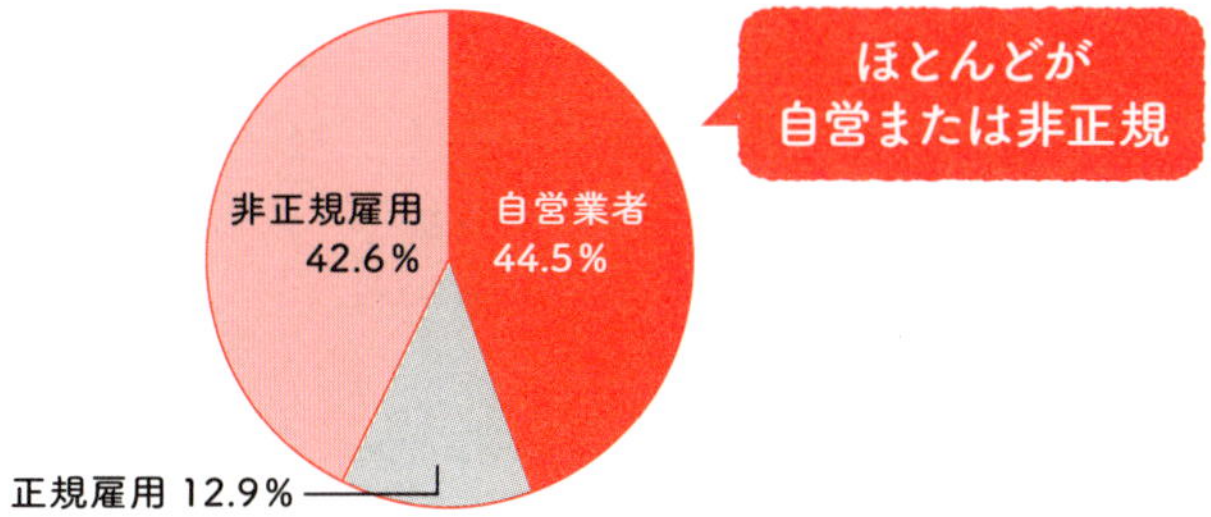

［金属製品製造・加工処理作業員］

金属製品を製造・加工する仕事に従事する。鉄鋼製造には製銑《せいせん》（鉄鉱石などを高炉に入れ鉄分を取り出す）・製鋼《せいこう》（銑鉄を転炉に入れ不純物を除去して鋼にする）・圧延《あつえん》（鋼片などを加熱し、圧延機で延ばしてさまざまな製品に仕上げる）などの製造工程があり、生産設備の運転・監視が主な業務である。

このほかにも、金属を溶かし鋳型《いがた》に入れて鋳物《いもの》を作る「鋳造《ちゅうぞう》」や、金属工作機械を用いて金属材料を切削《せっさく》加工する「金属工作機械作業」、プレス機で金属板を成形する「金属プレス」、切断機や曲げロール機などで金属薄板を成形・加工する「板金作業」等の仕事がある。勤務先には鉄鋼メーカー、機械（部品）メーカー、中小

企業や個人経営の工場などがある。

[食品・飲料製造作業員]

製粉・精穀《せいこく》（穀物を精白すること）や、調味料の製造、各種食品・飲料の製造、保存食品の製造、冷凍加工食品の製造、水産物の処理・加工などの仕事に従事する。

[紡織・衣服・繊維製品製造作業員]

紡織は、綿花などの天然繊維を機械によって長い糸に加工するため、紡績機械の運転・監視を行う。繊維製品は天然繊維や化学繊維を加工して糸や布を作り、漂白や染色をして製造する。衣服の製造は、布地・生地を裁断・縫製・加工して行う。

生産工程

［その他の非金属製品製造作業員］

医薬品や化学薬品などの製造に従事する「化学製品製造」や、ガラス製品や陶磁器、セメントなどの製造に従事する「窯業・土石製品製造」、板・角材や木材、合板、木製品、段ボールなどの製造に従事する「木、紙製品製造」などがある。

［機械組み立て・整備・検査］

「機械組み立て」は、はん用・生産用・業務用機械器、電気機械器具、自動車、輸送機械、計量計測機器・光学機械器具等を組み立てる仕事に従事する。「機械整備」は、上に挙げた機械の整備・修理を行う仕事に従事する。「機械検査」は、上に挙げた機械の製造工程において検査の仕事に従事する。

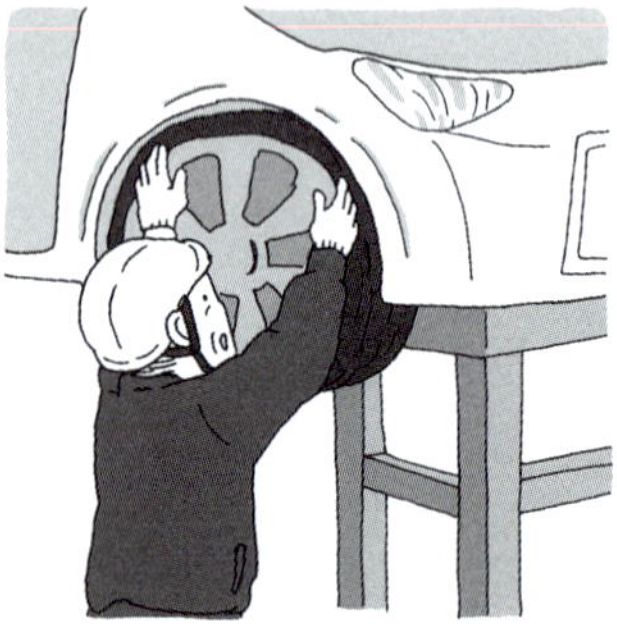

［製品検査作業員］

製品の製造工程において、目視や測定機器などによって製品の中間・最終生産物の検査を行う。例えば食品の場合、ラベルの賞味期限や消費期限のチェック、異物検査、外観の目視確認などを行う。

［生産関連作業員］

家具・自動車・船体などの塗装、ペンキ塗り、看板制作、フィルム現像、写真修正、映写技師、照明係などの仕事がある。

インタビュー①

定年まで働いた会社で週に2回パート勤務

クロサワ トオルさん（仮名）
67歳男性　愛知県

profile

現役時代の仕事	機械部品メーカー
定年後の仕事	機械の品質管理のパート
家族構成	配偶者とふたり暮らし

月収	年金	20万円
	勤労収入	7万円
	計	27万円

schedule

1週間のスケジュール

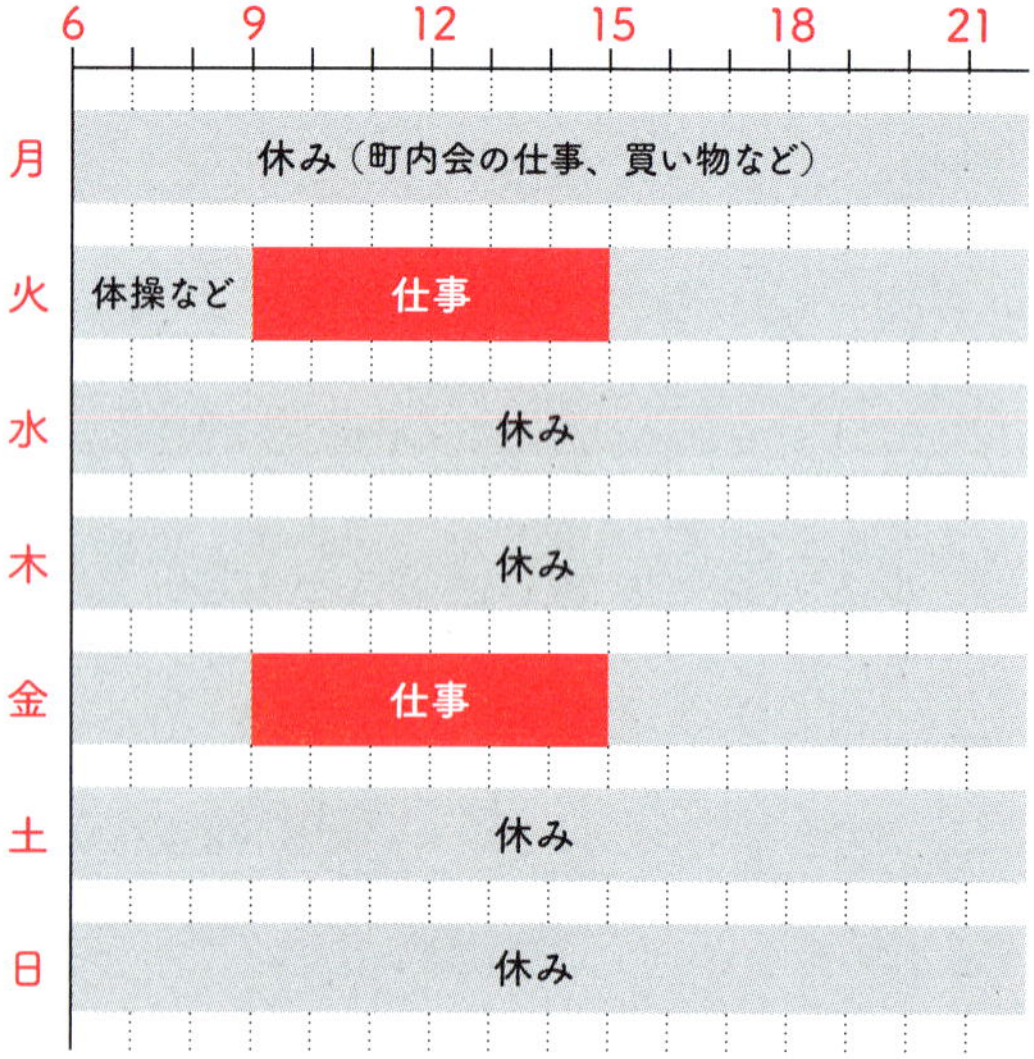

定年後は人付き合いが大切

65歳で機械部品メーカーを退職。現在は前職の下請けとして週に2回、機械の品質管理をしています。雇用形態はパートで、勤務時間は1日6時間。部品の検査、倉庫の整備、その他雑務が主な仕事です。単純作業に近いですが、事故を起こしてはいけないという緊張感は持ちながらやっています。ただ最近は体力的に少し厳しくなってきているので、この仕事はそのうちに辞めるかもしれません。

定年退職時に完全にリタイアしてもよかったのですが、何もしないと生活に張り合いがないと思い、最初はハローワークで職探しをしました。1社応募してみたものの、年齢のせいか不採用。今の仕事は人づてに誘いがあって受けました。

会社員は人間関係が社内で完結してしまうところがあるので、年を取ると人付き合いが重要だと感じます。そのため、私は定年後に町会の副会長を引き受けました。生まれ育った土地なので周りは顔見知りばかりで比較的スムーズにやれていますし、たまに町会で慰安会もあり、それが生活の楽しみになっています。

生産工程

インタビュー②

業務委託で仕事の自由度が高く、80歳を超えても続けられる

タカシマ ツトムさん（仮名）
82歳男性　神奈川県

profile

現役時代の仕事	重電機メーカー	
定年後の仕事	電気設備の保守・点検	
家族構成	配偶者とふたり暮らし	

月収	年金	20万円
	勤労収入	10万円
	計	30万円

schedule

1週間のスケジュール

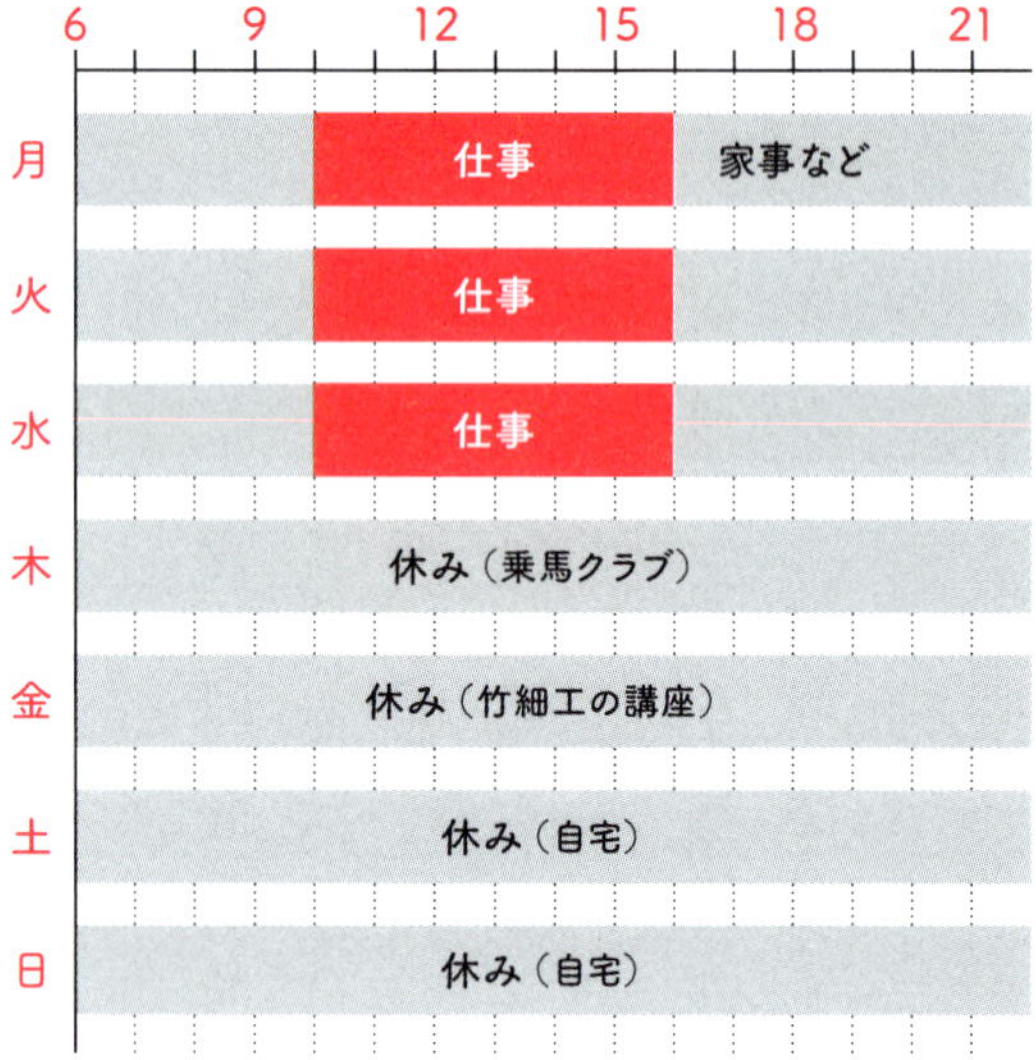

現在82歳で要介護認定1の妻とふたり暮らし。保安サービス提供会社から業務委託を受け、電気設備の保守・点検の仕事をしています。

顧客は小売店や飲食店、ホテル、工場などさまざまで、2ヶ月で35軒の得意先を受け持っています。すべて直行直帰で日程も自分で決められるので、月の前半に集中させて後半は少なくするなど、緩急をつけてやっています。

収入は出来高制。点検する設備によって単価が異なり、月1000円から6000円のものまであります。月収にならすと10万円程度です。

仕事の主な内容は施設の電気設備の月次点検で、受配電盤の電力量を見たり、機器に異常がないかを点検して回ったりして、時間にして1回に40分～2時間ほどかかります。あとは年次点検と、3年に1度の点検があります。絶縁抵抗やスイッチ抵抗を測る、いわゆる機器の保守メンテナンスです。

機械に大きな問題が発生するのは1年に2～3回程度で、ほとんど不良はありません。店舗の責任者はほとんど現場にいないので、アルバイトの方などに報告書を渡して「これは必ず言ってください」と強調するなど伝わるように努めています。

生産工程

スタッフは70超えの定年退職者ばかり

定年前は重電機メーカーで品質管理をしていました。50代半ばで関連会社へ移り、60歳で退職。今の仕事は新聞広告の求人案内で見つけました。始めてから15年以上が経ち、「もうあと2~3年かな」と思わなくもありませんが、先輩の中には85歳の方もいるので、もう少し続けようか、とも思います。

周りのスタッフも70超えの定年退職者ばかり。私のような電機メーカーに限らず、電気設備メンテナンスをやっていた人や、オフィスビルの管理人、工場勤務をしていた人などもいます。仕事自体は難しくないのですが、ある程度の経験が必要なので、まったく別業種からの再就職という人は少ないですね。

老人クラブに入り地域とのつながりを得る

プライベートでは老人クラブに所属し、会計を担当しています。運営にあたって

市から少し補助金が出ていて、みんなで海岸の掃除をしたり、共同墓地の掃除をしたり、地域の祭りに必要なものを作ったりしています。年に1回バス旅行もあります。会員が400人くらいいるので、今まで知らなかった人と話すようになりましたし、顔見知りもできて、入ってよかったと思います。定年退職後に地域とのつながりを持ちたいと思ったのが参加したきっかけでしたから。

一緒に暮らす妻は体調が思わしくなく、正直なところ介護の精神的負担は感じています。週に1回の乗馬クラブと竹細工の講座通いは続け、運動と気晴らしの時間を持ち続けるようにしています。

第2部

月10万円稼ぐ「定年後の仕事」厳選100

第10章

長く続けられる仕事

——その他専門職・その他サービス・その他運搬・清掃等

その他専門職

スキルを活かし
無理なく長く続けられる

平均年収

131.7万円 ★★☆☆☆

（19職種中13位）

平均労働時間

19.3時間／週 ★★★★★

（19職種中1位）

65歳以上の就業者数

12.2万人 ★☆☆☆☆

（19職種中16位）

65歳以上の比率

11.9% ★★☆☆☆

（19職種中12位）

女性が働きやすい

男性が働きやすい

専門性を要する職業のうち、塾講師、個人レッスン教師、司書、カウンセラーなど高齢になっても始められる仕事が本項の対象である。就業者のシニア比率は11・9%で特別多いわけではないが、75歳を超えても働く人が一定数存在し、**長く続けるという意味ではありうる選択肢**だ。自営業が70・4%と非常に多く、**個人で習い事教室や学習塾などを経営する人も多い**。

実際に働く人を対象に行ったアンケート調査では、仕事の良い面として「**自己研鑽ができる**」「**自分のスキルを生かせる**」（塾講師）、「生徒さんたちと音の世界を一緒に楽しみながら成長していける」（ピアノ講師）、「クライアントに役に立つアドバイスや助言ができる」（カウンセラー）、「病院図書室で医療従事者の助けになる」（司書）などのコメントがあった。一方、悪い面では「収入が少ない。宣伝費がかかる」「生徒数を増やすための営業が難しい」「月謝遅延、未納があったりする」（塾講師）など、**運営経費がかかることや生徒数の変動により収入が安定しない**と指摘する人が多かった。個人で事業を始める場合は資材や生徒の獲得なども必要となるため、できれば定年の少し前から始めるとよいだろう。

その他専門職

男女比

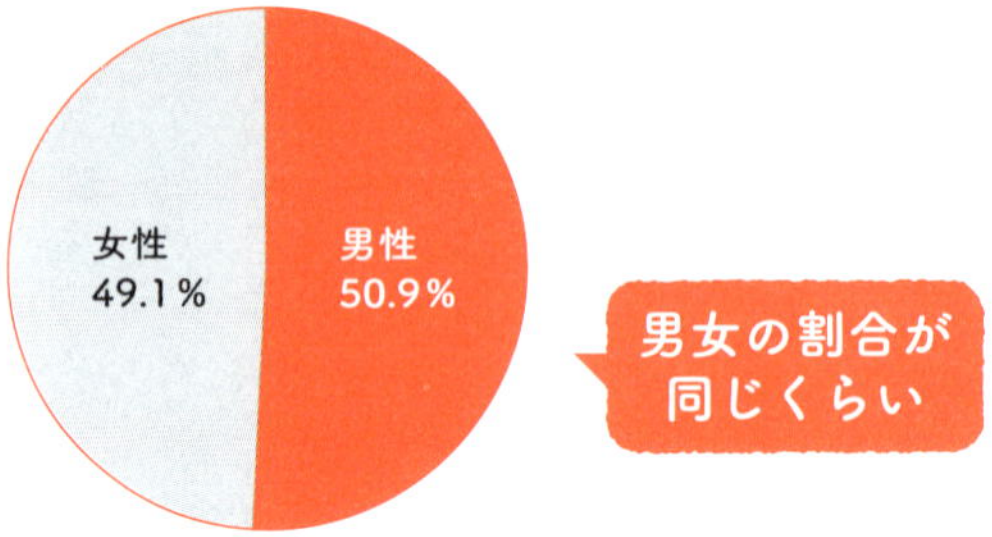

性・年齢別就業者数

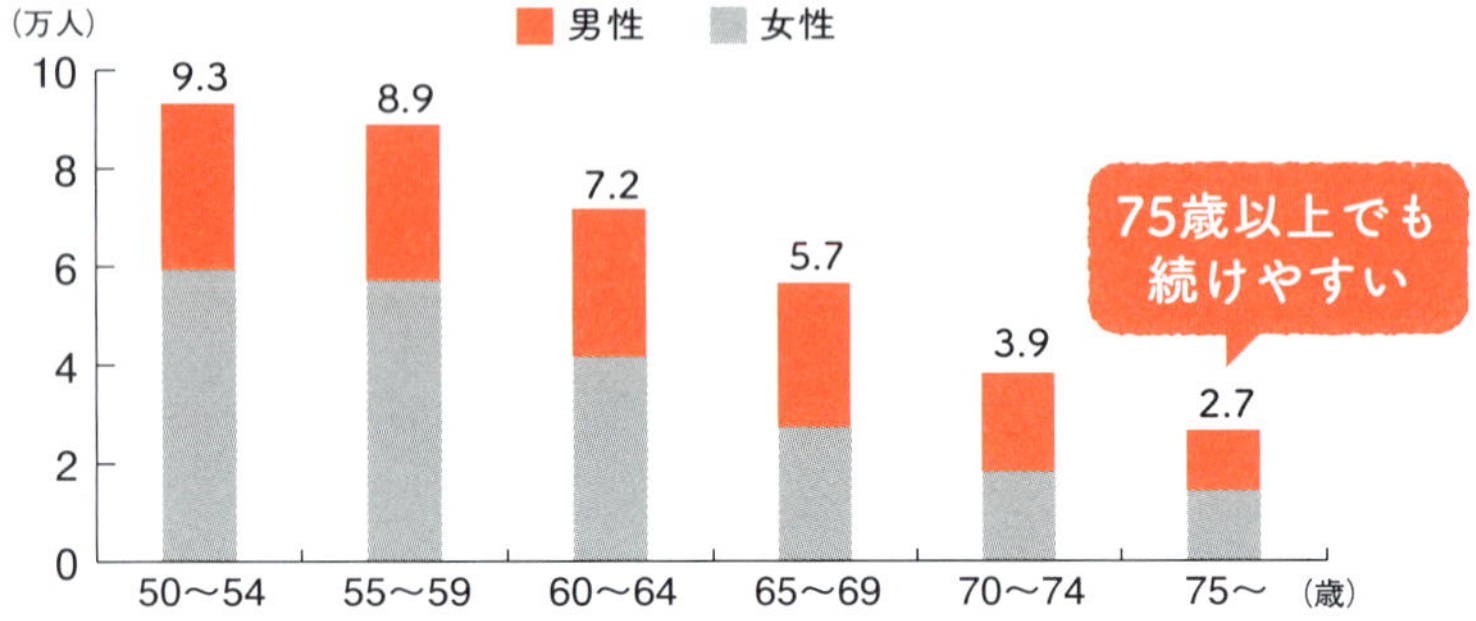

年収の分布

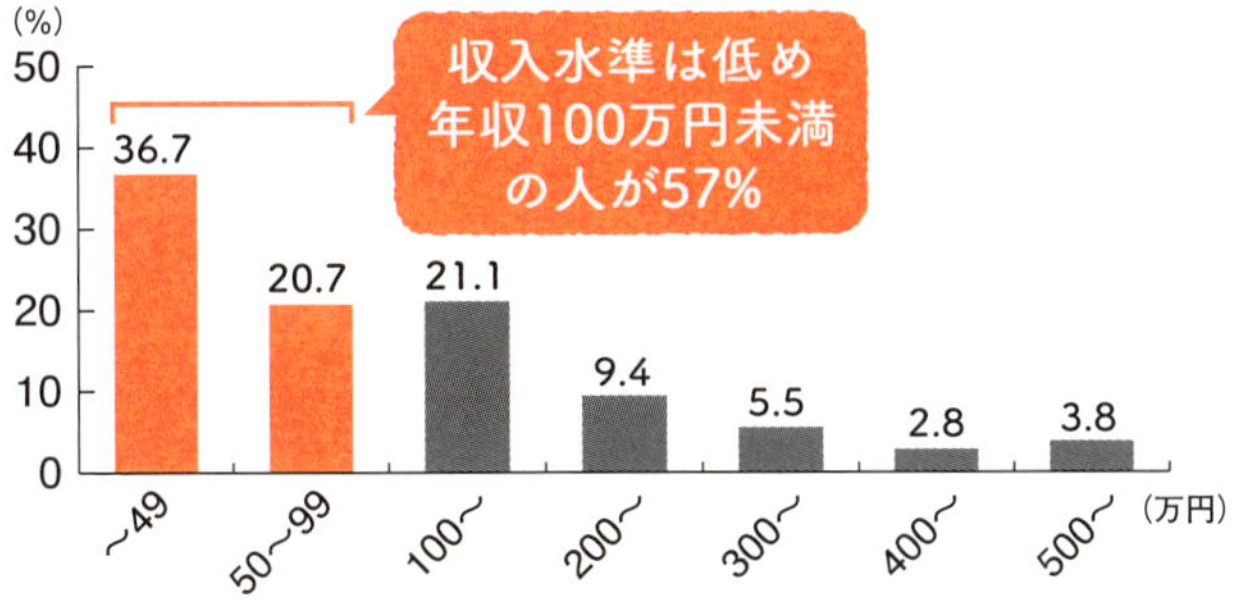

週労働時間の分布

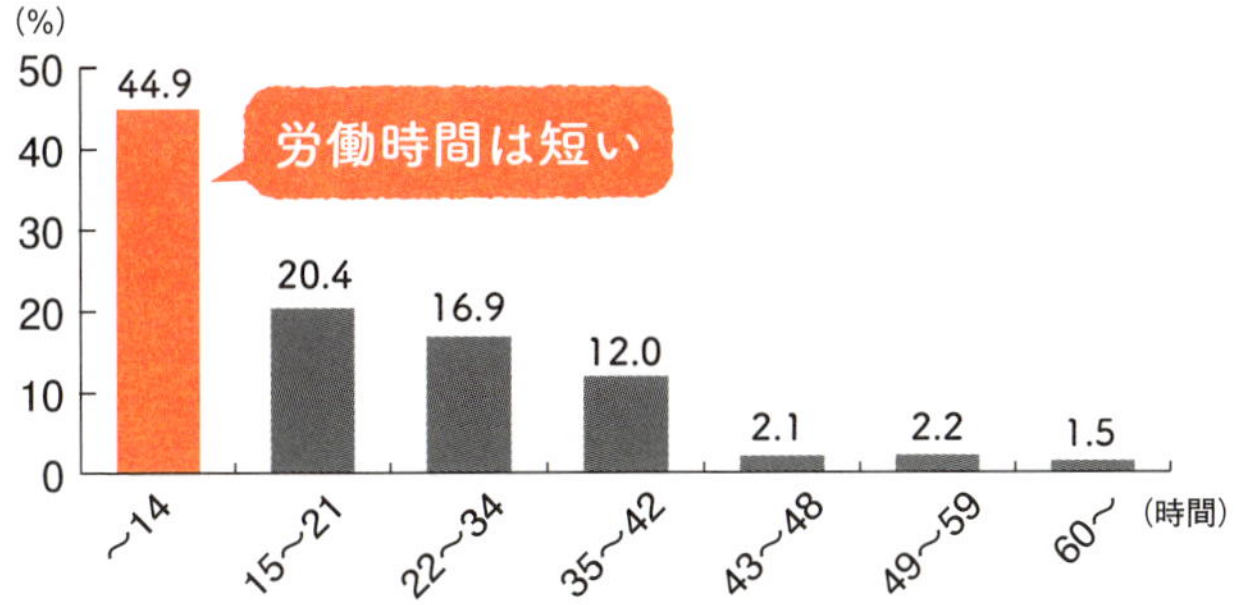

就業形態の割合

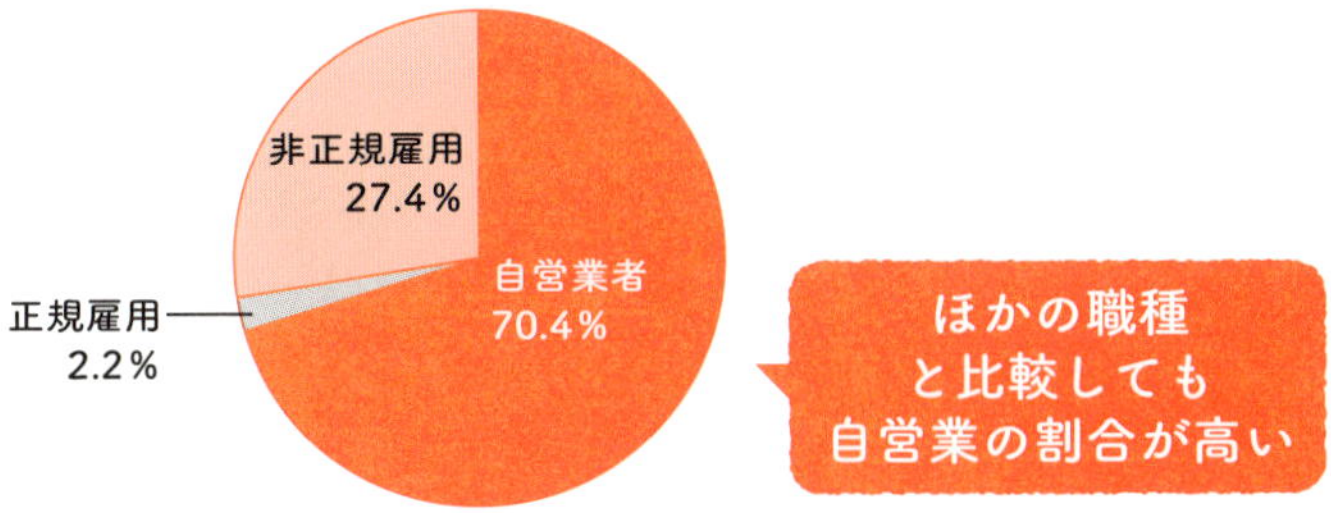

［塾講師・家庭教師］

就学前の児童や小・中・高校生を対象に、学校教育などの補習として個別のニーズに応じた学習指導を行う。塾には受験指導中心の進学塾、学校で得た知識を定着させるための補習塾、個人のペースに合わせて指導する個別指導塾などの種類があり、学習レベルや目的もさまざまである。求められる資格や学歴は職場によって異なるが、大卒以上が就業者の多くを占める。大規模に展開するチェーン型学習塾の広がりから講師の需要も高まり、中高年歓迎とする募集内容も比較的多くみられる。

〔習い事教師〕

音楽、舞踊、各種スポーツ、書道、茶道、生花、そろばん、囲碁、麻雀、英会話、和洋裁、絵画など、特定分野の専門知識や経験を活かして教室を開き、個人指導を行う。自営以外の就業形態としても、教室や施設に雇用されて働く方法や、自治体が設置する生涯学習・社会教育センターで講師として働く方法などがある。分野にもよるが、生徒がいれば高齢になっても続けやすい。

〔図書館司書・学芸員〕

「司書」は資格を生かし、図書館でカウンター業務や図書館資料の分類及び蔵書目録の作成、選書、書庫の管理、各種主催事業の企画と実施、その他庶務等を行う。

その他専門職

社会人が司書の資格を得るには司書講習を受講するか※1、大学の通信制・夜間・科目等履修生制度などで図書館に関する科目を履修するなど※2の方法がある。

「学芸員」は学芸員資格を有し、博物館や美術館で資料を収集・保管・展示し、調査研究を行う。博物館の数が限られることから、有資格者に対して募集が少なく就業のハードルは高い。

※1　大学・短大または高等専門学校の卒業が条件
※2　大学・短大の卒業が条件

［その他の専門的な仕事］

個人が抱える悩みに対し、専門知識を活かしてサポートを行う「カウンセラー」、小中学校において特別な支援を必要とする児童生徒の日常生活や学習をサポートする「特別支援教育支援員」、在宅で通信教育講座の答案や小論文などを添削指導する「通信添削員」等のほか、無線通信士、有線通信士、放送技術者、スポーツ競技の監督・審判などの仕事がある。

インタビュー①

総合商社のサラリーマンから個別指導塾の講師に

タチバナ ミノルさん（仮名）

75歳男性　滋賀県

profile

現役時代の仕事	総合商社
定年後の仕事	ホテル接客＋ツアーガイド→学習塾講師
家族構成	配偶者とふたり暮らし

月収	年金	28万円
	勤労収入	10万円
	計	38万円

schedule

1週間のスケジュール

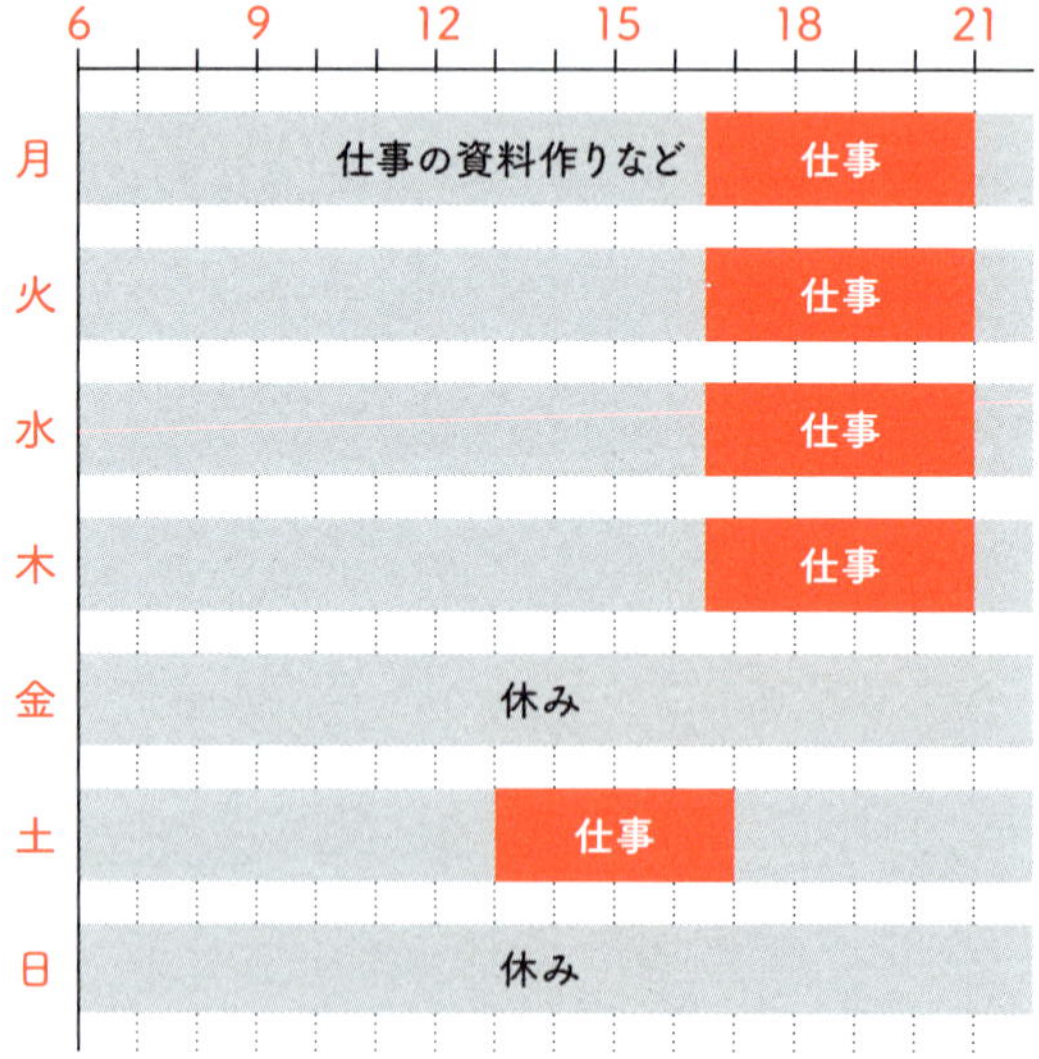

総合商社で60歳まで勤続。定年後5年間はいくつかの会社で役員を務め、65歳以降はすべてアルバイトとして働いてきました。東海道ツアーのガイド、ホテルのフロント兼コンシェルジュ、塾講師。いずれも趣味と実益を兼ねたものです。

　現在は学習塾講師1本です。3年前に東京から妻の地元に転居し、選べる仕事が少ない中見つけたのが全国展開する個別指導塾の講師でした。決め手は自宅から10分の立地です。東京にいた頃も集団指導塾の講師をしていたことがあるのですが、「今日は横浜」「今日は小田原」などと遠い教室へ行かされるのが大変で辞めた経緯があります。なので最優先は家から近いこと。2番目が朝早い仕事でないこと。給与は3番目です。正直なところ今の仕事の給与は高くはありません。

　人に勉強を教えた経験といえば、学生時代に家庭教師のアルバイトをしていたことと、子どもの中学受験・高校受験のときに多少教えていたくらいで、サラリーマン時代は経験がありませんでした。

その他専門職

繁忙期はサラリーマンの頃より疲れる

担当教科は小学生の算数・国語、中学生の英語・社会・国語、高校生の国語・日本史です。どれも得意な教科ですね。日本史は歴史学者になりたいと思っていたほど好きですし、英語も商社時代の実務経験があります。逆に数学と理科はこの年になると難しい。数学は公式などがパッと出てこなくなりますし、理科は日進月歩で元素の周期表ひとつとっても自分たちの時代とまったく違い、今さら頭に入りませんから担当していません。

シフトは月~木の個別指導を基本として、今は土曜に集団指導の入試対策講座も受け持っています。塾は受験前の12~2月が最も忙しく、人手不足になると遠方の教室にも駆り出されることが増えます。そうなると片道1時間半かかるので、帰宅は23時近く。1週間出ずっぱりになることもあって、サラリーマン時代より疲れます。75歳でガツガツ働く気もないのですが、趣味がないもので、結果的に仕事が生活の中心になっています。

本を読んだり勉強したりする時間は昔の自分に戻るように感じます。日本史も英語も、どの教科も教える内容が変わってきているので、知識を更新する必要がありますよね。そうやって勉強することは嫌いじゃないし、多少は頭の働きが持つんじゃないかと思っています。

生徒が「希望の高校に入れた」「英検2級を取れた」というときは、もちろん本人の努力の賜物なのですが、報告に来てくれたときは非常にうれしいものです。

今後については、78歳くらいで運転免許を返納し、仕事も区切りをつけようかなと考えています。もし元気だったらまた異なる選択もあるかもしれませんが。

インタビュー②

近所の知人からの誘いがきっかけで特別支援教育支援員に

コイズミ ユカリさん（仮名）
61歳女性　愛知県

profile

現役時代の仕事	メーカー→専業主婦→パート
定年後の仕事	マンション管理人→特別支援教育支援員
家族構成	配偶者とふたり暮らし

月収		
	年金	20万円
	勤労収入	16万円
	副収入	2～3万円
	計	38～39万円

schedule

1週間のスケジュール

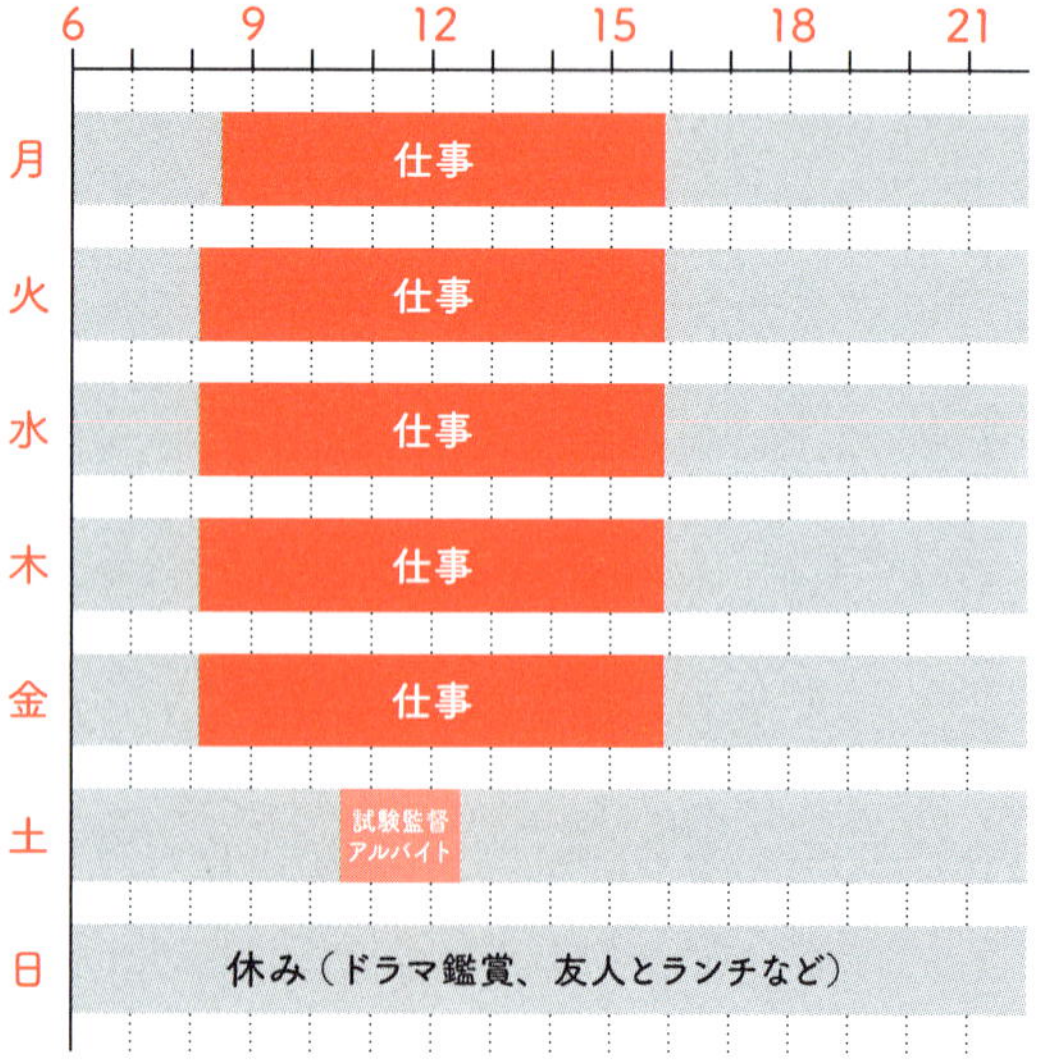

公立小学校の特別支援教育支援員を始めて3年になります。

私が勤める小学校には特別支援学級がふたつあり、知的支援と精神的支援のクラスに分かれています。私ともうひとりの支援員が月ごとに入れ替わる形でそれぞれのクラスの児童をサポートしています。勤務時間は学校が始まる朝8時10分から、下校の見守りを終える15時55分まで。

私たち支援員の役割は支援の必要な児童への学校生活のサポートで、学習の指導はありません。例えば授業中によそ見をしていたら集中できるように呼びかけたり、先生の指示を理解できていなかったら「『これについて書いてください』と言われているよ」「こんなルールだと説明されたよ」などとフォローしたりします。

食事の介助も業務のひとつで、安全に食事できるように、口に入れる量が多すぎないかなどを見守ります。そんな風に一日中付きっきりでヘルプをしています。

この仕事を始めたきっかけは、知人からのお誘いでした。

私は結婚を機にメーカーを退職し、子どもが中学生になるのを待ってスーパーのレジ打ちパートを始めました。ところがお店が閉店してしまい、次にマンション管理人の仕事を始めたのです。受付に座り、駐車場の手続きや宅配便、クリーニング、引越し、苦情などあらゆることに対応する仕事でした。

管理人を始めて1年が経った頃、道でバッタリ出会った近所の知人に「子どもたちが成長していく姿を見守る仕事をしてみませんか?」とお誘いを受けました。

実際やってみるとすごく楽しくて。もっと勉強して教師になればよかったと思うほど、教育の現場は楽しいです。この仕事を始めて3年間見守った子どもたちが4年生から6年生になり、教室に入ることもできなかった子が授業を受けられるようになったりして、成長が見られてそれは大きな生きがいになっています。

大変な点を挙げるとすれば、体力がいることです。授業ごとに教室や運動場への移動が多くて、この年になるとしんどいですね。また毎日対応すべきことが違うので神経を使います。

試験監督の仕事もこなし、働ける間は働きたい

今は月に3〜4回、週末に試験監督のアルバイトもしています。各種試験の会場で机の準備をして、試験前の持ち物チェック、試験中の巡回、受験生が手を挙げたときの対応といった仕事で、結構楽しいです。

夫が家事をしてくれるので私が土日家にいてもやることがないんですよね。それに外に出て働くのが好きなのです。子どもが私立大学に行っているのでお金が必要ということもありますし、働ける期間は働いていたいと思っています。

その他サービス

人とかかわる仕事。
短時間でサポート的な役割を
担うことも多い

平均年収

120.3万円 ★★☆☆☆

（19職種中15位）

平均労働時間

22.2時間／週 ★★★★★

（19職種中3位）

65歳以上の就業者数

8.8万人 ★☆☆☆☆

（19職種中17位）

65歳以上の比率

12.4% ★★★☆☆

（19職種中11位）

女性が
働きやすい

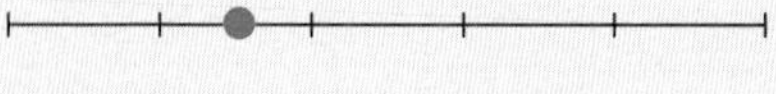

男性が
働きやすい

本項で取り上げるのは、学童保育支援や保育補助、旅行・観光案内、広告宣伝員といった、これまでの分類に含まれないサービス業である。就業形態は非正規が非常に多く、労働時間も短いことから、現役世代と同じように働くのではなく、**忙しい時間帯にスポットで働いたり、正社員を補助するような形で働いたりすることが比較的多い**と考えられる。

実際に働く人を対象に行ったアンケート調査によると、仕事の良い面として「子どもたちの成長が感じられる」（学童保育）、「子どもの成長を見守り、癒される。1日1～3時間くらいなので疲れない」（保育補助）、「ひとりで仕事ができるから気持ち的にとても楽」（ポスティング）、「多種多様なお客様とかかわれる。車の点検等知識が増える」（レンタカー）などのコメントがあった。

一方、悪い面では「体力勝負のときも多々ある」「子どもの人数に対して手狭」（学童保育）、「先生たちとコミュニケーションを取る時間が足りない」（保育補助）、「夏の時期はとても暑い」（ポスティング）、「勤務時間が長い」（レンタカー）などの意見がみられた。

男女比

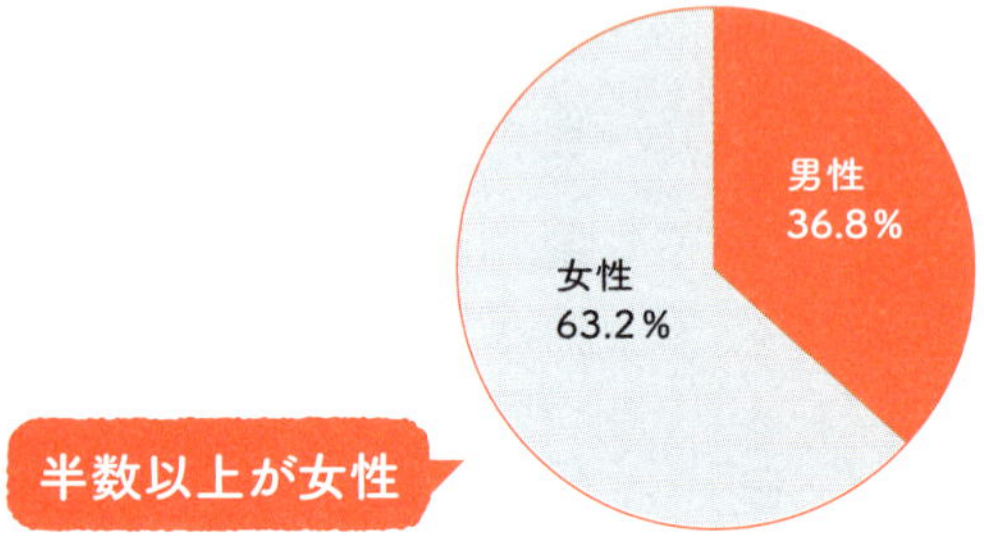

性・年齢別就業者数

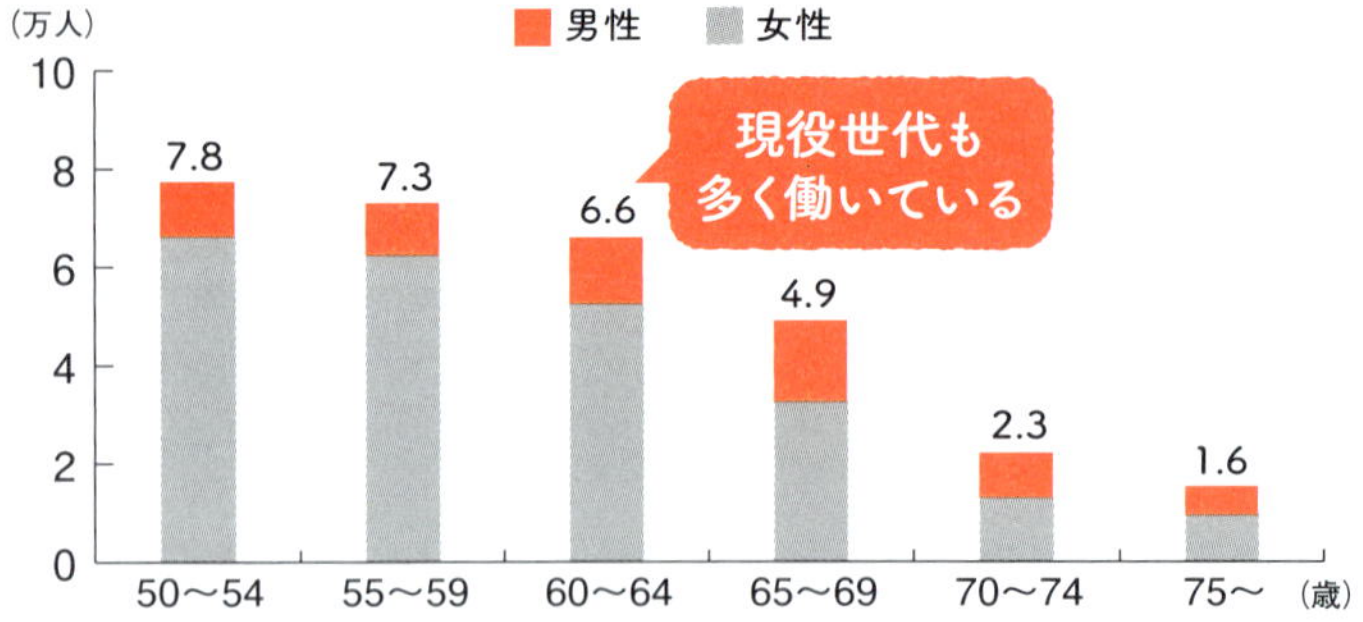

年収の分布

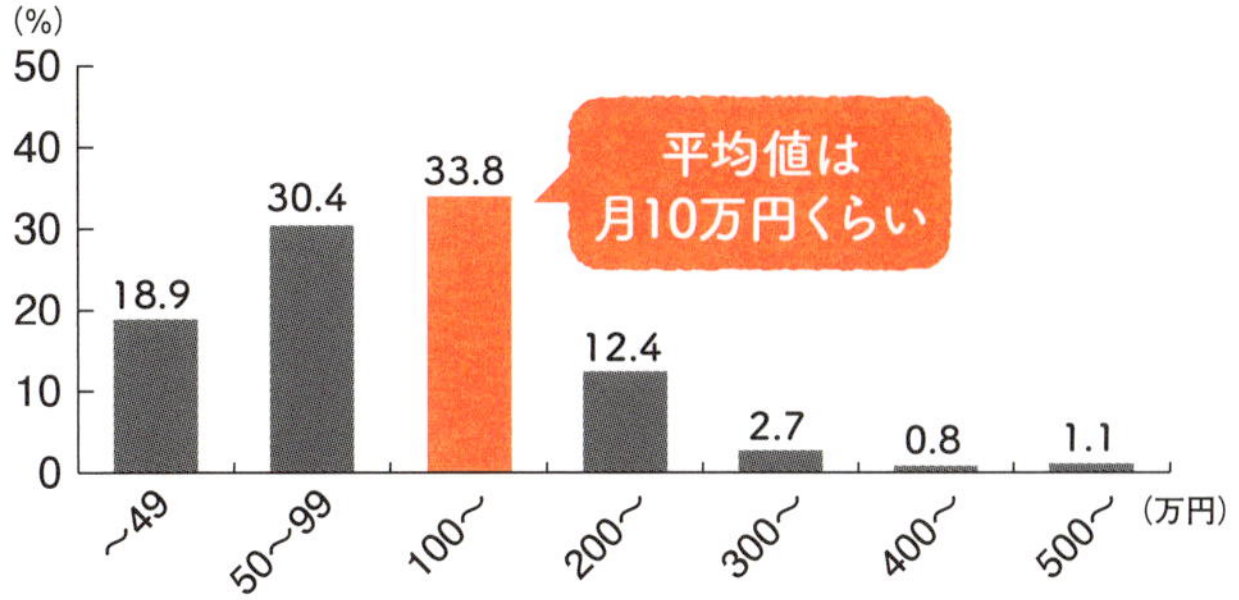

週労働時間の分布

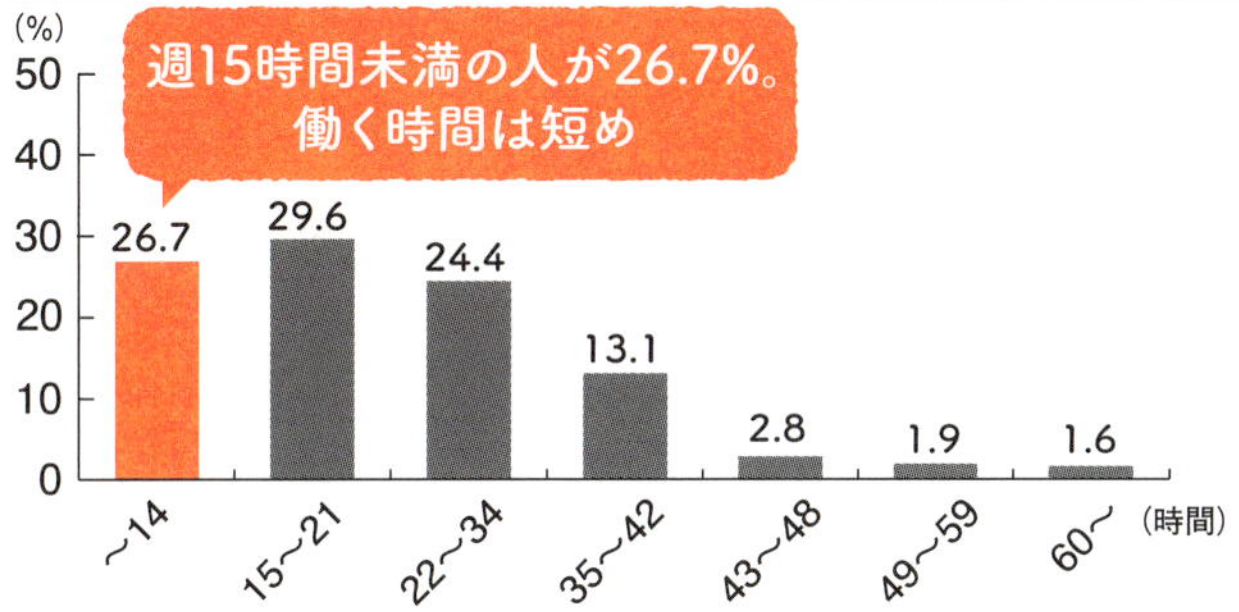

就業形態の割合

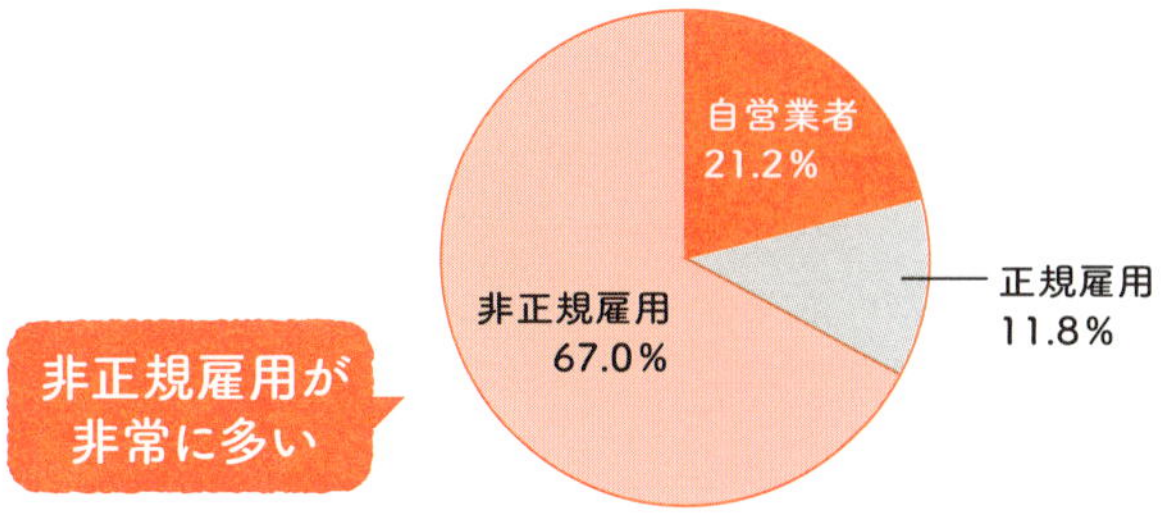

その他サービス

仕事内容

〔学童保育指導員〕

就労等にあたる保護者に代わり、放課後に余裕教室や学校以外の建物で児童を預かって生活援助を行う。主な業務は出欠確認、宿題の見守り、レクリエーションや補食の提供など。子どもの安全を確保し、情緒の安定を図りながら、遊びや生活を通して健全な成長を促す。未経験・無資格でも入職でき、実務経験を積んだのち「放課後児童支援員」という任用資格を取得することができる。教員免許や保育士、社会福祉士の資格があればより入職しやすく、「放課後児童支援員」の研修も一部免除となる。

保育補助

主に保育所において保育士の業務をサポートする。整理整頓、清掃・消毒等の保育環境の整備のほか、発達に応じておむつ替えやミルクによる授乳、寝かしつけ、戸外遊びの付き添い、着替えや食事、排泄の補助など、子どもと直接かかわる業務が多い。パート・アルバイトの雇用が大多数を占める。

旅行・観光案内人

旅行者に対し観光地や名所を案内する仕事に従事する。主に地域の文化や歴史、見どころや観光スポット等の知識を提供し、ツアーを円滑に進行したり、旅行者をサポートしたりすることが求められる。ツアーコンダクター、旅行添乗員、名所・旧跡案内人などが含

まれる。旅行会社もしくは派遣会社に所属して働く場合が多い。

［ポスティングスタッフ］

広告が印刷されたチラシを受け取り、対象物件のポストへ投函して回る。給与は日給制と完全出来高制に分かれる。シニア向けの募集も比較的多くみられる。

［スクールバス介助員］

スクールバスに添乗し、通園・通学する子どもが安全に乗降できるよう補助したり、バス内での人数確認、シートベルトのチェックを行ったりする。場面に応じて子どもたちや保護者、運転士とコミュニケーションを取りながら業務を進める。

［物品賃貸人］

レンタカー、レンタル自転車、レンタルＤＶＤ、本、衣装、モップなど、物品を貸し出しする仕事に従事する。レンタカー会社などはシニアを対象とした求人が比較的多くみられる。

［その他サービス業スタッフ］

荷物を一時預かりする物品一時預かり人、葬儀や火葬の仕事に従事する葬儀師・火葬作業員のほか、占い師、便利屋、靴磨き、コインランドリー管理人、コインロッカー管理人、トリマー、ペット預かり人、民間職業紹介人、リラクゼーションセラピストなどの仕事がある。

インタビュー①

20年以上専業主婦をし、その後20年学童保育指導員として働く

ノムラ ヨシエさん（仮名）
70歳女性　京都府

profile

現役時代の仕事	専業主婦→保育補助→学童保育指導員
定年後の仕事	学童保育指導員
家族構成	単身

月収		
	年金	18万円
	勤労収入	11万円
	計	29万円

schedule

1週間のスケジュール

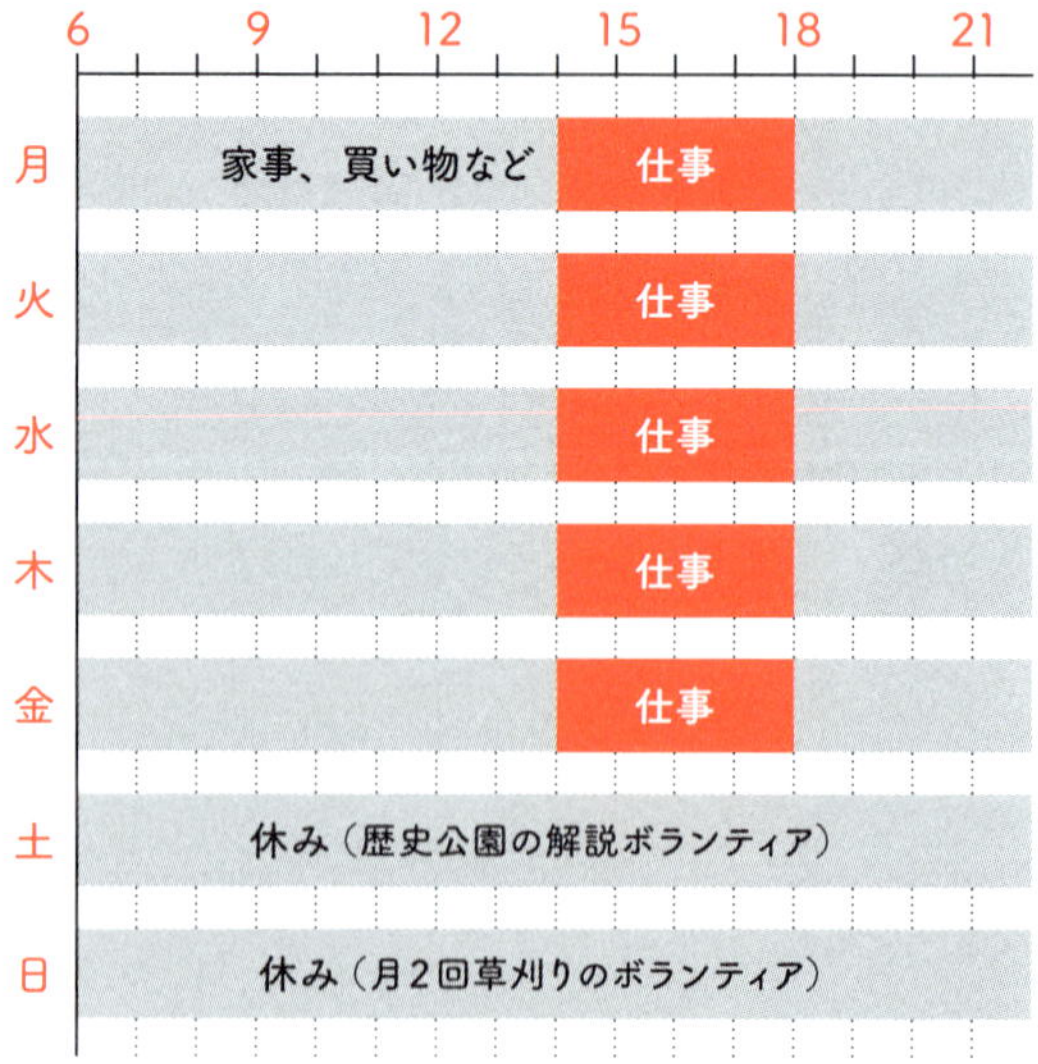

20年以上専業主婦をしていましたが、子どもが大学生になり仕送り代を稼ぐために保育園で保育補助の仕事を始めました。その後、友人の話をきっかけに学童保育指導員に。それからもう20年が経ちます。

一時は副主任となり公務員として働いていましたが、世界中を回る旅行のためいったん離職。その後パートとして復帰しました。役職があると拘束時間も長いので、もう無理することはないと思いまして。5年ほど前に「放課後児童支援員」の資格も取りました。資格を持っているとパートでも収入が少しだけ上がります。

私の担当するクラスは児童が30名おり、主任と私のふたり体制で運営しています。同じ施設内にもうひとつ大人数のクラスがあり、そちらは3人体制でやっています。指導員は元教員の人が三分の一ほどで、全員女性です。年齢層は50代後半～60代が一番多く、70歳の私が一番年上です。役所ではもっと若い人を採用したいように思えましたが、30～40代だと子どもの習い事や塾の送り迎えが必要で18時まで勤めるのは難しくて採用できないみたいですね。私たちの時代と違って、みなさん送り迎えされる時代なので。

学童保育のスケジュール

子どもたちが学童クラブに登所すると、最初の30分間は宿題の時間を取ります。在籍しているのはほとんど3年生以下なので、わからないことを聞かれても一応困ることはありません。宿題が早く終わった子は静かに本を読んで待ちます。

そのあと1時間は運動場に出て遊ぶ時間。大縄跳びの縄を回してあげたり、一緒に跳んだり、ドッジボールをしたり。私は学生時代に球技経験があるのでまっすぐに投げることができて、子どもたちに「先生、おばさんなのにすげえ」と言ってもらえています（笑）。子どもと一緒に体を動かせる、好きな時間です。

部屋に戻ると16時半頃。おやつを食べて、掃除をして、部屋で遊んでいると保護者の方がお迎えに来られるので、順次見送りをします。延長保育があり19時まで開所していますが、私の勤務は18時までです。

この仕事のいい点は午後だけということ。午前中に家事を終えられて1日にメリハリがつきやすいんです。旅行が好きでよく行くのですが、前日夜遅くに帰ってき

ても午前中ゆっくりできるのがとても気楽です。

大変な点は体力がいることです。以前学童が小学校に併設されていたときはグラウンドがとても広くて、ソフトボールでもドッジボールでも球拾いで相当走らされました。私は毎朝ウォーキングして、週に1回は山登りもしているので、そこまで苦にはなりませんでしたが、とにかく体力がいることは確かです。

インタビュー②

製造業から離れ、好きな本に携わる仕事に

タカハシ ヨウイチさん（仮名）

73歳男性　神奈川県

profile

現役時代の仕事　自動車メーカー

定年後の仕事　料金収受員→図書館の書庫業務

家族構成　配偶者とふたり暮らし

月収		
	年金	25万円
	勤労収入	8万円
	配偶者の収入	8万円
	計	41万円

schedule

1週間のスケジュール

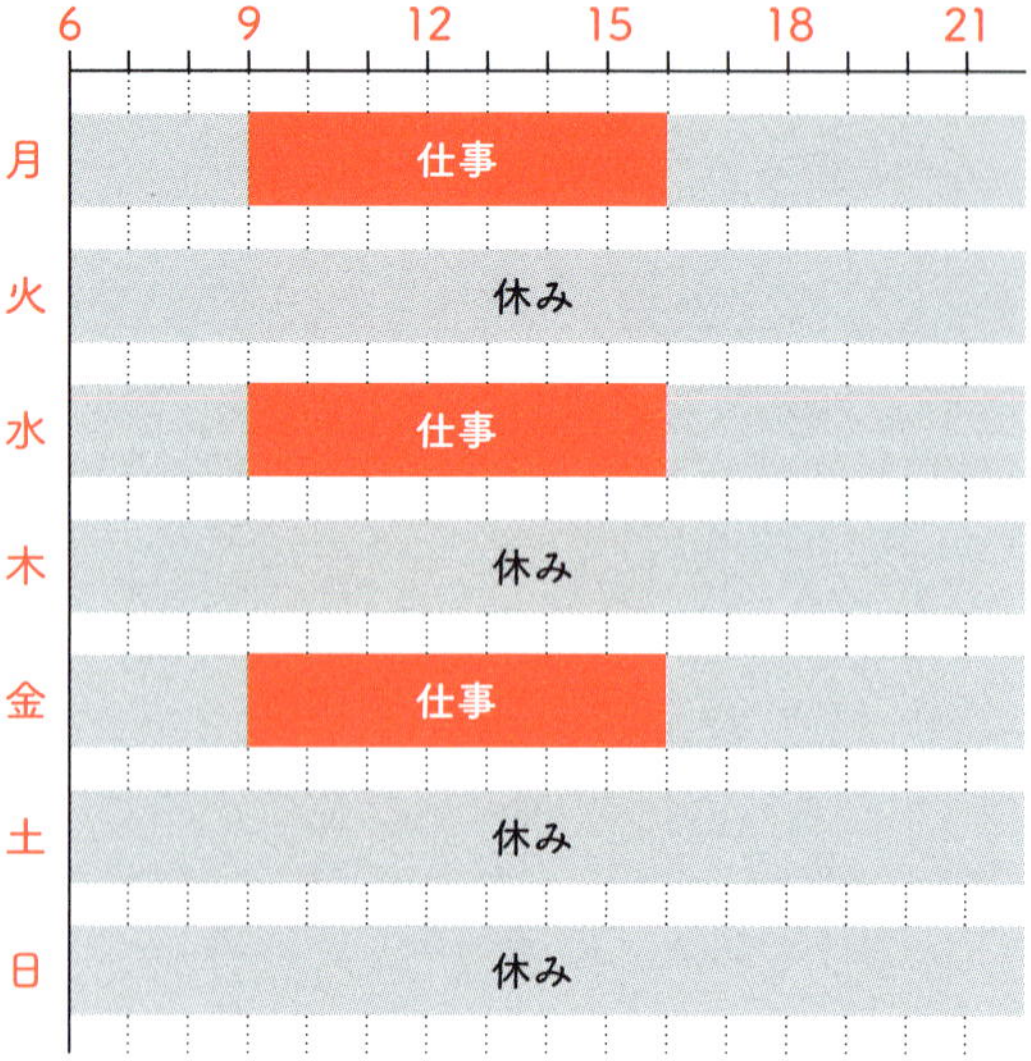

60歳で自動車メーカーを定年退職。それまで製造業ひとすじ40年だったので、まったく別の世界を覗いてみたいと思い、ハローワークで職探しをしました。その中で偶然図書館の仕事を見つけたのです。私は本が好きなので、「これ面白そう」と興味を惹かれました。ところがどの求人も経験者か資格がないと応募できません。唯一あった未経験可の求人も、問い合わせてみると結局「経験者がいい」と雇ってもらえませんでした。仕方なく諦め、高速道路の料金所で働くことに。

料金所は夜勤ありの13時間勤務。1日出たら2日休み、というシフトでした。時給は当時で1100円、夜勤は1400円とよかったです。ただ仕事は楽だったものの、通過する車を見張る役割しか与えられず、面白いとは思えませんでした。

そんなとき新聞広告で県立図書館が100名募集という求人を発見したのです。県が委託する人材派遣会社の広告でした。図書館の仕事には未練があったので至急応募したところ、無事採用となり、それから勤めて11年が経ちます。

書庫から本や資料を探して出納

私の仕事は閉架《へいか》書庫の蔵書の出し入れです。図書館にはオープンになっている書架のほか、自由に閲覧できない「閉架」という方式があり、利用者さんが閉架資料を見たいときはパソコンで検索して「これを見せてください」と職員へリクエストします。私たちはそれを元に地下と地上にある書庫の中から本を探し、カウンターまでお持ちします。カウンター係はまた別にいるので、利用者さんと接することはめったにありません。

閉架資料が多い大規模な図書館なので、同じ業務をする者だけで1日20名ほどいます。同じ派遣でも私のようなパートもいれば、週5日フルタイム勤務の人もいて、働き方の自由度は高いと言えます。年齢層は幅広く、平均年齢は40~50代といったところでしょうか。中には若い人もいますし、私より年上の人も以前は数名いました。同じ仕事をしていると自然と仲良くなるもので、コロナ前は頻繁に飲み会もありました。

適度に頭を使う一方、使いすぎるということもない

料金所の仕事と比べると、図書館の仕事は私の性に合っていると思います。階段を何度も上り下りするのでお金をもらってエクササイズできているようなところもありますし、通勤途中に電車で車窓を眺めるのも楽しい。適度に頭を使いますし、かといって使いすぎないし。家族以外の人とつながりができて、何気ない会話ができるということも非常に大きいです。

何より、ストレスがたまらないのが一番いいと思います。現役時代は結構なストレスがあり持病が悪化していましたが、今は前より体調がよくなっています。やはり運動すること、ストレスがないことが健康に一番だと思いますね。

さすがに去年あたりからは脚がつらくなってきました。何冊もの重い本を抱えて階段を上り下りするのはちょっと怖いと感じることがあります。仲間は「もっといて」と言ってくれますが、どこかで区切りをつけなきゃいけない。今後は75歳を区切りに辞めて、年金生活に入ろうかなと思っています。

インタビュー③

25年勤めたアパレル業界から保育補助に転身

イマイ アケミさん（仮名）

66歳女性　埼玉県

profile

現役時代の仕事	アパレル会社でパート勤務
定年後の仕事	保育補助
家族構成	配偶者とふたり暮らし

月収		
	年金	15万円
	勤労収入	6～7万円
	計	21～22万円

schedule

1週間のスケジュール

	6	9	12	15	18	21
月		仕事		ヨガレッスンなど		
火		仕事		ヨガレッスンなど		
水		仕事		ヨガレッスンなど		
木		仕事		ヨガレッスンなど		
金	休み（ヨガなど）					
土	休み					
日	休み					

25年間パートをしていた会社が業績悪化で勤められなくなり、インターネットの求人広告で見つけたのが保育補助の仕事でした。

現在働いている私立保育園は0歳児~5歳児クラスがあり、全クラス合わせて園児が30名くらいです。保育士さんが10人ほどいて、私たちサポーターは6人。保育士さんは担任のクラスを持っていますが、サポーターはその日その日で人手が足りないクラスに入るので、接する子どもの年齢が毎日変わります。

例えば0歳児なら、おむつ替えやミルクの授乳、お昼寝前の寝かしつけ、お散歩の付き添い、泣きぐずりしたときの抱っこ、離乳食を食べるお手伝いなど、保育士さんの手が足りない細かい作業を補助していきます。赤ちゃんはものすごくかわいいですが、抱っこの時間が長くなりがちで、体力的には一番ハードです。

3歳くらいになると自分で着替えができ、寝かしつけも時間がかからなくなってくるので補助はやや楽になってきます。会話もある程度できるので保育していても楽しく感じられますね。

サポーターのシフトは希望を言えばほぼ叶えられます。私は平日のみ週に4日ほど、朝9時〜13時のシフトで働いています。ちょうどよくてありがたいですね。仕事のあとホットヨガのスタジオに通うのが日課なので、13時に勤務を終えるとその足でスタジオへ行きます。体がすっきりして本当に気持ちがいいんです。

体力はいるけれど、子どもたちがかわいい

保育補助は資格がなくてもできますが、子どものケアはおよそ保育士さんと同レベルでやらなければならないと感じています。

子ども相手の仕事なので、体力的にもハードです。実際やってみるまでわからなかったのですが、見かけよりずっと肉体労働ですね。以前は保育園の子たちがお散歩するのを見かけると「楽しそうだな」と思っていたのですが、見るとやるとでは全然違います。でも、仕事中に小さなお子さんが「先生、先生」と懐いてくれるとすごくうれしくて、かわいいなあと思います。

仕事内容の割に時給は高くありません。夫はもう働いていませんので、少しでも

収入があると孫たちにもいろいろしてあげられるし、余裕ができますよね。年金だけでは生活がいっぱいいっぱいになると思うので。今はちょうどよく収入もあって働けています。

やっぱり働いてるほうが元気でいられると思うので、最低でも70歳過ぎまでは頑張って、さらにできそうだったら続けて働こうかなと思っています。

その他運搬・清掃等

短い時間でそれなりに稼げる。
地域や環境に貢献できる仕事

平均年収

113.9万円

（19職種中16位）

★☆☆☆☆

平均労働時間

23.6時間／週

（19職種中4位）

★★★★★

65歳以上の就業者数

29.4万人

（19職種中8位）

★★★★☆

65歳以上の比率

25.7％

（19職種中6位）

★★★★☆

用務員、商品補充、再生資源仕分けなど、雑務や労務的作業を行う仕事に就いている人はシニア世代のボリュームが大きい。年齢別就業者数をみると65〜69歳が15万人、70〜74歳が8・5万人、75歳以上でも5・9万人存在している。65歳以上比率も25・7％と高く、**シニア世代が多く従事している仕事**だ。労働時間の分布をみると、短時間働く人が多く、週に35時間未満働く人が8割近い。短い時間働きたい人に向く仕事と言える。そのぶん収入水準も低めであるが、年収100万円台の人も35％おり、**それなりに働けば、それなりの収入が得られる仕事**である。

実際に働く人を対象に行ったアンケート調査では、仕事の良い面として「朝早い仕事ですがお客さんが来る前までに行うので気兼ねなくできます」（商品補充）、「社会に貢献している。なくてはならない仕事」（再生資源仕分け）といったコメントがあった。一方、悪い面では「朝5時からの作業なので大変」（商品補充）との声も。

自宅近くでも見つかりやすい仕事であり、通勤時間をかけたくない人は積極的に検討してもよいだろう。

男女比

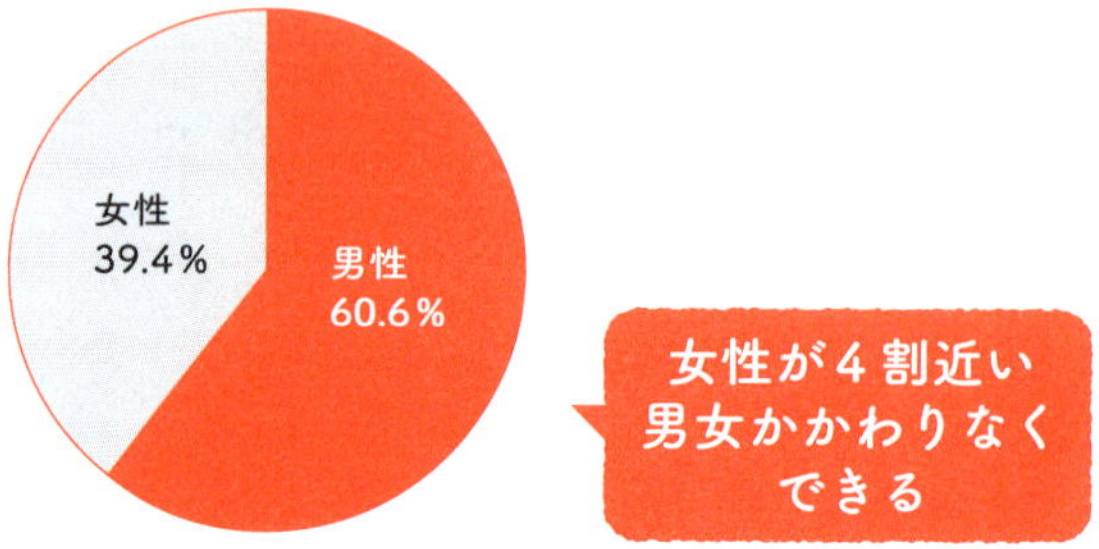

性・年齢別就業者数

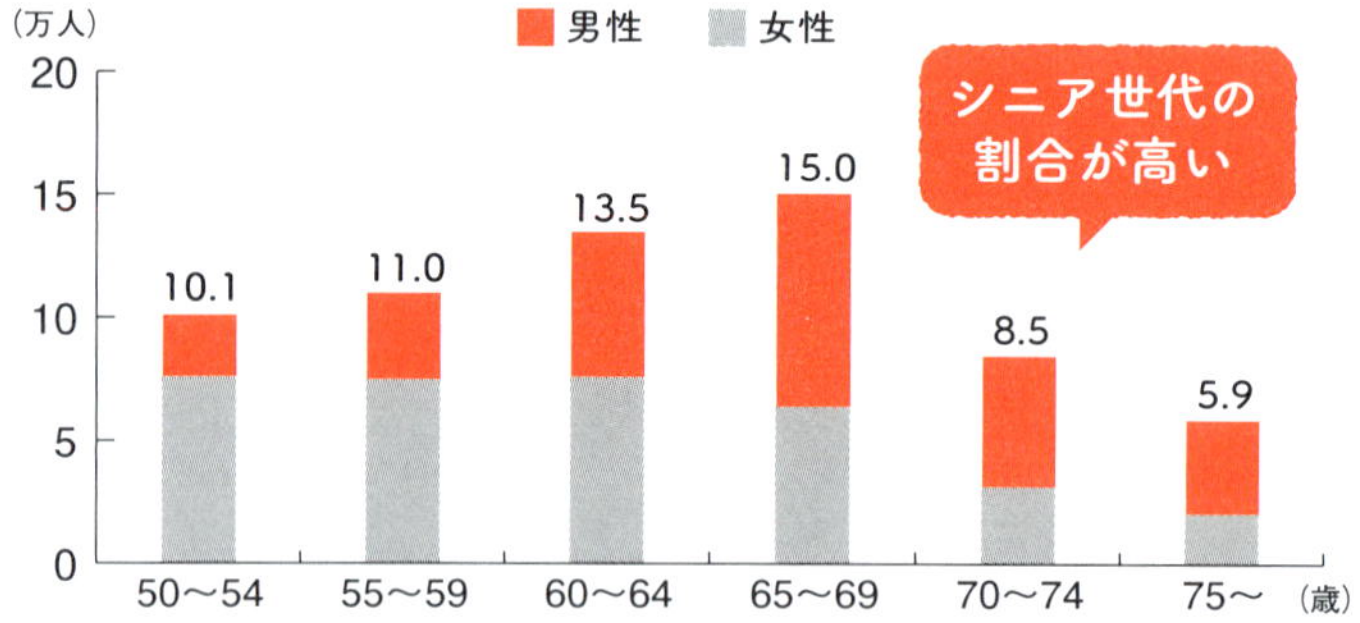

年収の分布

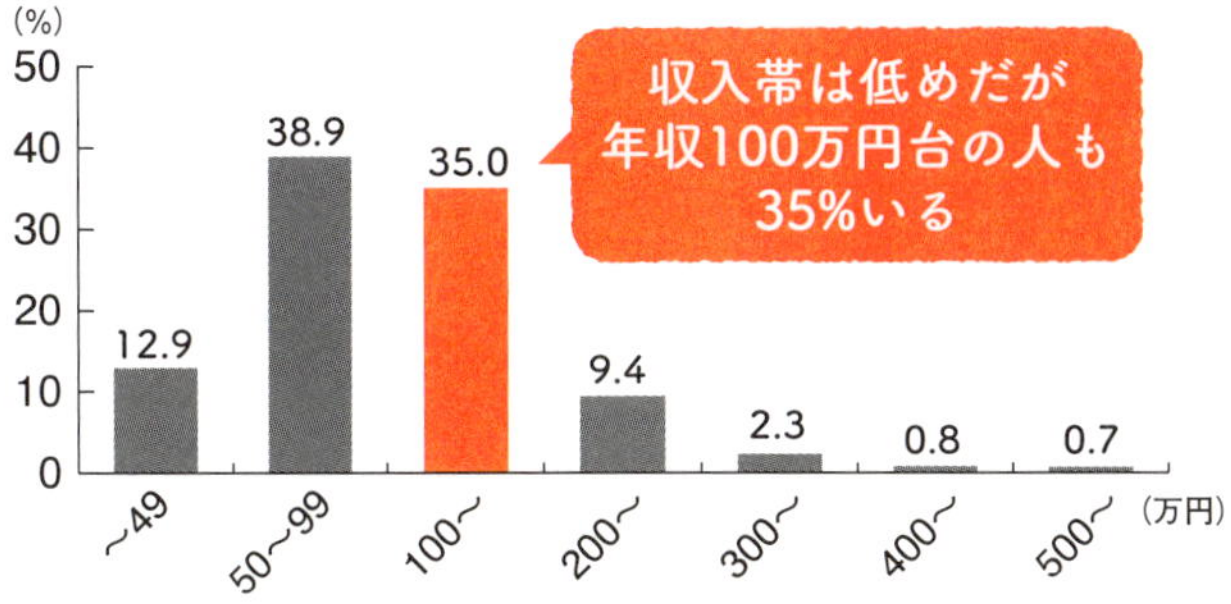

週労働時間の分布

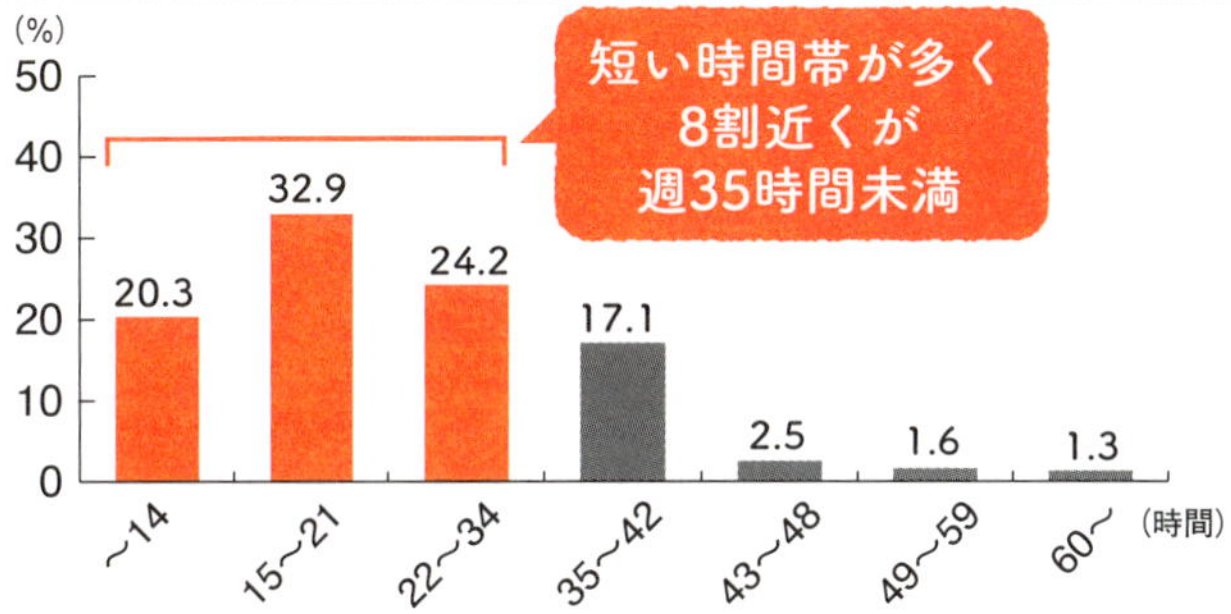

就業形態の割合

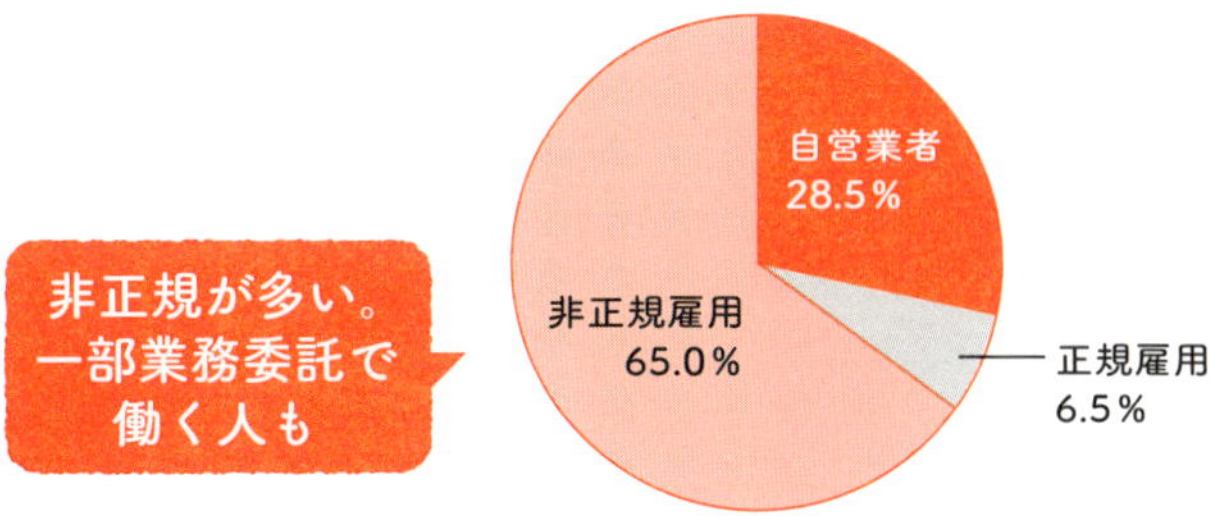

仕事内容

［学校の用務員］

学校において、校内外の清掃、ゴミの収集、巡回、設備保全、備品の交換、花壇や植栽の手入れ等を行い、学校の環境整備を通じて児童・生徒たちを間接的にサポートする。シニア・未経験可とする募集内容が多い。小・中・高校のほか、保育園・幼稚園、大学の仕事もある。

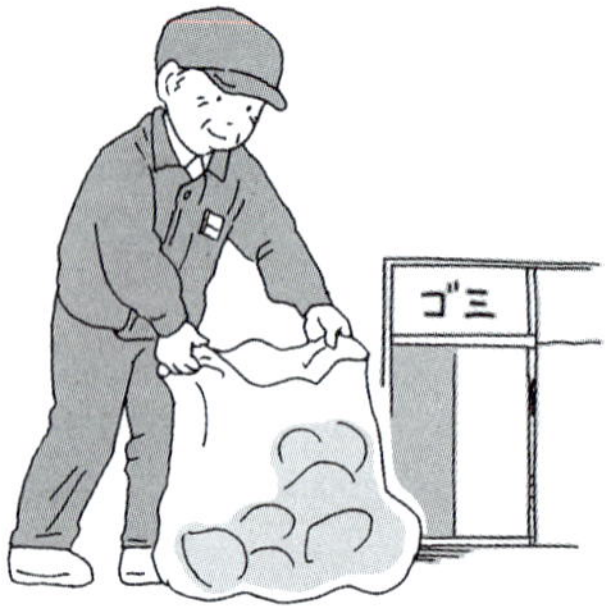

［スーパーなどの商品補充員・かご・カート回収員］

主にスーパーマーケットで商品を棚に補充したり、買い物かごやカートを回収・整理する。利用者に話しかけられれば応対する必要があるが、接客やレジ操作は業務に含まれないことが多い。

［放置自転車整理人］

路上に放置された自転車の撤去作業を行う。放置自転車に関する仕事として、ほかに放置自転車防止の巡回、放置自転車の保管・返還業務などがある。

〔工場労務作業員〕

工場内で荷物の運搬や製品の検査、機械の清掃、ゴミの分別・収集等を行う。作業員の年齢層は幅広く、仕事内容も工場の規模・形態によりさまざま。

〔再生資源選別作業員〕

主にリサイクル施設で、回収されてきたびん・缶・ペットボトル・発泡スチロール・金属・古紙等を仕分けする。完全に手作業で分別する場合と、機械が行った分別を人間がチェックし補助する場合がある。大半が無資格・未経験可。

〔遺跡発掘作業員〕

遺跡や文化財の発掘のため、屋外の指定された場所をスコップで掘削したり、専用の道具を使い地面を削ったりする。考古学や歴史好きの人向き。

インタビュー①

定年後にNGOで社会貢献、現在は小学校の用務員として働く

ミヤザキ ヨシノリさん（仮名）
72歳男性　埼玉県

profile

現役時代の仕事	銀行
定年後の仕事	小学校用務員
家族構成	配偶者とふたり暮らし

月収		
	年金	27万円
	勤労収入	8～9万円
	計	35～36万円

schedule

1週間のスケジュール

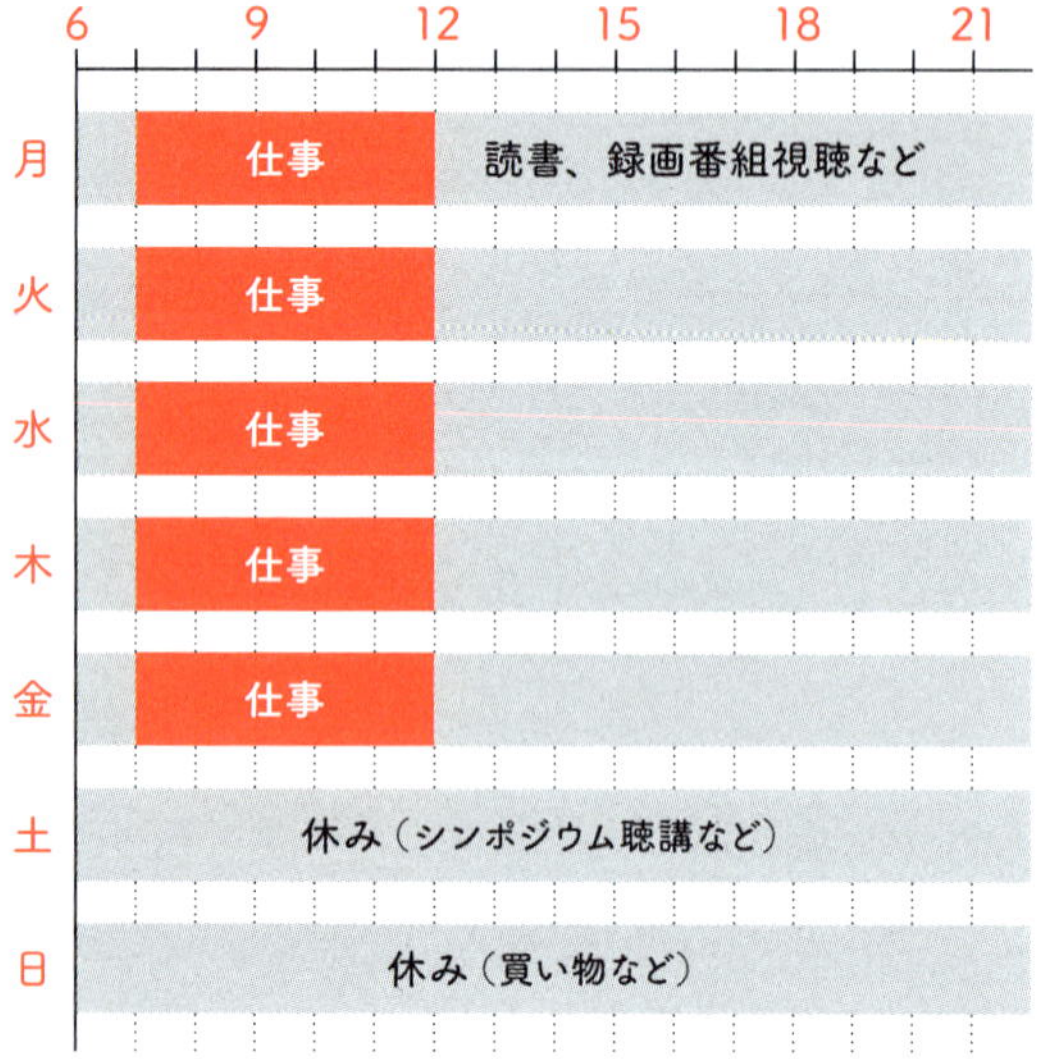

大学卒業後40年銀行に勤め、62歳で役員定年を迎えたあとは6年ほど国際NGOで働きました。70歳近くなりNGOも卒業し、今後何をするかと考えたときに「週5日フルタイムでずっと働いてきて、いきなり何もしなくなるのはどうか」と思いました。さりとて趣味や読書にも時間を使いたいので、もうフルタイムでは働きたくありません。そんなとき妻が新聞折り込みチラシで「小学校用務員、朝7時～12時」の求人を見つけてくれました。早起きは得意だし、徒歩で通えるし、これはぴったりだと思い応募しました。

実際に始めてみると、毎日1万2000歩ほど歩くようになりました。学校内や校庭をくまなく歩き回っていますし、通勤の往復40分は個人的なボランティアとして通学路のゴミを拾いながら歩くため、午前中だけで1万歩を優に超えます。しゃがんだり立ったり重い物を動かしたり、力仕事もあるので、ジムに通うのと変わらない感覚でほどよい運動が半日でこなせています。

出勤は朝7時。児童が登校してくる8時過ぎまでに各教室のゴミ収集、廊下の清掃、学校周辺の清掃作業を1時間半くらいかけて行います。時折頼まれて自転車で銀行へ行ったり、関係者宅へ学校だよりを配達したりすることもあります。

10時半頃に20分程度の中休みがあるので、その間に感染症対策のアルコール消毒をします。それから男子トイレの清掃、廊下のゴミ収集、あとは時々図書室や音楽室の床掃除を行います。12時には終了し退勤となります。

午後はまったくの自由時間です。本が好きで図書館で借りた本を読むことが多いですね。夜9時には寝てしまうので、興味のあるテレビ番組はすべて録画して午後に観ています。あとは博物館や、シンポジウムを聴きに行ったりもします。

特別支援学級の子どもたちとのやり取りも励み

雇用形態は嘱託で半年ごとの契約更新があります。社会保険はなく雇用保険のみ。時給は最低賃金です。それでもボランティアよりいいのは、「今日は休んでもいいかな」といった甘えが出ないことです。

まったく知らなかった世界でやりがいを見つけることは、現役時代の役職や肩書

きに依拠しない老後を送るためにも意味があります。
用務員として働いていると、特別支援学級の子どもたちのまっすぐな表現力に驚かされます。こちらに駆け寄ってきてくれたり、「きれいにしてくださってありがとう」と丁寧にお礼を言ってくれたり。ほかの子どもたちもそういった表現をしないまでも、私どもの姿を目にして、何か発育・成長に資することはきっとあるだろうと考えています。

インタビュー②

業務委託でドラッグストアでの品出し業務に従事

ヒロセ ソウイチさん（仮名）
70歳男性　東京都

profile

現役時代の仕事	金融機関
定年後の仕事	ドラッグストアの品出し
家族構成	配偶者とふたり暮らし

月収	年金	25万円
	勤労収入	5万円
	配偶者の収入	6万円
	計	36万円

schedule

1週間のスケジュール

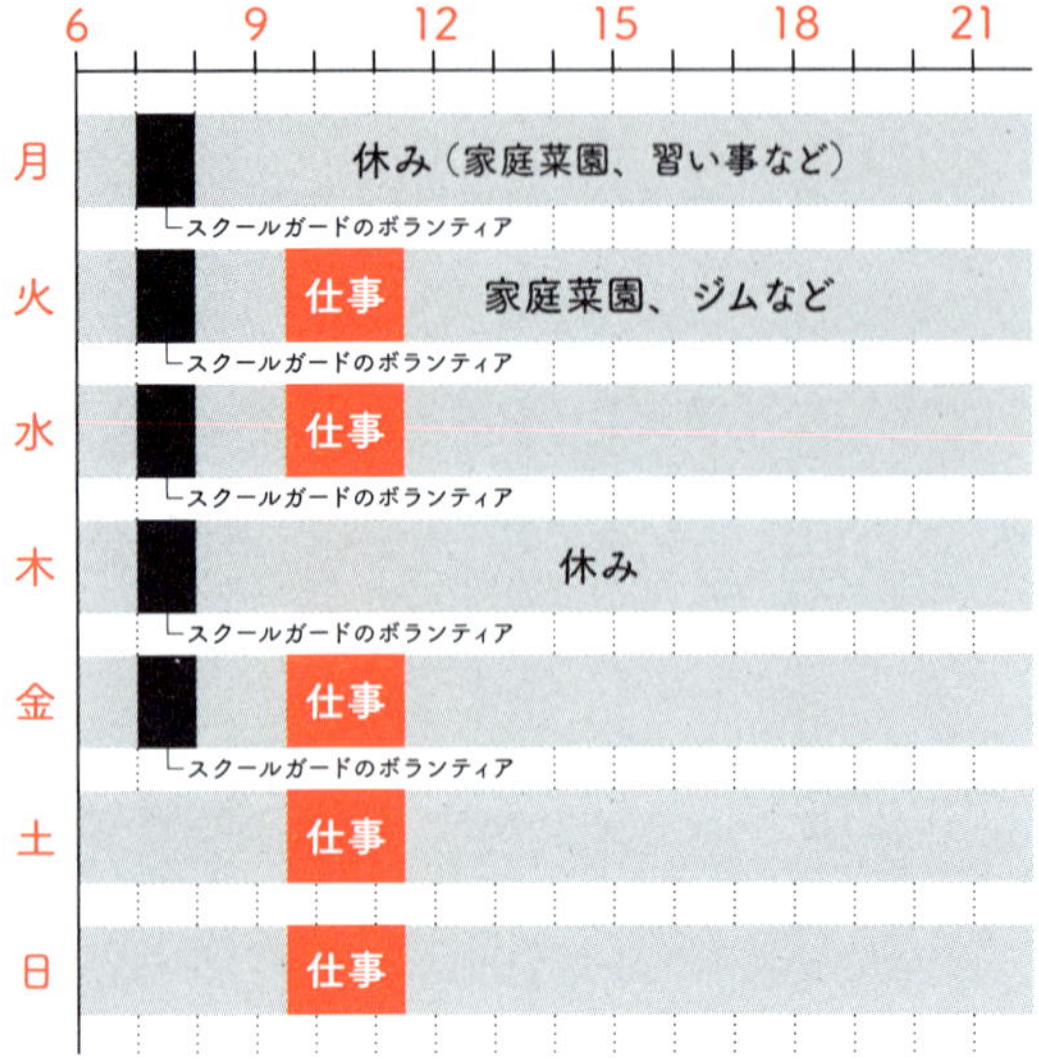

ドラッグストアで商品の品出しの仕事をして5~6年になります。出勤は週に5日、朝9時半~11時半の2時間です。

毎日店舗に商品が運搬されるので、シニアふたりで決められた棚へ運んで並べていきます。量の多いものは箱単位で来ますが、私たちが運ぶものは商品単体で来るので体の負荷はそんなにありません。

棚出し担当の私たちシニアは、雇用契約ではなく業務委託契約です。給料も時間給ではなく商品単位の完全出来高制。ノルマがなく自分のペースでやればいいので高齢者にはいいのかもしれませんが、時給に換算すると最低賃金を下回ることも多い。まあ給料が多いに越したことはないのですが、体を動かして人と話すメリットがより大きいです。それにお金がもらえるなら、家でごろごろしているよりはるかにいいというところです。

始めたばかりの頃は月1万円ほどにしかなりませんでしたが、今は月平均で4~5万円ほどになっています。単純作業で責任が少ないですし、新商品をみるのも面白くて、なかなかおすすめの仕事です。商品を割引き購入できる特典もあります。

その他運搬・清掃等

市役所での仕事をきっかけに地域の人との地縁ができた

大学卒業後、地域の金融機関に就職しました。本来は再雇用で65歳まで勤める予定でしたが、「余力を残して次のステージへ行きたい」と62歳で退職。その頃たまたま市役所で求人があり、嘱託社員として3年間勤務しました。

62歳で他業界へ飛び込んだのは結果的にはよかったと思います。給与水準も落ちませんでしたし、市役所に移ったことで新たな人の縁と地縁ができ、地域の自治組織にも参加することになりました。今でも自治組織の活動は続けていて、毎朝小学生と中学生の登校を見守るボランティアをしています。仲間と一緒に子どもたちの登校に付き添いながら話もでき、コミュニケーションの機会になっています。

午前をルーティンで過ごし、午後は用事でいっぱいに

午前中は7時〜8時でスクールガードのボランティアを行い、9時半〜11時半は

ドラッグストアのアルバイトをするのが毎日のルーティンです。午後は借りている畑で家庭菜園の農作業をしたり、地域活動、生涯学習講座、英語教室、そば打ち、弓道といろいろやっています。夕方からはトレーニングジムへ行くのが日課ですね。じっとしていると心も体も鈍ってしまいますから。

ドラッグストアはいつまで雇ってくれるかわかりませんが、今の業務内容なら80過ぎても続けられるんじゃないかと思います。昔はファストフード店で「60過ぎの方が働いてる、すごい」なんて思っていましたが、今はいろいろシステム化されていますから、高齢者でも長く働けますよ。

おわりに

過去から現代まで日本社会を振り返ってみると、人々の暮らしは仕事のあり方と合わせて大きく変わってきました。

江戸時代から明治・大正時代、戦前に至るまで、多くの人は、自営業者として地域に根差した仕事を行っていました。こうした時代においては、地域の中で自然と人と人とのつながりが生まれ、日々の仕事は地域における活動と一体不可分なものとして存在していました。

統計データをみれば、過去は平均寿命も死亡年齢の中央値もいまよりもずっと短く、かつ高齢期の就業率はいまよりもかなり高かったことがわかります。データから推察するに、当時は多くの人が農業や個人商店を営みながら、働けなくなるまで働き続けるという姿が普通であったと考えられます。

こうした労働者の姿は、高度成長期やバブル経済、その後の安定成長の時代を経る中で大きく変わることになりました。自営業者として働いていた人の子どもが地域の企業で働くようになり、またその子どもは都市部の大企業で働くようになるなど、労働市場の歴史を振り返れば、自営から雇用される形に就業の形態が大きく移っていったことが浮かび上がってきます。

働き方の変化は、日本人の暮らしも大きく変えました。雇用されて働くことが当たり前となった現代において何が起こっているかといえば、経済的な問題も当然のことながら、それと同等のもしくはそれ以上の大きな問題として、長く働き続けた会社で定年を迎え、そこから離れた後に自身の居場所を失ってしまうということが起きています。

長く居場所としていた会社から離れざるを得なくなった後、地域などに足場がなく、日々の暮らしにおいて孤立してしまう人も一定数存在しています。
都市部で雇用されて働くようになった現代において、こうした問題を解決するためにどうすればいいか。地域活動に参加しようとか趣味を持とうとかそういった助言を行う人も多いですが、人にはよるものの「歳を経た後に新しいことを始めるのは気が進まない……」と言う人もおり、なかなか難しいというのも実態なのではないかと思います。

高齢期の就労についての研究を通じ、シニアの就業者の方々にインタビューをしていて感じるのは、シニアの就業者の方々は地域に根差した小さな仕事を行う中で、こうした現代人が直面している課題を自然と解決しているということです。つまり、日々、無理なく自分のできる範囲での仕事を続けながら、仕事を中心に地域とのつながりを創出し、適度に体や頭を使って健康状態を保っている人が多いのです。

そう考えてみれば、定年後に余った時間を使って無理に地域に溶け込もうとか趣味を持とうとするよりも、無理のない範囲で地域で仕事をしてみるということが、実は現代日本人の様々な問題を解決する方法になるのかもしれないと感じます。長く続けた仕事を失うことで生じる隙間は、新しい仕事を通じて埋めるしかないということなのかもしれません。

人生100年時代と言われるように生活時間が以前よりも延びていく中、また公的年金だけに頼るというわけにもいかない時代背景の中で、高齢期に経済的な余裕を作り出し、かつ自身が納得をして楽しく仕事をしていくためにはどのような選択肢があるのか。

本書ではデータやインタビューの事例、実際の求人情報などをもとに、様々な高齢期の仕事の選択肢を提示してきました。

その中に読者の方々が少しでもやってみようと思える仕事があれば何よりだと思

います。そして、仕事を通じて日々の生活における経済的な余裕が生まれ、かつそれが現代人が失った高齢期の居場所を取り戻すことにもつながれば、高齢期の仕事はきっと多くの人にとってかけがえのないものになるとも感じています。

坂本貴志

2025年3月

〈インタビューのプロフィールについて〉

個人が特定できないよう、趣旨が変わらない範囲で内容を変更しています。

〈参考文献〉

・総務省統計局「令和２年国勢調査に用いる職業分類」
https://www.stat.go.jp/data/kokusei/2020/kekka/pdf/occupation_2020.pdf

・厚生労働省 職業情報提供サイト（日本版 O-NET）【愛称：job tag】
https://shigoto.mhlw.go.jp/User

・Indeed
https://jp.indeed.com

・全国シルバー人材センター事業協会
https://www.zsjc.or.jp/

［著者］
坂本貴志（さかもと・たかし）
リクルートワークス研究所研究員・アナリスト。1985年生まれ。一橋大学国際・公共政策大学院公共経済専攻修了。厚生労働省にて社会保障制度の企画立案業務などに従事した後、内閣府で官庁エコノミストとして「経済財政白書」の執筆などを担当。その後三菱総合研究所エコノミストを経て、現職。研究領域はマクロ経済分析、労働経済、財政・社会保障。近年は高齢期の就労、賃金の動向などの研究テーマに取り組んでいる。著書に『ほんとうの定年後「小さな仕事」が日本社会を救う』『ほんとうの日本経済 データが示す「これから起こること」』（共に、講談社現代新書）などがある。

月10万円稼いで豊かに暮らす
定年後の仕事図鑑

2025年３月25日　第１刷発行
2025年４月10日　第２刷発行

著　者――坂本貴志
発行所――ダイヤモンド社
〒150-8409　東京都渋谷区神宮前6-12-17
https://www.diamond.co.jp/
電話／03･5778･7233（編集）　03･5778･7240（販売）

ブックデザイン―小口翔平＋佐々木信博（tobufune）
本文デザイン―二ノ宮匡
カバーイラスト―金安亮
本文イラスト―金安亮、野田映美
本文DTP･図版作成―エヴリ・シンク
校正――鷗来堂
製作進行――ダイヤモンド・グラフィック社
印刷・製本――三松堂
編集協力――杉本透子
編集担当――田中怜子

ISBN 978-4-478-11822-1